财经类专业"十四五"规划新形态教材

# 智能化成本核算与管理

王爱玲　秦刚　侯君邦／主编

滕延秀　张立娟　孔娟　毕群／副主编

赵修坤／主审

立信会计出版社
LIXIN ACCOUNTING PUBLISHING HOUSE

图书在版编目(CIP)数据

智能化成本核算与管理 / 王爱玲，秦刚，侯君邦主编. —上海：立信会计出版社，2023.8(2024.8重印)
ISBN 978-7-5429-7352-8

Ⅰ．①智… Ⅱ．①王… ②秦… ③侯… Ⅲ．①成本计算 Ⅳ．①F231.2

中国国家版本馆 CIP 数据核字(2023)第 157880 号

策划编辑　　　王斯龙
责任编辑　　　王斯龙
美术编辑　　　吴博闻

## 智能化成本核算与管理

ZHINENGHUA CHENGBEN HESUAN YU GUANLI

| | | | | |
|---|---|---|---|---|
| 出版发行 | 立信会计出版社 | | | |
| 地　　址 | 上海市中山西路 2230 号 | 邮政编码 | 200235 | |
| 电　　话 | (021)64411389 | 传　　真 | (021)64411325 | |
| 网　　址 | www.lixinph.com | 电子邮箱 | lixinaph2019@126.com | |
| 网上书店 | http://lixin.jd.com | | http://lxkjcbs.tmall.com | |
| 经　　销 | 各地新华书店 | | | |
| 印　　刷 | 上海万卷印刷股份有限公司 | | | |
| 开　　本 | 787 毫米×1092 毫米 | 1/16 | | |
| 印　　张 | 19.75 | | | |
| 字　　数 | 468 千字 | | | |
| 版　　次 | 2023 年 8 月第 1 版 | | | |
| 印　　次 | 2024 年 8 月第 2 次 | | | |
| 书　　号 | ISBN 978-7-5429-7352-8/F | | | |
| 定　　价 | 49.00 元 | | | |

如有印订差错，请与本社联系调换

# 前　言

本书以适应"大智移云物区"时代会计职业领域转型升级需要，顺应会计服务行业数字化、网络化、智能化发展新趋势，对接新经济、新产业、新业态、新模式下财务会计等岗位（群）的新要求为主要依据，紧紧围绕高等职业教育财经应用型人才培养目标和社会岗位需求，以服务学生、教师和社会人士为宗旨，致力于不断推进会计职业领域高质量发展。习近平总书记在中国共产党第二十次全国代表大会报告中提到："构建优质高效的服务业新体系，推动现代服务业同先进制造业、现代农业深度融合。加快发展物联网，建设高效顺畅的流通体系，降低物流成本。加快发展数字经济，促进数字经济和实体经济深度融合，打造具有国际竞争力的数字产业集群。"

智能化成本核算与管理是大数据与会计、大数据与财务管理等专业的专业核心课程。该课程主要培养学生成本核算、成本管理、成本分析和成本控制以及能够运用现代化办公系统和智能化工具熟练处理日常事务等职业能力。《会计行业人才发展规划（2021—2025年）》指出，需要会计管理工作者加强会计数据相关标准建设，推动会计数据资源开发利用。

本书依托财政部2013年印发的《企业产品成本核算制度（试行）》（财会〔2013〕17号）和2017年印发的管理会计应用指引第300～304号——成本管理相关应用指引（财会〔2017〕24号）设置内容框架。本书突出如下特色。

1. 加强校企合作，深化产教融合，推动提质培优

本书合作企业为中联集团教育科技有限公司和萨丁控股集团，本书实操部分依托中联集团教育科技有限公司平台进行编写。

2. 坚持贯彻"成果导向，任务引领，评价总结"的编写理念

在行业企业专家的指导和参与下，在充分进行专业岗位调研的基础上，本书在编写过程中始终遵循教育规律，以职业能力、职业素养、职业标准培养为核心，力求融理论于实践。本书共分十个项目，每个项目的开篇设有素养目标、知识目标、能力目标、知识导图等小栏目；每个项目均由若干个任务组成，每个任务均包含任务情境、任务要求、任务准备、任务实施（体现智能化操作）、任务评价和任务总结等板块。每个任务由一个独立

的、具有代表性的、完整的工作任务贯穿,当任务结束时,随之完成并获取相应的工作成果及评价总结。相关理论知识也已融入工作任务之中。同时,每个任务都有"课堂测验",每个项目均配有"知识巩固""技能提升"训练,便于学习者随时巩固和检验专业知识的掌握情况。

### 3. 服务会计技能大赛、会计专业技术资格考试、"1+X"证书

本书贯彻"岗课赛证"综合育人要求,根据高等职业教育大数据与会计专业教学标准、会计专业技术资格考试、会计技能大赛的比赛内容及"1+X"数字化管理会计职业技能等级证书整合教学内容,引领"三教"改革。

### 4. 采用活页式编写思路,对接岗位需求

本书为活页式教材,以真实业务情境、工作任务、工作技能为融通核心,即用产业标准、实践技能作为融通要素,以成本会计岗位职业标准为基础,强化工作技能的训练;结合会计技能大赛赛事规程,训练学生在新技术、新业态、新模式下的成本核算、成本分析、成本管理与控制的职业判断能力。

### 5. 配套立体化教学资源

为方便学习,本书配有相应的重难点视频微课、任务拓展、思政园地等二维码链接资源,二维码随扫随学,配合中联集团教育科技有限公司研发的共享平台,打造立体化的教学资源。我们编写了与本书配套的数字化资源,包括课程标准、电子教案、电子课件、习题参考答案等。

本书由多所高职院校与中联集团教育科技有限公司、萨丁控股集团共同开发,山东经贸职业学院王爱玲和侯君邦、莱芜职业技术学院秦刚担任主编,山东经贸职业学院滕延秀和张立娟、山东理工职业学院孔娟、中联集团教育科技有限公司毕群担任副主编。萨丁控股集团副总经理赵修坤负责整体审核,王爱玲负责本书的总体设计。

本书具体编写工作安排如下:王爱玲、侯君邦负责项目一,滕延秀负责项目二、项目三、项目四,滕延秀、孔娟负责项目五,王爱玲负责项目六、项目七,王爱玲、秦刚负责项目八,张立娟、毕群负责项目九,张立娟负责项目十。

本书系智能会计与金融高水平专业群和山东省2021年职业教育教学改革研究项目"'三教'改革视域下打造优质'双课',助力职业教育提质培优"(编号2021413)的阶段性研究成果。本书既可以作为高等职业院校大数据与会计、大数据与财务管理等专业的教学用书,也可以作为企业财务工作者的参考用书。

本书从编写到出版得到了立信会计出版社的指导、支持和帮助,在此表示感谢。

我们为本书的编写做了很多努力,但由于水平有限,本书可能存在纰漏或不当之处,敬请各位读者批评指正。

编者

2023年8月

# 目 录

## 项目一 认知成本核算与管理 ... 1
- 任务一 走进制造企业 ... 2
- 任务二 认知生产成本 ... 10
- 任务三 掌握成本核算流程 ... 20

## 项目二 材料费用核算 ... 31
- 任务一 材料的采购与发出 ... 32
- 任务二 材料费用的分配 ... 38

## 项目三 人工费用核算 ... 50
- 任务一 人工费用的归集 ... 51
- 任务二 人工费用的分配 ... 57

## 项目四 制造费用核算 ... 67
- 任务一 制造费用的归集 ... 68
- 任务二 制造费用的分配 ... 74

## 项目五 产品成本核算 ... 82
- 任务一 产品成本的归集 ... 83
- 任务二 产品成本的计算（品种法） ... 103

## 项目六 成本控制与管理 ... 128
- 任务一 标准成本的制定 ... 129
- 任务二 成本差异的计算 ... 140

## 项目七 成本分析 ... 150
- 任务一 标准成本的分析 ... 151
- 任务二 目标成本的分析 ... 161

## 项目八　成本报表 ········· 170
  　任务一　成本报表的编制 ········· 171
  　任务二　成本报表的分析 ········· 188

## 项目九　辅助生产成本 ········· 209
  　任务一　损失性费用的分配结转 ········· 210
  　任务二　辅助生产成本的分配结转 ········· 219
  　任务三　其他费用的核算与管理 ········· 238

## 项目十　成本核算方法 ········· 248
  　任务一　分批法 ········· 249
  　任务二　分步法 ········· 267
  　任务三　其他方法 ········· 286

**参考文献** ········· 309

# 项目一 认知成本核算与管理

思政园地

 **素养目标**

1. 培养成本核算与管理的核算能力、管理能力
2. 培养温和、谦逊、多礼的言行
3. 培养创新能力、建设制造强国的工匠精神

 **知识目标**

1. 了解制造企业生产类型
2. 了解制造企业生产特点对成本会计的影响
3. 掌握成本会计的职能、成本归集和分配的基本原则以及成本核算的一般程序
4. 掌握成本项目、费用要素等内容
5. 掌握成本核算账户

 **能力目标**

1. 能够根据填制、传递及交接成本核算相关凭证
2. 能够根据企业生产情况设计成本核算程序
3. 能够根据企业生产类型和管理要求明确它们对成本计算方法的影响
4. 能够根据企业生产特点和管理要求确定采用什么方法计算成本

 **知识导图**

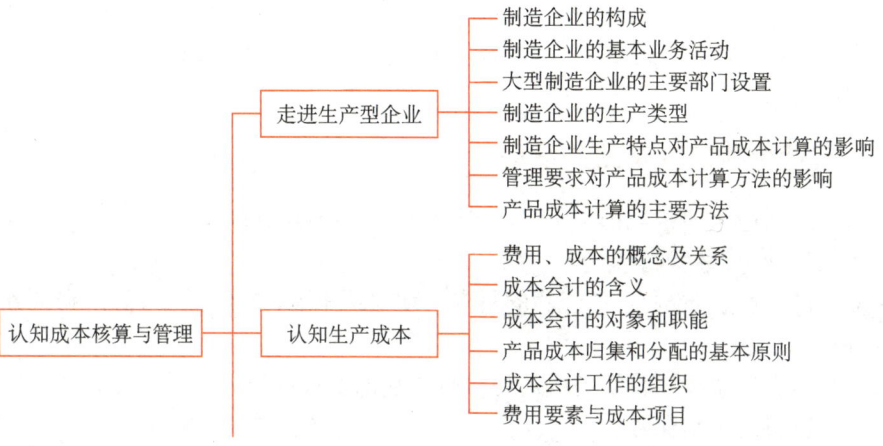

```
                                    ┌── 成本核算的一般程序
          掌握成本核算流程 ────────────┼── 成本核算的账户
                                    └── 成本会计账户关系
```

## 任务一　走进制造企业

任务情境

填写各生产工艺类型和管理要求对成本计算方法的影响。

### 一、制造企业的构成

制造企业作为经济组织，必须追求经济效益并获取盈利，盈利是企业生产经营活动取得成果的体现，也是企业生存和发展的基础。它有别于公安、检察、法院等国家机关，还有别于学校、医院等事业单位。

制造企业是利用一定经济资源，通过组织生产加工，制造各种生产、生活消费所需产品的企业。制造企业是自主经营、自负盈亏、独立核算的商品生产者和经营者。

我国是全世界唯一拥有联合国产业分类中所列全部工业门类 41 个工业大类、207 个工业中类、666 个工业小类的国家。"十四五"时期，将是工业互联网立足我国制造业转型升级内生动力，发挥 5G、互联网、大数据、人工智能等新一代信息技术引领作用，实现并领跑的关键阶段。

### 二、制造企业的基本业务活动

任何一个制造企业常规都是围绕质量（quality）、成本（cost）、交期（delivery）等活动来开展一系列活动（统称 QCD）。

一般来讲，制造型企业生产经营的基本活动包括采购、物流、生产、营销和服务 5 个核心业务流程。

采购是指企业生产经营活动所消耗材料和其他各种资源的购买活动。这一活动的本质是对生产物料的供给保障。

物流是指与原材料和产品相关的物料的接收、存储和分配的活动。这一活动的本质是对生产的输入和对产品的输出。

生产是指将原材料等投入转化为企业产品的各种活动,包括产品的策划、加工、包装、设备维护、检测等。这一活动的本质是输入向输出的转化。

营销是指对买方进行引导,吸引买方购买产品的各种活动,包括广告、促销、客户管理、销售渠道选择、销售队伍管理等。这一活动的本质是产品价值的实现。

服务是增加产品的质量和价值相关的活动,包括产品的安装、使用培训、维修、零部件供应,根据客户需要进行的产品调整等。这一活动的本质是产品的价值保证和增值。

### 三、大型制造企业的主要部门设置

一个生产型企业的基本组织结构采用传统的等级体系组织结构,包括董事会、首席执行官(chief executive officer,CEO)、首席运营官(chief operating officer,COO)、部门负责人和员工。制造企业的主要职能包括生产、采购、营销、技术、会计和客服。制造企业组织结构如图1-1所示。

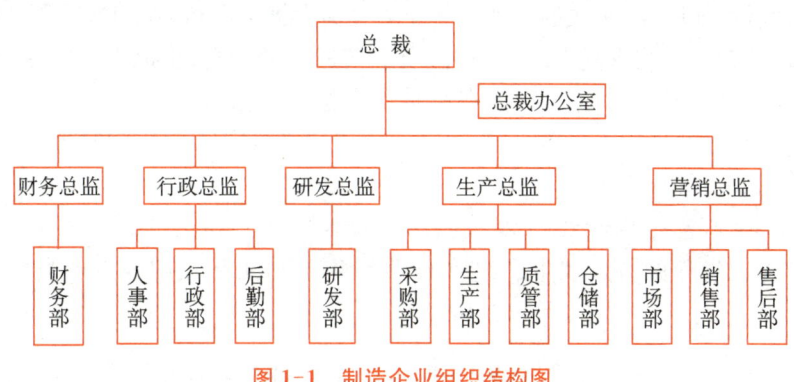

图1-1 制造企业组织结构图

### 四、制造企业的生产类型

企业生产类型决定其生产特点,按不同的分类标准,企业生产分为不同的生产类型。

#### 1. 生产按工艺过程分类

生产按工艺过程不同进行分类,分为单步骤生产和多步骤生产。

单步骤生产是指生产过程在工艺上不间断,或者不便于分散在不同的地点进行的生产,如发电、铸件、采掘、燃气燃料生产等。单步骤生产相对来说生产工艺简单、生产周期短,在生产过程中没有自制半成品产出。

多步骤生产是指生产过程在工艺上可以间断,可以分散在不同的地点,在不同的时间进行的产品生产。多步骤生产有两种生产形式,即连续加工式生产和装配式生产。

连续加工式生产是指原材料投入按照一定顺序,经过若干步骤的逐步加工制成产成品的生产。在各个步骤(除了最后一步)加工完成后多数为企业的自制半成品,这些半成品主要用于下一步骤继续加工,也可以半成品的形式对外出售。例如,棉纺企业在生产过程中,先将皮棉进行清花、梳棉、并条、粗纱、细纱和络筒加工成棉纱,然后对棉纱经过整经、浆纱、穿经、织造和整理等步骤制成坯布。棉条、粗纱、细纱都是企业自制半成品,可以对外出售。

装配式生产是指将各种原材料投入到不同的加工部门(同一个企业不同的车间或分厂或不同的企业)制成完工产品所需的各种零部件,再将零部件装配成完工产品的生产。机械制造企业大多数属于这种多步骤生产类型企业。例如,自行车生产企业就是将原材料分别加工制成车架、车把、前叉、钢圈、轮胎和车链等部件,然后组装成自行车;汽车等制造业也是如此。

2．生产按组织方式分类

生产按组织方式进行分类,分为大量生产、成批生产、单件生产。

大量生产是指不断地大量重复生产相同产品的生产。它的特点是陆续投入、陆续产出,产品品种少且稳定、产量较大,如纺织、面粉加工、酿造、冶金等生产企业。

成批生产是按照事先规定的产品批别和数量进行的生产。产品品种较多、产量较大,生产具有重复性,如服装、机械的生产。其又可分为大批生产和小批生产。大批生产的特点是产品批量较大,往往重复生产,其在性质上接近大量生产;小批生产的特点是产品批量较小,一批产品一般可同时完工,其在性质上接近单件生产。

单件生产是根据订货单位的要求,生产个别的、性质特殊的产品的生产,如船舶、飞机、新产品试制等。

3．生产按工艺过程和组织方式相结合分类

将生产工艺过程的特点和生产组织的特点相结合,可形成四种生产类型,如图1-2所示。

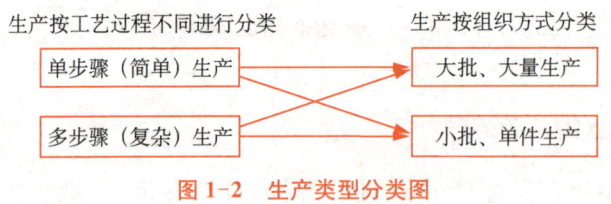

图1-2　生产类型分类图

## 五、制造企业生产特点对产品成本计算的影响

生产类型的特点对成本计算方法的影响主要表现在成本计算对象上,同时对成本计算期以及生产费用在完工产品与在产品之间的分配也有一定的影响。

### (一)对成本计算对象的影响

成本计算对象是为计算产品成本而确定的归集生产费用的各个对象,也就是成本的承担者。

从生产工艺过程特点看,具体如下:单步骤生产,其生产工艺不可间断,必须以产品品种为成本计算对象;多步骤连续加工式生产,应以生产步骤为成本计算对象,既按步骤又按品种计算各步骤半成品和产成品成本;多步骤装配式生产,若零部件有其独立意义,以步骤或零部件为成本核算对象,若零部件无独立的核算意义,不需要按步骤计算半成品成本,而以产品品种为成本计算对象。

从产品生产组织特点看,具体如下:大量生产,连续不断地生产相同产品,只能以产品品种为成本计算对象;大批生产,可视具体情况,按产品品种或产品批别计算产品成本;单件、小批生产,一批产品一般可同时完工,可按产品批别计算产品成本。

### (二)对成本计算期的影响

成本计算期是指生产费用计入产品成本的起止时期。对于大量、大批生产,成本计算定期于月末进行,与生产周期不一致而与会计期间一致;对于单件、小批生产,产品成本只能在某批、某件产品完工后计算,故成本计算不定期,与生产周期一致而与会计期间不一致。

### (三)对完工产品与在产品之间费用分配的影响

单步骤大量、大批生产,生产过程不能间断,生产周期短,很少或没有在产品,故不必计算月末在产品成本。

多步骤大量、大批生产,经常有在产品,需要将生产费用在完工产品与在产品之间进行分配。

多步骤单件、小批生产,成本计算期通常与生产周期一致,在每批、每件产品完工前,产品成本明细账的月末余额就是月末在产品的成本,完工后,产品成本明细账所归集的费用就是完工产品的成本。

## 六、管理要求对产品成本计算方法的影响

成本计算方法主要受企业生产特点的制约,但并不是完全服从于生产特点。企业对成本管理的不同要求,对成本计算方法(主要是成本计算对象)的确定也会产生不同的影响。单步骤生产或管理上不要求分步骤计算成本的多步骤生产,以品种或批别为成本计算对象,采用品种法或分批法。管理上要求分步骤计算成本的多步骤生产,以生产步骤为成本计算对象,采用分步法。在产品品种、规格繁多的企业,管理上要求尽快提供成本资料,简化成本计算工作,可采用分类法计算产品成本。在定额管理基础较好的企业,为加强定额管理工作,可采用定额法。

## 七、产品成本计算的方法

成本计算是按照成本计算对象分配和归集生产费用并计算其总成本和单位成本的过程。成本计算方法的确定,主要是为了适应企业的生产特点和管理要求,正确提供产品成本资料,为成本管理服务。

产品成本计算的方法

### (一)产品成本计算的基本方法

产品成本计算方法受企业生产类型的特点和管理要求的影响。具体而言,企业生产类型的不同特点和不同的管理要求决定着产品成本的计算对象、成本计算期和生产费用在完工产品与在产品之间的分配方法,即决定产品成本计算的不同方法。而成本计算对象是区别不同产品成本计算方法的主要标志,从上文我们可以看出产品成本的计算对象一般为产品品种、产品的批别和产品的生产步骤三种,因而产品成本计算的基本方法也有

品种法、分批法和分步法三种。

品种法是以产品品种为成本计算对象的产品成本计算方法。该方法一般适用于单步骤的大量大批生产,如发电等;也可用于管理上不需要分步骤计算成本的多步骤的大量、大批生产,如水泥生产、酿造、铸件等。

分批法是以产品批别为成本计算对象的产品成本计算方法。该方法一般适用于单件、小批生产,如重型机械制造、船舶制造等。

分步法是以产品生产步骤为成本计算对象的产品成本计算方法。该方法一般适用于大量、大批且管理上要求分步骤计算成本的生产,如纺织、一般机械制造等。

### (二)三种基本方法的影响因素和影响内容分析

三种基本方法因企业生产类型、生产工艺、成本管理要求的不同而有不同的适用范围,所影响的成本核算内容也有所不同。三种方法的基本特点比较如表1-1所示。

表1-1 三种方法的基本特点比较

| 成本计算方法 | 成本计算方法的影响内容 | | | 成本计算方法的影响因素 | | |
|---|---|---|---|---|---|---|
| | 成本计算对象 | 成本计算期 | 期末在产品的计算 | 生产特点 | 生产工艺过程 | 成本管理要求 |
| 品种法 | 产品品种 | 按月计算,与会计报告期一致 | 一般不需要计算 | 大量大批生产 | 单步骤 | 要求按品种计算成本 |
| | | | 一般需要计算 | | 多步骤 | 管理上不要求分步计算产品成本 |
| 分批法 | 产品批别 | 不定期计算,与产品生产周期一致 | 一般不需要计算 | 单件小批生产 | 单步骤或多步骤 | 管理上只要求按批别计算,不要求分步计算产品成本 |
| 分步法 | 产品品种及其所经过的生产步骤 | 按月计算,与会计报告期一致 | 需要计算 | 大量大批生产 | 多步骤 | 管理上要求分步计算成本 |

### (三)成本计算的辅助方法

在产品成本计算的实际工作中,产品的生产情况多种多样,为了减少产品成本核算的工作量,更好地利用企业管理条件和管理经验,在产品成本计算上还有其他的一些方法,如分类法、定额法等。

分类法是以产品类别归集生产费用,再按一定标准在类内各产品之间进行分配,计算产品成本的方法。该方法一般适用于产品品种、规格繁多,但每类产品的结构、所用原材料、生产工艺过程基本相同的企业,如灯泡厂、钉厂、鞋厂等,可简化成本计算。

定额法是定额管理基础较好的企业所采取的一种方法。其特点是以产品的定额成本为基础,加、减脱离定额差异和定额变动差异,进而计算产品实际成本的方法。此方法的目的在于加强成本管理,进行成本控制。它主要适用于企业管理比较健全,定额管理基础工作较好,产品生产定型和消耗定额合理且稳定的企业。

分类法和定额法是产品成本计算的辅助方法,必须结合基本方法使用。

## 任务实施

### 一、活动思考

问题:制造企业生产特点对产品成本计算有何影响?

任务实施视频

### 二、活动提升

古语云:人无远虑,必有近忧。根据这句话,在完成工作任务时,你主要考虑哪些因素?

### 三、活动实施

活动实施情况如表1-2所示。

表1-2 活动实施情况

| 活动步骤 | 活动要求 | 活动安排 | 活动记录 |
|---|---|---|---|
| 步骤1<br>职业沟通练习 | 在实际工作中,成本会计人员要具备扎实的专业能力,也要有良好的沟通能力等。以小组为单位分配角色,通过角色扮演、小组讨论,练习人与人之间的沟通能力 | 具体活动1:角色选择 | 附表1-1 |
| | | 具体活动2:角色扮演 | 附表1-1 |
| | | 具体活动3:模拟评价 | 附表1-2 |
| 步骤2<br>知识准备 | 产品成本计算的主要方法及三种基本方法的影响因素及影响内容分析 | 学习微课 | 梳理知识点 |
| 步骤3<br>生产工艺类型和管理要求对成本计算方法的影响 | 品种法、分批法、分步法 | 实训平台 | 附表1-3 |

附表1-1 工作记录单

| 角色 | 学生姓名 | 沟通内容等 |
|---|---|---|
| 成本会计 | | |
| 财务经理 | | |
| 生产部 | | |
| 组长签字: | | |

附表 1-2　模拟评价表

| 组号 | 参加展示人数 | 评价 | | 小组排序 |
|---|---|---|---|---|
| | | 语言表达最好的学生 | 模拟最好的学生 | |
| | | | | |
| | | | | |
| | | | | |
| | | | | |
| | | | | |

附表 1-3　生产工艺类型和管理要求对成本计算方法的影响

| 生产类型 | | 管理要求 | 成本计算方法 | 成本计算对象 | 成本计算期 | 是否计算期末在产品成本 | 适用企业 |
|---|---|---|---|---|---|---|---|
| 生产组织 | 生产工艺 | | | | | | |
| 大量大批生产 | 单步骤生产 | 只按产品品种计算成本 | | | | | 采购、发电等 |
| | 连续加工式多步骤生产 | 不分步,只按产品品种计算成本 | | | | | 水泥、造纸等 |
| | | 按产品品种计算成本,且计算各步骤半成品成本 | | | | | 冶金、纺织等 |
| | | 按产品品种计算成本,且计算各步骤份额 | | | | | 化肥、化工等 |
| | 装配加工式多步骤生产 | 只按产品品种计算成本 | | | | | 钟表、手机等 |
| | | 按产品品种计算成本,且计算各步骤份额 | | | | | 机械制造等 |
| 单件小批生产 | 单步骤生产 多步骤生产 | 按产品的批别或件别计算成本 | | | | | 飞机、轮船等 |

 任务评价

任务评价表如表1-3所示。

表1-3 任务评价表

课堂测验

| 一级指标 | 二级指标 | 评价内容 | 分值 | 自评 | 互评 | 教师 | 企业导师 |
|---|---|---|---|---|---|---|---|
| 职业能力（30分） | 思维能力 | 能够从不同的角度提出问题、分析问题并解决问题 | 1 | | | | |
| | 自学能力 | 能够通过自己已有的知识经验来独立地获取新的知识和信息 | 2 | | | | |
| | 实践操作能力 | 能够根据自己获取的知识正确地完成工作任务 | 10 | | | | |
| | 创新能力 | 在小组讨论中能够与他人交流自己的想法，敢于标新立异 | 5 | | | | |
| | | 能够跳出固有的知识，提出自己的见解，培养自己的创新性 | 5 | | | | |
| | 表达能力 | 能够正确地组织和撰写分析报告等 | 5 | | | | |
| | 合作能力 | 能够为小组提供信息、质疑、归类和总结，提出方法，阐明观点 | 2 | | | | |
| 学习策略（20分） | 学习方法 | 根据本次任务实际情况对自己的学习方法进行调整 | 10 | | | | |
| | 自我调控 | 能够根据本次任务正确地使用学习方法 | 4 | | | | |
| | | 能够利用学习资源等正确地整合各种学习方法 | 6 | | | | |
| 职业标准（50分） | 职业岗位能力 | 统计、核对和分析来自各部门成本相关的数据，进行成本核算 | 20 | | | | |
| | | 做好相关成本资料的整理、归档、数据库建立、查询和更新工作，统计各生产部门成本相关的数据，进行成本核算 | 30 | | | | |

 任务总结

学生根据任务评价表填写，总结三维目标的达成度，如表1-4所示。

表 1-4　任务总结

| 项目 | | 总结 |
|---|---|---|
| 素质提升 | 提升 | |
| | 欠缺 | |
| 知识掌握 | 掌握 | |
| | 欠缺 | |
| 能力达成 | 达成 | |
| | 欠缺 | |
| 改进措施 | | |

任务拓展

基于价值链的全方位成本管理

## 任务二　认知生产成本

任务情境

任务情境

任务要求

计算买方成本和卖方成本,算出两者之间的差额。

 任务准备

## 一、费用、成本的概念及关系

费用、成本都属于企业的支出。支出是企业的一切开支和耗费,包括资本性支出、收益性支出、营业外支出等。例如,企业为购买材料、办公用品等支付或预付的款项;为偿还银行借款、应付账款及支付账款或支付股利所发生的资产的流出;为购置固定资产、支付长期工程费用所发生的支出。

费用是指企业在日常活动中发生的,会导致所有者权益减少的,与向所有者分配利润无关的经济利益的总流出。费用只有在经济利益很可能流出从而导致企业资产减少或者负债增加,且经济利益的流出额能够可靠计量时才能予以确认。

企业为生产产品、提供劳务等发生的可归属于产品成本、劳务成本等的费用,应当在确认产品销售收入、劳务收入等时,将已销售产品、已提供劳务的成本等计入当期损益。

企业发生的支出不产生经济利益的,或者即使能够产生经济利益但不符合或者不再符合资产确认条件的,应当在发生时确认为费用,计入当期损益。

成本是商品经济的价值范畴,是商品价值的组成部分。人们要进行生产经营活动或达到一定的目的,就必须耗费一定种类和数量的资源(人力、物力和财力),其所耗费资源的货币表现及其对象化被称为成本。随着商品经济的不断发展,成本概念的内涵和外延都处于不断发展变化中。

"理论成本":商品价值的组成部分,即 $C+V$。马克思在分析商品价值时,把商品价值表示为:$W=C+V+M$。其中 $W$ 表示商品的价值,$C$ 表示物化劳动(生产资料)的转移价值,$V$ 表示劳动者为自己创造的价值,$M$ 表示劳动者为社会创造的价值,其中 $C+V$ 构成了产品成本。

实际工作中的成本概念:成本是企业为生产产品、提供劳务而发生的各种耗费,通常称为制造成本。除 $C+V$ 外,成本还包括不形成产品价值的损失性支出,如废品损失、停工损失等。

费用和成本的区别主要有:费用是指一定时期的耗费,成本是一定产品或劳务的耗费;费用是指本期发生的,不包括前期的耗费而成本则包括前期的耗费;二者计算口径不同,有些费用不一定计入成本,费用是否计入成本视成本开支范围而定。

费用和成本的联系主要有:费用和成本都是企业除偿债性支出和分配性支出以外的支出的构成部分;费用和成本都是企业经济资源的耗费;期末应将当期已销产品的成本结转进入当期的费用;费用是成本的基础,成本是费用的组成部分。

## 二、成本会计的含义

成本会计是运用会计的基本原理和一般原则,采用一定的技术方法,对企业生产经营过程中发生的各项费用和产品(劳务)成本进行连续、系统、全面、综合的核算和监督的一种管理活动。

成本会计在会计学中的地位日趋重要。成本会计主要研究各种成本的计算、控制和

分析,成本会计作为会计系统中的一个子系统,为企业提供有关成本方面的各种信息,并参与企业的生产经营决策。

### 三、成本会计的对象和职能

#### (一)成本会计的对象

成本会计的对象是指成本会计核算和监督的内容,简称成本、费用。

随着经济的发展与科技的进步,以及企业经营管理要求的提高,成本的概念和内容在不断发展、变化。随着成本概念的发展、变化,成本会计的对象也相应地发展、变化。现代成本会计的对象,应该包括各行业企业生产经营业务成本和有关的期间费用。

#### (二)成本会计的职能

成本会计的职能是指成本会计在经济管理中所具有的内在功能。现代成本会计的职能至少包括了成本预测、成本决策、成本计划、成本控制、成本核算、成本考核和成本分析等7个方面。

成本预测是指在分析企业现有经济技术、市场状况和发展趋势的基础上,根据与成本有关的数据,采用一定的专门科学方法,对未来的成本水平及其变化趋势作出科学的预算。

成本决策是根据成本预测提供的数据和其他有关资料,制订出优化成本的各种备选方案,运用决策理论与方法,对各种备选方案进行比较分析,从中选出最满意的方案,确定企业目标成本的过程。

成本计划是根据成本决策所确定的目标成本,具体规定在计划期内为完成生产经营任务所支出的成本、费用,并提出为达到规定的成本、费用水平所采取的各项措施。

成本控制是指以预先确定的成本标准作为企业生产经营过程中所发生的各项费用的限额,在费用发生时,严格审核各项费用是否符合标准,并计算出实际费用与标准费用之间的差异,同时对产生差异的原因进行分析,采取有效的方法,将各项费用的发生限制在计划控制之内。

成本核算是对生产经营过程中实际发生的成本、费用进行计算,并进行相应的账务处理。成本核算资料可以反映成本计划的完成情况,为编制下期成本计划,进行成本预测和决策提供依据。

成本考核是指在成本核算的基础上,定期地对成本计划的执行结果进行评定和考核。成本考核应该与奖惩制度相结合,充分调动企业员工执行成本计划、提高经济效益的积极性。

成本分析是指根据成本核算和成本考核提供的成本数据及其他的有关资料,与本期计划成本、上年同期实际成本,本企业历史先进的成本水平等进行比较,确定成本差异,分析差异产生的原因,以便采取措施,改进生产经营管理,降低成本和费用,提高经济效益。

在成本会计的诸多职能中,成本核算是成本会计最基础的职能,如果没有成本核算,成本会计的其他各项职能都无法进行。

### 四、产品成本归集和分配的基本原则

企业所发生的生产费用,能确定由某一成本核算对象负担的,应当按照所对应的产品

成本项目类别,直接计入产品成本核算对象的生产成本;由几个成本核算对象共同负担的,应当选择合理的分配标准分配计入。

企业应当根据生产经营特点,以正常生产能力水平为基础,按照资源耗费方式确定合理的分配标准。其具体可以体现为以下原则:

(1) 受益性原则,即谁受益、谁负担,负担多少视受益程度而定。

(2) 及时性原则,即要及时将各项成本费用分配给受益对象,不应将本应在上期或下期分配的成本费用分配给本期。

(3) 成本效益性原则,即成本分配所带来的效益要远大于分配成本。

(4) 基础性原则,即成本分配要以完整、准确的原始记录为依据。

(5) 管理性原则,即成本分配要有助于企业加强成本管理。

企业应当按照权责发生制的原则,根据产品的生产特点和管理要求结转成本。企业不得以计划成本、标准成本、定额成本等代替实际成本。企业采用计划成本、标准成本、定额成本等类似成本进行直接材料日常核算的,期末应当将耗用直接材料的计划成本或定额成本等类似成本调整为实际成本。

企业内部管理有相关要求的,还可以利用现代信息技术,在确定多维度、多层次成本核算对象的基础上,对有关费用进行归集、分配和结转。

## 五、成本会计工作的组织

### (一) 成本会计机构

成本会计机构是在企业中直接从事成本会计工作的职能部门,是企业会计机构的重要组成部分。企业应在保证成本会计工作质量的前提下,根据企业规模的大小和质量要求,科学合理地设置成本会计工作机构。

### (二) 成本会计人员

成本会计人员是指在会计机构或专设成本会计机构中所配备的成本工作人员。其对企业日常的成本工作进行处理,诸如成本计划、费用预算、成本预测、决策、实际成本计算和成本分析、考核等。成本核算是企业核算工作的核心,成本指标是企业一切工作质量的综合表现,为了保证成本信息质量,对成本会计人员的业务素质要求比较高。其具体要求有:会计知识面广,对成本理论和实践有较好的基础;熟悉企业生产经营的流程;刻苦学习和任劳任怨;具有良好职业道德等。

### (三) 成本会计制度

与成本会计有关的法律、规章、制度有《中华人民共和国会计法》《企业财务通则》和企业会计准则、国家统一的会计制度、《企业产品成本核算制度(试行)》、企业内部的会计制度和成本核算办法等。

## 六、费用要素与成本项目

工业企业生产经营过程中的耗费是多种多样的,为了科学地进行成本管理,正确计算产品成本和期间费用,需要对种类繁多的费用进行合理归集和分类。费用可以按不同的标准分类,其中最基本的是按经济内容和经济用途进行分类。企业生产费用按经济内容划分,可分为外购材料、外购燃料、外购动力、工资、折旧费、利息费用、税金和其他支出等

费用要素与成本项目

八类,这八类也称为生产费用要素;按经济用途划分,可分为计入产品成本的生产费用和直接计入当期损益的期间费用两类。

### (一) 费用要素

**1. 费用要素的划分**

企业的生产经营过程也是物化劳动(劳动对象和劳动手段)和活劳动的耗费过程,因而生产经营过程中发生的费用,按其经济内容(性质)分类,可划分为劳动对象方面的费用、劳动手段方面的费用和活劳动方面的费用三大类。这三大类可以称为费用的三大要素。为了具体反映各种费用的构成和水平,我们还应在此基础上,将其进一步划分为以下几个费用要素:

(1) 外购材料。外购材料是指企业为进行生产经营而耗用的一切从外单位购进的原料及主要材料、半成品、辅助材料、包装物、修理用备件和低值易耗品等。

(2) 外购燃料。外购燃料是指企业为进行生产经营而耗用的一切从外单位购进的各种固体、液体和气体燃料。

(3) 外购动力。外购动力是指企业为进行生产经营而耗用的一切从外单位购进的各种动力。

(4) 工资。工资是指企业应计入产品成本和期间费用的职工工资。

(5) 折旧费。折旧费是指企业按照规定的固定资产折旧方法计算提取的折旧费用。

(6) 利息费用。利息费用是指企业应计入财务费用的借款利息费用支出抵减存款利息收入后的余额。

(7) 税金。税金是指企业应缴纳的计入管理费用的税金,包括印花税、房产税、车船税等。

(8) 其他支出。其他支出是指不属于以上各要素但应计入产品成本或期间费用的费用支出,如差旅费、租赁费、外部加工费以及保险费等。

**2. 划分费用要素的作用**

将费用划分为若干要素分类核算的作用如下:①它可以反映一定时期内在生产经营中发生了哪些费用,这些费用的数额各是多少,据以分析企业各个时期各种费用的构成和水平。②这种分类反映了企业生产经营中外购材料和燃料费用以及职工薪酬的实际支出,因而可以为企业核定储备资金定额、考核储备资金的周转速度,以及编制材料采购资金计划和职工薪酬计划提供资料。

但是,费用要素不能反映各种费用的经济用途,因而不便于分析这些费用的支出是否节约和合理。因此,为了直观地比较各项费用的实际成本与计划成本的差异,对于制造企业的这些费用还必须按经济用途进行分类。

### (二) 产品成本项目

为了比较全面、系统地反映产品的成本耗费情况,使成本计算能提供比较丰富的信息,在计算产品成本时,我们不仅要计算产品的总成本和单位成本,而且要对总成本按用途分类,以反映产品成本的组成和结构。这样便于我们对成本进行控制,也便于我们分析产品生产中的经济效益问题以及对生产部门进行考核评价。

**1. 成本项目的设置**

制造企业在生产经营中发生的费用,首先可以划分为计入产品成本的生产费用和直接计入当期损益的期间费用两大类。计入产品成本的生产费用在产品生产过程中的用途也不尽相同,有的直接用于产品生产,有的间接用于产品生产。因此,为了具体地反映产品成本的构成情况,应将生产成本划分为若干个项目,也就是产品生产成本项目,简称产品成本项目或成本项目。根据生产特点和管理要求,工业企业一般设置以下三个成本项目:

(1) 直接材料。直接材料是指企业在生产产品和提供劳务过程中所消耗的直接用于产品生产并构成产品实体的原料、主要材料、外购半成品以及有助于产品形成的辅助材料。除此之外,它还包括生产过程中用于包装产品、构成产品组成部分的包装物。

(2) 直接人工。直接人工是指企业在生产产品和提供劳务过程中,直接参加产品生产的工人的工资以及其他各种形式的职工薪酬。它包括生产人员的奖金、津贴和补贴、职工福利费以及国家对职工的各项工资性补贴等。

(3) 制造费用。制造费用是指企业各生产单位为组织和管理生产而发生的各项间接费用。它包括工资和福利费、折旧费、办公费、水电费、机物料消耗、劳动保护费、租赁费、保险费、排污费、存货盘亏费(减盘盈)及其他制造费用。制造费用中大部分不是直接用于产品生产,而是间接用于产品生产,如机物料的消耗、车间辅助人员的薪酬以及车间厂房的折旧费等;也有一部分直接用于产品生产,但管理上不要求单独核算,也不专设成本项目,如机器设备的折旧费。制造费用还包括车间用于组织生产和管理的费用,如车间管理人员的薪酬,车间管理用房屋和设备的折旧费,车间照明费、水费、取暖费,差旅费和办公费等,这些费用虽然有管理费用的性质,但由于车间是企业从事生产活动的单位,管理费用和制造费用很难严格划分,为了简化工作,这些费用被作为制造费用核算。

企业发生的各项制造费用,是按其用途和发生地点,通过"制造费用"科目进行归集和分配的。根据管理的需要,"制造费用"科目可以按生产车间开设明细账,账内按照费用项目开设专栏,进行明细核算。费用发生时,根据支出凭证借记"制造费用"科目及其所属有关明细账,但材料、工资、折旧等,要在月末时,根据汇总编制的各种费用分配表记入。材料、产品等存货的盘盈、盘亏数,则应根据盘点报告表登记。归集在"制造费用"科目借方的各项费用,月末时应全部分配转入"生产成本"科目,计入产品成本。"制造费用"科目一般月末没有余额。

2. 成本项目设置的注意事项和作用

需要说明的是,以上成本项目不是绝对的,企业可以根据本单位的具体情况和成本管理要求,作适当的合并或分设其他项目。如果企业规模比较大,生产过程比较复杂,成本项目可以分得比较细;如果企业规模很小,生产过程也很简单,可以只划分为两个项目,如材料费用和其他费用。在规定或者调整成本项目时,应该考虑以下几个问题:①费用在管理上有无单独反映、控制和考核的需要;②费用在产品成本中比重的大小;③为某种费用专设成本项目所增加的核算工作量的大小。对于管理上需要单独反映、控制和考核的费用,以及产品成本中比重比较大的费用,应该专设成本项目,否则,为了简化核算工作,不必专设成本项目。例如,小型工业企业生产规模小,为简化核算可只设"原材料""职工薪酬"和"制造费用"三个成本项目,或者可以只设"原材料"和"加工费用"两个成本项目;如需综合反映上一步骤发生的生产费用,可增设"自制半成品"成本项目。在生产过程中产品损耗较大的产品,为了完整反映产生废品而造成的损失费用,可增设"废品损失"成本项目;为了完整反映停工给企业带来的损失,可增设"停工损失"成本项目等。

根据成本项目计算产品成本,能够清楚地反映直接用于产品生产上的材料是多少,直接用于产品生产上的工人工资是多少,耗用于组织与管理生产上的各项支出是多少。这就有助于反映与监督产品消耗定额和费用预算的执行情况,便于查找产品成本升降的原因,有利于加强成本管理与成本分析。

### (三)生产费用要素与生产成本项目的联系与区别

基于生产费用与企业成本是两个既相互联系又有所区别的理论概念,生产费用要素和计入企业成本的生产费用按其经济用途划分的产品生产成本项目,也表现出一定的联系与区别。

#### 1. 生产费用要素与生产成本项目的联系

从联系上看,计入产品成本的各项生产费用,按照生产费用核算的程序,其生产费用形态将分别转化归属于不同的成本项目。有些生产费用要素与成本项目的名称,从表面上看似乎也有雷同之处,如材料、职工薪酬等,但是二者所反映的内容是有差别的。例如,费用要素中的外购材料,包括在生产经营过程中耗用的全部原材料、主要材料和辅助材料;而成本项目中的直接材料,只包括直接耗用于合格产品的原材料、主要材料和辅助材料,其他方面耗用的材料应计入制造费用或管理费用。如果发生了废品,并单设"废品损失"成本项目,则废品耗用的原材料、主要材料和辅助材料应反映在"废品损失"成本项目中。

#### 2. 生产费用要素与生产成本项目的区别

归纳起来,生产费用要素与产品成本项目的区别有:

(1)作用不同。生产费用以费用要素来反映它的经济性质构成内容;产品生产成本则以成本项目来反映它的经济用途构成内容。

(2)内容不同。生产费用要素反映的内容包括企业发生的全部生产费用。例如外购材料,不论是用于产品生产的直接材料或间接材料,还是用于固定资产修理或专项工程等都包括在内。又如工资费用,既包括用于产品生产的工资费用,又包括不是用于产品生产的工资费用。而成本项目中反映的原材料仅指构成产品实体(或主要成分)的原材料费用,工资费用仅指直接生产工人的工资。

(3)构成不同。同一性质的费用要素,可能有多种经济用途;而同一用途的成本项目,则可能由多种费用要素所组成。例如,对"职工薪酬"这一费用要素进行分析,车间生产人员的薪酬计入直接人工成本项目、车间管理人员的薪酬属于制造费用,而企业管理人员的薪酬则属于期间费用——管理费用;再对"制造费用"这一成本项目进行分析,制造费用包括的内容有很多,如折旧费、车间办公费、水电费等,而这些分别是不同的费用要素。

总之,生产费用要素与产品成本项目之间既相互联系又有所区别,它们是对企业费用的不同划分,你中有我、我中有你。

### (四)期间费用

期间费用是指企业本期发生的、不能直接或间接归入营业成本,而是直接计入当期损益的各项费用。期间费用不能直接归属于某个特定产品成本,它随着时间的推移而发生,与当期产品的管理和产品销售直接相关,而与产品的产量、产品的制造过程无直接关系,即容易确定其发生的期间,而难以判别其所应归属的产品,因而不能列入产品制造成本,而在发生的当期从损益中扣除。

工业企业的期间费用按照经济用途可分为管理费用、财务费用和销售费用。

管理费用指企业为组织和管理生产经营活动所发生的各项费用。它包括企业在筹建期间发生的开办费、董事会和行政管理部门在经营管理中发生的或者应当由企业统一负担的公司经费(包括行政管理部门职工薪酬、物料消耗、低值易耗品摊销、办公费和差旅费等)、工会经费、董事会费(包括董事会成员津贴、会议费和差旅费等)、聘请中介机构费、咨询费、诉讼费、业务招待费、房产税、车船税、土地使用税、印花税、技术转让费、矿产资源补偿费、研究费用、排污费用以及固定资产修理费等。

财务费用指企业为筹集生产经营所需资金等而发生的筹资费用,包括利息支出(减利息收入)、汇兑损益以及相关的手续费、企业发生的现金折扣或收到的现金折扣等。

销售费用指企业在销售商品和材料、提供劳务过程中发生的各项费用,包括企业在销售商品过程中发生的包装费、保险费、展览费和广告费、商品维修费、预计产品质量保证损失、运输费、装卸费等费用,以及企业发生的为销售本企业商品而专设的销售机构的职工薪酬、业务费、折旧费、固定资产维修费等费用。

##  任务实施

### 一、活动思考

问题:如何计算生产成本?
_____
_____
_____
_____

任务实施视频

### 二、活动提升

古语云:天下兴亡,匹夫有责。根据这句话,在完成工作任务时,你主要考虑哪些因素?

### 三、活动实施

活动实施情况如表1-5所示。

表1-5 活动实施情况

| 活动步骤 | 活动要求 | 活动安排 | 活动记录 |
| --- | --- | --- | --- |
| 步骤1<br>职业沟通练习 | 在实际工作中,成本会计人员要具备扎实的专业能力,也要有良好的沟通能力等。以小组为单位分配角色,通过角色扮演、小组讨论,练习人与人之间的沟通能力 | 具体活动1:角色选择 | 附表1-4 |
| | | 具体活动2:角色扮演 | 附表1-4 |
| | | 具体活动3:模拟评价 | 附表1-5 |

(续表)

| 活动步骤 | 活动要求 | 活动安排 | 活动记录 |
|---|---|---|---|
| 步骤 2<br>知识准备 | 费用要素与成本项目 | 学习微课 | 梳理知识点 |
| 步骤 3<br>计算成本 | 买方成本、卖方成本 | 实训平台 | 附表 1-6、<br>附表 1-7 |

附表 1-4  工作记录单

| 角色 | 学生姓名 | 沟通内容等 |
|---|---|---|
| 成本会计 |  |  |
| 财务经理 |  |  |
| 生产部 |  |  |
| 组长签字： | | |

附表 1-5  模拟评价表

| 组号 | 参加展示人数 | 评价 | | 小组排序 |
|---|---|---|---|---|
| | | 语言表达最好的学生 | 模拟最好的学生 | |
| | | | | |
| | | | | |
| | | | | |
| | | | | |

附表 1-6  买方成本

| 买方成本 | | |
|---|---|---|
| 定价 | | 元 |

附表 1-7  卖方成本

| 卖方成本 | | |
|---|---|---|
| 布料 | | 元 |
| 耗材 | | 元 |
| 人工 | | 元 |
| 摊销 | | 元 |
| 合计 | | 元 |

## 任务评价

任务评价表如表 1-6 所示。

表 1-6　任务评价表

| 一级指标 | 二级指标 | 评价内容 | 分值 | 自评 | 互评 | 教师 | 企业导师 |
|---|---|---|---|---|---|---|---|
| 职业能力（30分） | 思维能力 | 能够从不同的角度提出问题，分析问题并解决问题 | 1 | | | | |
| | 自学能力 | 能够通过自己已有的知识经验来独立地获取新的知识和信息 | 2 | | | | |
| | 实践操作能力 | 能够根据自己获取的知识正确地完成工作任务 | 10 | | | | |
| | 创新能力 | 在小组讨论中能够与他人交流自己的想法，敢于标新立异 | 5 | | | | |
| | | 能够跳出固有的知识，提出自己的见解，培养自己的创新性 | 5 | | | | |
| | 表达能力 | 能够正确地组织和撰写分析报告等 | 5 | | | | |
| | 合作能力 | 能够为小组提供信息，质疑、归类和总结，提出方法，阐明观点 | 2 | | | | |
| 学习策略（20分） | 学习方法 | 根据本次任务实际情况对自己的学习方法进行调整 | 10 | | | | |
| | 自我调控 | 能够根据本次任务正确地使用学习方法 | 4 | | | | |
| | | 能够利用学习资源等正确地整合各种学习方法 | 6 | | | | |
| 职业标准（50分） | 职业岗位能力 | 负责公司项目成本会计核算、预算控制、财务分析等工作 | 20 | | | | |
| | | 完成成本的材料、人工、制造费用的归集、核算，及时提供成本信息 | 30 | | | | |

## 任务总结

学生根据任务评价表填写，总结三维目标的达成度，如表 1-7 所示。

表 1-7　任务总结

| 项目 | | 总结 |
|---|---|---|
| 素质提升 | 提升 | |
| | 欠缺 | |

(续表)

| 项目 | | 总结 |
|---|---|---|
| 知识掌握 | 掌握 | |
| | 欠缺 | |
| 能力达成 | 达成 | |
| | 欠缺 | |
| 改进措施 | | |

**任务拓展**

《企业产品成本核算制度（试行）》

## 任务三　掌握成本核算流程

**任务情境**

任务情境

**任务要求**

根据业务资料选择最合适的成本计算方法。

**任务准备**

成本核算的程序

### 一、成本核算的一般程序

计算产品成本，在确定了成本计算对象，设置生产成本明细账后，首先要根据成本开支范围和有关规定，对各项生产费用进行审核和控制；其次要根据各种领料单、工资结算单和各种费用的原始凭证,将发生的各项费用,按经济用途进行归集与分配,将其中应该计入当月产品成本的生产费用计入各种产品成本及其相应的成本项目中;最后月末根据完工产品和在产品的实际情况,将生产费用在完工产品和月末在产品之间进行分配,以便计算出完工产品的总成本和单位成本。

  成本核算的一般程序是指对企业在生产经营过程中发生的各项费用,按照成本核算的要求,逐步进行归集和分配,最后计算出各种产品的成本和各项期间费用的基本过程。成本核算的一般程序如下。

### (一) 确定成本计算对象,设置生产成本明细账

  成本计算对象是生产费用的承担者,即归集和分配生产费用的对象。确定成本计算对象,就是要解决生产费用由谁来承担的问题。成本计算对象的确立,是设置产品成本明细账,正确计算产品成本的前提,也是区别各种产品成本计算的主要标志。不同性质的企业,其成本计算对象的确定是不相同的,可以是某种产品、某类产品或某批产品,也可能是某一生产步骤。至于选用什么作为成本计算对象,则取决于企业的生产特点和管理要求,企业应根据自身的生产特点和管理要求,选择合适的产品成本计算对象设置生产成本明细账。不论成本计算对象如何确立,最后都要计算出各种产品的生产成本,即能够分成本项目确定某种产品的单位成本和总成本。

  成本计算对象为某种产品时,产品生产成本明细账格式如表 1-8 所示。

表 1-8 产品生产成本明细账

产品名称:××产品　　　　　　　产成品:××件　　　　　　　单位:元

| 202×年 | | 凭证号数 | 摘要 | 直接材料 | 直接人工 | 制造费用 | 合计 |
|---|---|---|---|---|---|---|---|
| 月 | 日 | | | | | | |
| | | | 期初余额 | | | | |
| | | | 材料费用分配表 | | | | |
| | | | 职工薪酬费用分配表 | | | | |
| | | | 制造费用分配表 | | | | |
| | | | 生产费用合计 | | | | |
| | | | 结转完工产品成本 | | | | |
| | | | 月末在产品成本 | | | | |

  成本计算对象为某批产品时,产品生产成本明细账格式如表 1-9 所示。

表 1-9 产品生产成本明细账

批号:××　　　　　　　　　　开工日期:×月×日
产品名称:××产品　　　批量:×件　　完工日期:×月×日　　　单位:元

| 202×年 | | 凭证号数 | 摘要 | 直接材料 | 直接人工 | 制造费用 | 合计 |
|---|---|---|---|---|---|---|---|
| 月 | 日 | | | | | | |
| | | | 期初余额 | | | | |

(续表)

| 202×年 | | 凭证号数 | 摘要 | 直接材料 | 直接人工 | 制造费用 | 合计 |
|---|---|---|---|---|---|---|---|
| 月 | 日 | | | | | | |
| | | | 材料费用分配表 | | | | |
| | | | 职工薪酬费用分配表 | | | | |
| | | | 制造费用分配表 | | | | |
| | | | 生产费用合计 | | | | |
| | | | 结转完工产品成本 | | | | |
| | | | 月末在产品成本 | | | | |

成本计算对象为某一生产步骤时,产品生产成本明细账格式如表 1-10 所示。

表 1-10　第×个生产步骤产品生产成本明细账

产品名称:×半成品　　　　　　　202×年×月×日　　　　　　　金额单位:元

| 项目 | 直接材料<br>(或上一个生产步骤转入) | 直接人工 | 制造费用 | 合计 |
|---|---|---|---|---|
| 期初余额 | | | | |
| 本月本步骤发生费用 | | | | |
| 本月上一步骤转入费用 | | | | |
| 生产费用合计 | | | | |
| 本月完工产品数量 | | | | |
| 月末在产品约当产量 | | | | |
| 约当产量合计 | | | | |
| 完工产品单位成本 | | | | |
| 完工产品总成本 | | | | |
| 月末在产品成本 | | | | |

## (二) 严格审核和控制企业的各项支出

对企业的各项支出进行严格的审核和控制,并按照国家的有关规定确定其应否计入产品成本、期间费用,以及应计入产品成本还是期间费用。

成本核算不仅是成本会计的基本任务,它所提供的成本信息还应当满足企业经营管理和决策的需要。为此,成本核算不仅要对各项费用支出进行事后的核算,提供事后的成本信息,而且必须以国家有关的法规和制度以及企业成本计划和相应的消耗定额为依据,加强对各项费用支出的事前、事中的审核和控制,并及时进行信息反馈。也就是说,对于合法、合理，有利于发展生产、提高经济效益的开支，要积极予以支持，否则就要坚决予以抵制，当时已经无法制止的，要追究责任，采取措施，防止以后再次发生；对各项费用的发生情况以及费用脱离定额或计划的差异进行日常的计算和分析，及时进行反馈；对于定额或计划不符合实际发生的情况，要按规定程序予以修订。

企业应按照国家有关成本开支范围的有关规定，正确地核算产品成本和期间费用。凡不属于企业日常生产经营方面的支出，均不得计入产品成本或期间费用；凡属于企业日常生产经营方面的支出，均应全部计入产品成本或期间费用，不得遗漏。多计成本，会减少企业利润和国家财政收入；少计成本，则会虚增利润，使企业成本得不到应有的补偿，从而影响企业生产经营活动的正常进行。无论是多计成本还是少计成本，都会造成成本不实，从而不利于企业的成本管理。因此，企业必须正确划分哪些项目应计入产品成本或期间费用，哪些项目不应计入。

1. 应计入成本、费用的项目

(1) 生产经营过程中实际消耗的原材料、辅助材料、备用配件、外购半成品、燃料、动力、包装物的原价和运输、装卸、整理等费用。

(2) 企业直接从事产品生产人员的职工薪酬。

(3) 固定资产折旧费、租赁费和低值易耗品的摊销费等。

(4) 为组织管理生产经营活动所发生的制造费用、管理费用、财务费用、销售费用和所得税。其中制造费用可计入产品成本，管理费用、财务费用、销售费用和所得税不应计入产品成本，而应直接计入当期损益。

2. 不应列入成本、费用的项目

(1) 购置和建造固定资产的支出，购入无形资产和其他非流动资产的支出。

(2) 对外界的投资以及分配给投资者的利润。

(3) 被没收的财物，违反法律支付的各项滞纳金、罚款以及企业自愿赞助、捐赠的支出。

(4) 规定在公积金中列支的支出。

(5) 法律、法规规定以外的各种费用。

(6) 规定不得列入成本的其他支出。

企业生产经营发生的费用内容很广，但只有与生产经营直接有关系的费用才能计入产品的成本，如工业企业产品生产过程中消耗的材料费用、工资福利费用、制造费用等；而与产品生产无直接关系的费用，则作为期间费用直接计入当期损益，从当月利润中扣除。因此，对企业日常发生的属于本期的费用必须正确地划分出计入产品成本的费用和不能计入产品成本的期间费用。

### (三) 正确划分各个期间的费用

为了按月分析和考核产品成本和经营管理费用，正确计算各月损益，还应将计入产品成本的生产费用和作为期间费用的经营管理费用，在各个期间进行划分。为此，本月发生的成本费用都应在本月入账，不应将其一部分延续到下月入账；也不应未到月末就提前结账，将本月成本、费用的一部分作为下月成本、费用进行处理。

### (四) 将应计入本月产品成本的各项生产费用在各种产品之间进行分配

将应计入本月产品成本的各项生产费用，在各种产品之间按照成本项目进行分配和归集,计算出按成本项目反映的各种产品的成本。这是本月生产费用在各种产品之间横向的分配和归集。

生产费用发生时,凡能划清由某种产品负担的费用,应直接计入该种产品成本;凡由几种产品共同负担的费用,必须采用适当的办法,在各种产品之间进行分配,分配计入各该产品的成本,不得人为地在不同产品之间转移费用,不得以盈补亏,弄虚作假。应特别指出,在划分各种产品成本的费用界限时,应注意划清可比产品与不可比产品之间、盈利产品与亏损产品之间费用的界限。应防止在盈利产品与亏损产品之间、可比产品与不可比产品之间任意增减生产费用的错误做法。只有客观正确地反映各种产品的成本,才能正确地考核分析全部产品成本计划的完成情况和各种产品成本的升降情况,寻求降低成本的正确途径。

**(五) 将某种产品的生产费用在完工产品与月末在产品之间进行分配**

对于月末既有完工产品又有在产品的产品,将该种产品的生产费用(月初在产品生产费用与本月生产费用之和)在完工产品与月末在产品之间进行分配,计算出该种产品的完工产品成本和月末在产品成本。这是生产费用在同种产品的完工产品与月末在产品之间纵向的分配和归集。

### 二、成本核算的账户

为了核算生产经营过程中发生的各项成本、费用,提供总括而详细的成本、费用信息,企业应设置成本、费用的总分类账户和明细分类账户。具体做法企业可以根据自己的情况来选择。一般有两种做法:一是设立"生产成本"总账账户,下设"基本生产成本"和"辅助生产成本"两个二级账户,分别用来核算基本生产成本和辅助生产成本;二是将"生产成本"总账账户分为"基本生产成本"和"辅助生产成本"两个总账账户,这种做法可以减少二级账户、简化会计分录。本书按第二种做法讲述。

#### (一) "基本生产成本"账户

该账户用来核算企业生产产品,提供劳务、自制材料、工具和设备等所发生的各项生产费用,计算产品和劳务的实际成本。该账户的借方登记企业为进行基本生产而发生的各种费用;贷方登记转出的完工入库的产品成本;余额在借方,表示基本生产的在产品成本。基本生产成本应按产品品种(在分批法或分步法下,按产品批别或生产步骤)设置明细账,账内按产品成本项目分设专栏进行明细登记。

成本项目是计入产品成本的生产耗费按照经济用途所做的分类。根据各生产耗费在生产过程中对产品形成所产生的不同作用,一般可以将产品成本划分为"直接材料""燃料及动力""直接人工"和"制造费用"四个成本项目。

#### (二) "辅助生产成本"账户

辅助生产是指为基本生产和经营管理服务而进行的产品生产和劳务供应。该账户的借方登记企业为进行辅助生产而发生的各种费用;贷方登记完工入库产品的成本和分配转出的劳务成本;余额在借方,表示辅助生产在产品的成本。辅助生产成本应按辅助生产车间或生产的产品、劳务设置明细分类账,账中按辅助生产的成本项目分设专栏。

如果企业基本生产车间和辅助生产车间的会计业务都比较少,为简化核算,可以将

"基本生产成本"账户和"辅助生产成本"账户合并为"生产成本"账户。"生产成本"账户可根据需要下设"基本生产成本"和"辅助生产成本"二级明细分类账,进行明细分类核算。

### (三)"制造费用"账户

为了核算企业生产车间为生产产品和提供劳务而发生的各项间接成本,企业应设置"制造费用"账户。该账户的借方登记实际发生的制造费用,贷方登记分配转出的制造费用,除季节性生产的企业外,该账户通常月末无余额。

"制造费用"账户一般按车间设置明细分类账,账内按耗费项目设立专栏进行明细登记。

### (四)"废品损失"账户

需要单独核算废品损失的企业,应设置"废品损失"账户。该账户的借方登记不可修复废品的生产成本和可修复废品的修复成本,贷方登记废品残料回收的价值、应收的赔款以及转出的废品净损失,账户月末无余额。

"废品损失"账户一般按产品品种等设置明细账,并按成本项目设置专栏进行明细登记。

### (五)期间费用核算账户

期间费用核算账户包括"管理费用"账户、"财务费用"账户和"销售费用"账户。

期间费用账户借方登记发生的各项费用,贷方登记期末转入"本年利润"的各项费用,结转后期末无余额。

"管理费用"账户、"财务费用"账户和"销售费用"账户一般按费用项目设置专栏进行明细登记。

### (六)"长期待摊费用"账户

"长期待摊费用"账户用于核算企业已经支出,但摊销期限在1年以上(不含1年)的各项费用,包括固定资产修理支出、租入固定资产的改良支出以及摊销期限在1年以上的其他待摊费用。

在"长期待摊费用"账户下,企业应按费用的种类设置明细账,进行明细核算,并在会计报表附注中按照费用项目披露其摊余价值、摊销期限、摊销方式等。

## 三、成本会计账户关系

成本会计账户关系如图1-3所示。

成本核算账户与其他相关账户之间形成的有序关联,构成了成本会计的循环流程,反映了生产费用计入产品成本的全部过程。

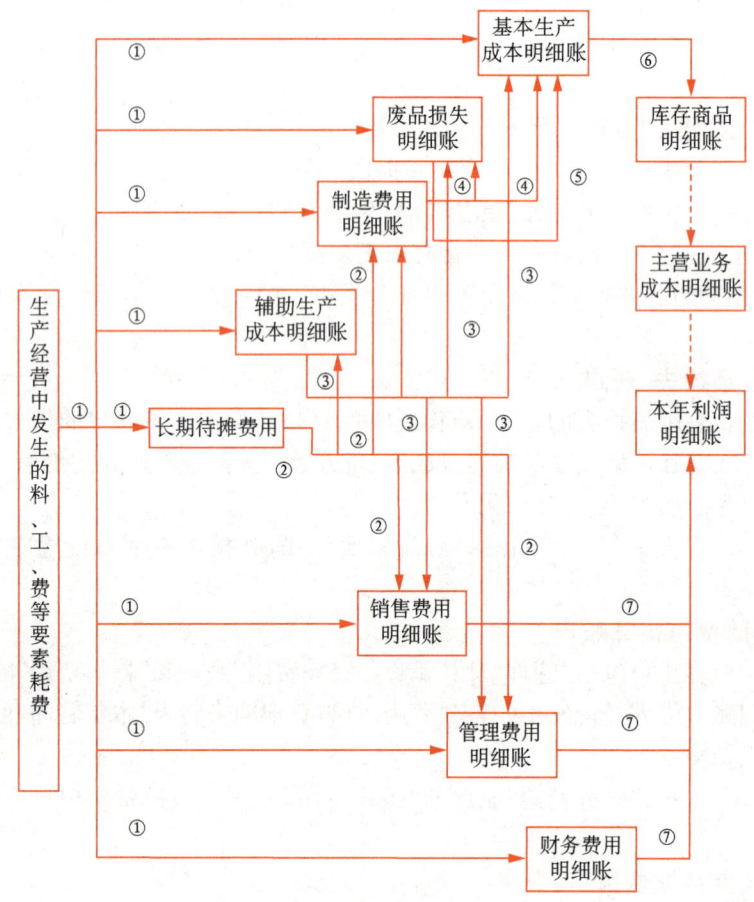

图 1-3 成本会计账户关系图

备注：
① 根据料、工、费等要素费用原始凭证及其他有关资料登记各成本费用明细账。
② 根据受益将跨期耗费通过长期待摊费用记入相应期间的辅助生产成本、制造费用、销售费用和管理费用等明细账。
③ 根据辅助生产成本明细账及有关资料登记基本生产成本、制造费用、废品损失、销售费用、管理费用等明细账。
④ 根据制造费用明细账及有关资料登记基本生产成本明细账、废品损失明细账。
⑤ 根据废品损失明细账及有关资料登记基本生产成本明细账。
⑥ 完工产品成本结转库存商品明细账。
⑦ 根据销售费用、财务费用、管理费用明细账及有关资料结转本年利润明细账。

任务实施

一、活动思考

问题：成本核算的程序有哪些？

_____

_____

任务实施视频

## 二、活动提升

古语云：地洼下，水流之；人谦下，德归之。根据这句话，在完成工作任务时，主要考虑哪些因素？

## 三、活动实施

活动实施情况如表 1-11 所示。

表 1-11　活动实施情况

| 活动步骤 | 活动要求 | 活动安排 | 活动记录 |
| --- | --- | --- | --- |
| 步骤1<br>职业沟通练习 | 在实际工作中，成本会计人员要具备扎实的专业能力，也要有良好的沟通能力等。以小组为单位分配角色，通过角色扮演、小组讨论，练习人与人之间的沟通能力 | 具体活动1：角色选择 | 附表1-8 |
| | | 具体活动2：角色扮演 | 附表1-8 |
| | | 具体活动3：模拟评价 | 附表1-9 |
| 步骤2<br>知识准备 | 成本核算的程序 | 学习微课 | 梳理知识点 |
| 步骤3<br>成本计算方法 | 品种法、分批法、分步法 | 实训平台 | 附表1-10 |

附表 1-8　工作记录单

| 角色 | 学生姓名 | 沟通内容等 |
| --- | --- | --- |
| 成本会计 | | |
| 财务经理 | | |
| 生产部 | | |
| 组长签字： | | |

附表 1-9　模拟评价表

| 组号 | 参加展示人数 | 评价 | | 小组排序 |
| --- | --- | --- | --- | --- |
| | | 语言表达最好的学生 | 模拟最好的学生 | |
| | | | | |
| | | | | |
| | | | | |
| | | | | |
| | | | | |
| | | | | |

附表 1-10　成本计算方法及采纳理由

| 序号 | 采用的成本计算方法 | 采纳理由 |
|---|---|---|
| 1 | | |
| 2 | | |
| 3 | | |
| 4 | | |
| 5 | | |

## 任务评价

任务评价表如表 1-12 所示。

表 1-12　任务评价表

| 一级指标 | 二级指标 | 评价内容 | 分值 | 自评 | 互评 | 教师 | 企业导师 |
|---|---|---|---|---|---|---|---|
| 职业能力<br>（30 分） | 思维能力 | 能够从不同的角度提出问题,分析问题并解决问题 | 1 | | | | |
| | 自学能力 | 能够通过自己已有的知识、经验来独立地获取新的知识和信息 | 2 | | | | |
| | 实践操作能力 | 能够根据自己获取的知识正确地完成工作任务 | 10 | | | | |
| | 创新能力 | 在小组讨论中能够与他人交流自己的想法,敢于标新立异 | 5 | | | | |
| | | 能够跳出固有的知识,提出自己的见解,培养自己的创新性 | 5 | | | | |
| | 表达能力 | 能够正确地组织和撰写分析报告等 | 5 | | | | |
| | 合作能力 | 能够为小组提供信息,质疑、归类和总结,提出方法,阐明观点 | 2 | | | | |
| 学习策略<br>（20 分） | 学习方法 | 根据本次任务实际情况对自己的学习方法进行调整 | 10 | | | | |
| | 自我调控 | 能够根据本次任务正确地使用学习方法 | 4 | | | | |
| | | 能够利用学习资源等正确地整合各种学习方法 | 6 | | | | |

(续表)

| 一级指标 | 二级指标 | 评价内容 | 分值 | 自评 | 互评 | 教师 | 企业导师 |
|---|---|---|---|---|---|---|---|
| 职业标准（50分） | 职业岗位能力 | 负责搜集、整理生产的费用资料，建立完善的费用档案系统和数据库 | 20 | | | | |
| | | 根据会计资料，进行成本预测并提交报告，并负责审核公司的成本预算、对预算执行进行监督 | 30 | | | | |

## 任务总结

学生根据任务评价表填写，总结三维目标的达成度，如表1-13所示。

表1-13 任务总结

| 项目 | | 总结 |
|---|---|---|
| 素质提升 | 提升 | |
| | 欠缺 | |
| 知识掌握 | 掌握 | |
| | 欠缺 | |
| 能力达成 | 达成 | |
| | 欠缺 | |
| 改进措施 | | |

成本核算管理制度

知识巩固

 技能提升

技能提升

# 项目二

## 材料费用核算

思政园地

 **素养目标**

1. 培养经世济民、诚信服务、德法兼修的职业素养
2. 培养严谨细致的工作态度
3. 培养勤俭节约的优良习惯

 **知识目标**

1. 掌握材料费用核算的方法
2. 掌握材料费用的采购与发出
3. 掌握材料费用核算的归集与分配

 **能力目标**

1. 能够编制发出材料汇总表
2. 能够对材料费用进行归集与分配
3. 能够编制材料费用分配表并进行账务处理

 **知识导图**

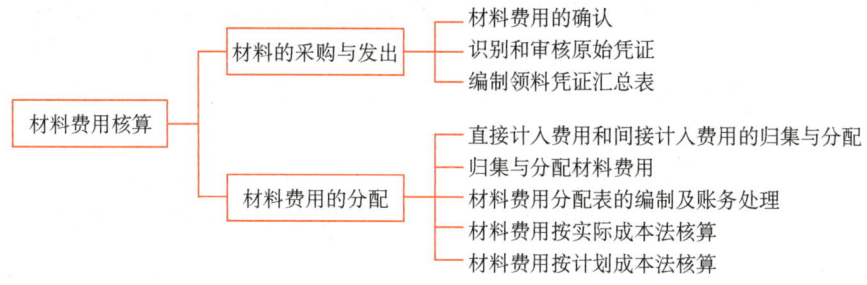

## 任务一　材料的采购与发出

### 任务情境

任务情境

### 任务要求

填制领料单。

### 任务准备

#### 一、材料费用的确认

材料费用指企业生产经营过程中耗用原材料（包括：原料及主要材料、辅助材料、自制半成品、备品备件、燃料及其他材料等）、周转材料（包装物、低值易耗品）等所形成的费用。在记账时，应根据科目的用途，将材料分门别类地进行记账，并且需要对材料的数量、质量等进行准确的核算：①用于基本车间生产产品耗用的材料费用，若能分品种领用，材料费用则直接记入"基本生产成本"总账科目及其明细账的"直接材料"成本项目；若为几种产品共同耗用，则应采取适当的分配方法，间接记入"基本生产成本"总账科目及其明细账的"直接材料"成本项目。②用于辅助车间的材料费用，材料费用应记入"辅助生产成本"科目。③用于生产车间一般性消耗的机物料费用，应记入"制造费用"科目。④用于企业行政管理部门、销售场所消耗的材料等费用，应分别记入"管理费用""销售费用""财务费用"科目。⑤机物料消耗记入"制造费用"明细账。

生产领用包装物一般有两种情况：用于包装产品作为产品组成部分的包装物计入基本生产成本；随同商品出售而不单独计价的计入销售费用，随同商品出售单独计价的计入其他业务成本。

生产领用低值易耗品，费用金额较小一般在领用时一次记入"制造费用"账户；费用金额较大的按照使用次数分次记入"制造费用"账户。分次摊销法适用于可供多次反复使用的低值易耗品。在采用分次摊销法的情况下，需要单独设置"周转材料——低值易耗品——在用""周转材料——低值易耗品——在库""周转材料——低值易耗品——摊销"明细账户。

## 二、识别和审核原始凭证

材料费用核算的主要原始凭证是领料单和退料单。成本核算人员根据不同部门的材料领用情况进行成本核算,并将核算结果在相应的总账和明细账中登记。企业领料单、退料单样式分别如表2-1、表2-2所示。

**表2-1 领料单**

领料部门:　　　　　　　　　　　年　月　日　　　　　　　　　　编号:

| 材料类别 | 材料名称 | 单位 | 规格 | 计划领用数量 | 实际领用数量 | 用途 | 备注 |
|---|---|---|---|---|---|---|---|
|  |  |  |  |  |  |  |  |
|  |  |  |  |  |  |  |  |

领料部门负责人:　　　　　　　　仓管员:　　　　　　　　　　领料人:

领料单一般一式四联。第一联:存根;第二联:财务;第三联:领料部门;第四联:仓库。

**表2-2 退料单**

退料部门:　　　　　　　　　　　年　月　日　　　　　　　　　　编号:

| 材料类别 | 材料名称 | 单位 | 规格 | 数量 | 原用途 | 备注 |
|---|---|---|---|---|---|---|
|  |  |  |  |  |  |  |
|  |  |  |  |  |  |  |

退料部门负责人:　　　　　　　　仓管员:　　　　　　　　　　退料人:

退料单一般一式四联。第一联:存根;第二联:财务;第三联:退料部门;第四联:仓库。

为控制企业用料,企业还可以使用限额领料单,如表2-3所示。

**表2-3 限额领料单**

领料单位:　　　　　　　　　　　　　　　　　　　　　　　　　编号:
用途:　　　　　　　　　　　　　年　月　　　　　　　　　　发料仓库:

| 材料类别 | 材料编号 | 材料名称 | 单位 | 本月领用限额 | 实际领用 | | | 备注 |
|---|---|---|---|---|---|---|---|---|
|  |  |  |  |  | 数量 | 单位成本 | 金额 |  |
| 日期 | 请领 | | 实发 | | | 退回 | | 结余 |
|  | 数量 | 领料负责人 | 数量 | 发料人 | 领料人 | 数量 | 发料人 | 领料人 |  |
|  |  |  |  |  |  |  |  |  |  |
| 合计 |  |  |  |  |  |  |  |  |  |

供应部门负责人:　　　　　　　　　　　　　　　　　　　　领料部门负责人:

限额领料单应在每月开始前,由生产计划部门根据生产作业计划和材料消耗定额,按照材料种类、用途编制。限额领料单一般一式两联:一联送交仓库据以发料,另一联送交领料部门据以领料。领发材料时,仓库应按单内所列材料品名、规格在限额内发放,同时把实发数量和限额结余数填写在仓库和领料单位持有的两份限额领料单内,并由领发料双方在两份限额领料单内签章;如有结余材料,应办理退料手续。月末,领料部门应结出实际领用数量和金额,交由会计部门据以记账。

### 三、编制领料凭证汇总表

编制领料凭证汇总表

#### (一)领料单的认知

领料单的填制是编制原材料发料凭证汇总表的基础工作之一。领料单是由领用材料的部门或者人员(以下简称领料人)根据所需领用材料的数量填写的单据。领料单一般采用一次凭证进行登记,其内容有领用日期、材料名称、单位、数量、金额等。为明确材料领用的责任,领料单除了要有领用人的签名,还需要主管人员的签名、保管人的签名等。领料人凭借领料单到仓库领取所需材料时,由库存管理人员确认并出具出货单方可领取材料。领料单如表2-4所示。

表 2-4  领料单

单位:一车间　　　　　　　　2022 年 9 月 1 日　　　　　　　　发料仓库:第一仓库　　单号:00001

| 货号 | 品名 | 单位 | 数量 | 单价(元) | 金额(元) | 备注 |
|---|---|---|---|---|---|---|
| 0001 | A | 吨 | 8 | 30 000 | 240 000 | 生产甲产品 |
|  |  |  |  |  |  |  |

批料:刘宁　　保管员:张华　　记账:马强　　领料主管:王红　　领料人:林艺

#### (二)领料凭证汇总表的编制

领料凭证汇总表一般每月月末汇总编制一次。材料核算人员按照成本、费用核算的要求,根据领退料单的具体用途归类汇编领料凭证汇总表,进行材料发出的总分类核算;然后将领料凭证汇总表或其中的一联交成本核算人员,据以进行材料费用的明细核算。

【工作实例 2-1】龙达公司 2022 年 10 月份发料情况如表 2-5 所示。

表 2-5  2022 年 10 月份发料情况

| 材料类别 | 发料数量 | 单位成本(元) | 用途 |
|---|---|---|---|
| 甲材料 | 200 千克 | 600 | 甲产品生产用 |
| 乙材料 | 126 千克 | 1 000 | 甲、乙两种产品共用 |
| 燃料 | 120 千克 | 60 | 锅炉车间 100 千克,机修车间 20 千克 |
| 燃料 | 20 千克 | 60 | 基本生产车间用 |
| 燃料 | 10 千克 | 60 | 管理部门用 |
| 辅助材料 | 200 千克 | 40 | 基本生产车间用 |
| 修理用备件 | 50 只 | 6 | 基本生产车间修理用 |

要求:编制领料汇总表。

操作步骤:领料汇总表编制,如表2-6所示。

表 2-6  领料汇总表

第 0601 号

2022 年 10 月 31 日

金额单位:元

| 领料部门 | 用途 | 材料品种 | 数量 | 单价 | 金额 |
|---|---|---|---|---|---|
| 基本生产车间 | 甲产品直接耗用 | 甲材料 | 200 千克 | 600 | 120 000 |
| | 甲、乙产品共同耗用 | 乙材料 | 126 千克 | 1 000 | 126 000 |
| | 一般耗用 | 燃料 | 20 千克 | 60 | 1 200 |
| | | 辅助材料 | 200 千克 | 40 | 8 000 |
| | 修理用 | 修理用备件 | 50 只 | 6 | 300 |
| 辅助生产车间 | 锅炉车间用 | 燃料 | 100 千克 | 60 | 6 000 |
| | 机修车间用 | 燃料 | 20 千克 | 60 | 1 200 |
| 管理部门 | 管理部门用 | 燃料 | 10 千克 | 60 | 600 |
| 合计 | | | | | 263 300 |

编制:　　　　　　　　　　　　　　　　　　　　　　　　　　　　　　审核:

任务实施

## 一、活动思考

问题:如何编制材料汇总表?

_____

_____

_____

任务实施
视频

## 二、活动提升

成语道:"曲突徙薪"。根据这个成语,你是如何理解材料采购与发出工作的?在完成工作任务时,你主要考虑哪些因素?

## 三、活动实施

活动实施情况如表 2-7 所示。

表 2-7  活动实施情况

| 活动步骤 | 活动要求 | 活动安排 | 活动记录 |
|---|---|---|---|
| 步骤 1<br>职业沟通练习 | 在实际工作中,成本会计人员要具备扎实的专业能力,也要有良好的沟通能力等。以小组为单位分配角色,通过角色扮演、小组讨论,练习人与人之间的沟通能力 | 具体活动 1:角色选择 | 附表 2-1 |
| | | 具体活动 2:角色扮演 | 附表 2-1 |
| | | 具体活动 3:模拟评价 | 附表 2-2 |

(续表)

| 活动步骤 | 活动要求 | 活动安排 | 活动记录 |
|---|---|---|---|
| 步骤2<br>知识准备 | 编制领料凭证汇总表 | 学习微课 | 梳理知识点 |
| 步骤3<br>编制领料单 | 编制领料单 | 实训平台 | 附表2-3 |

附表2-1 工作记录单

| 角色 | 学生姓名 | 沟通内容等 |
|---|---|---|
| 成本会计 | | |
| 生产部 | | |
| 仓储人员 | | |
| 组长签字: | | |

附表2-2 模拟评价表

| 组号 | 参加展示人数 | 评价 | | 小组排序 |
|---|---|---|---|---|
| | | 语言表达最好的学生 | 模拟最好的学生 | |
| | | | | |
| | | | | |
| | | | | |
| | | | | |
| | | | | |
| | | | | |

附表2-3 领料单

| 领料部门:生产车间 | | 仓库:材料库 | | 日期:2022年1月5日 | | 投产量: | |
|---|---|---|---|---|---|---|---|
| 材料编号 | 材料名称 | 规格 | 计量单位 | 数量 | | 实际成本(元) | |
| | | | | 请领 | 实发 | 单价 | 金额 |
| 1 | 幅宽2.4米白棉布 | 纯棉贡缎/白色/幅宽240厘米 | 米 | | | | |
| 2 | 幅宽2.8米白棉布 | 纯棉贡缎/白色/幅宽280厘米 | 米 | | | | |
| 3 | 线 | 白色 | 卷 | | | | |
| 4 | PP胶袋 | | 个 | | | | |
| | | 合计 | | | | | |

 ## 任务评价

任务评价表如表2-8所示。

表2-8 任务评价表

| 一级指标 | 二级指标 | 评价内容 | 分值 | 自评 | 互评 | 教师 | 企业导师 |
|---|---|---|---|---|---|---|---|
| 职业能力<br>（30分） | 思维能力 | 能够从不同的角度提出问题，分析问题并解决问题 | 1 | | | | |
| | 自学能力 | 能够通过自己已有的知识经验来独立地获取新的知识和信息 | 2 | | | | |
| | 实践操作能力 | 能够根据自己获取的知识正确地完成工作任务 | 10 | | | | |
| | 创新能力 | 在小组讨论中能够与他人交流自己的想法，敢于标新立异 | 5 | | | | |
| | | 能够跳出固有的知识，提出自己的见解，培养自己的创新性 | 5 | | | | |
| | 表达能力 | 能够正确地组织和撰写分析报告等 | 5 | | | | |
| | 合作能力 | 能够为小组提供信息、质疑、归类和总结，提出方法，阐明观点 | 2 | | | | |
| 学习策略<br>（20分） | 学习方法 | 根据本次任务实际情况对自己的学习方法进行调整 | 10 | | | | |
| | 自我调控 | 能够根据本次任务正确地使用学习方法 | 4 | | | | |
| | | 能够利用学习资源等正确地整合各种学习方法 | 6 | | | | |
| 职业标准<br>（50分） | 职业岗位能力 | 负责仓库的管理工作，保证账实相符，制定库房物品的安全与存放规则，保证出入库记录清晰准确；关注存货变化，控制存货采购、防范库存呆滞风险，定期组织做好存货盘点工作 | 20 | | | | |
| | | 负责库存材料核算及采购、入库等业务凭证稽核工作，严格审核和控制各项费用支出，努力节约开支，不断降低成本；负责成本各环节的账务处理和会计核算，提交财务分析报告和优化建议 | 30 | | | | |

## 任务总结

学生根据任务评价表填写,总结三维目标的达成度,如图 2-9 所示。

表 2-9 任务总结

| 项目 | | 总结 |
|---|---|---|
| 素质提升 | 提升 | |
| | 欠缺 | |
| 知识掌握 | 掌握 | |
| | 欠缺 | |
| 能力达成 | 达成 | |
| | 欠缺 | |
| 改进措施 | | |

## 任务拓展

材料费包括哪些

## 任务二　材料费用的分配

## 任务情境

任务情境

## 任务要求

编制分配表。

 **任务准备**

## 一、直接计入费用和间接计入费用的归集与分配

要素费用是对企业生产过程中发生的费用,按经济内容所作的分类,主要包括劳动对象方面的费用、劳动手段方面的费用和活劳动方面的费用。

费用要素主要包括外购材料、外购燃料、外购动力、工资、职工福利费、折旧费、利息费用、税金以及不属于以上各要素的费用的其他支出。这里对要素费用进行核算,主要学习将发生的要素费用合理分配计入产品成本或期间费用。

### (一)直接计入费用的归集与分配

直接计入费用是指企业为生产某种产品(成本核算对象)而发生的费用。在计算成本时,该类费用可以根据费用发生的原始凭证直接计入该种产品(成本核算对象)的成本。例如,直接用于某种产品生产的原材料、生产工人的薪酬等,就可以根据有关领料单和职工薪酬结算单等原始凭证直接计入该种产品成本。

### (二)间接计入费用的归集与分配

1. 间接计入费用核算概述

间接计入费用是指不能直接计入产品生产成本,辅助生产发生的费用。其区别于制造费用,制造费用不能以合理有效的方式追溯其对象,而这里的间接计入费用可以通过合理有效的方式分配,其本质就是直接费用。例如,车间管理人员的工资、车间房屋建筑物和机器设备的折旧、租赁费、修理费、机物料消耗、水电费、办公费等,通常属于间接计入费用,经过二次分配后计入基本生产成本中。

2. 间接计入费用分配基本方法

间接计入费用需按一定标准在各分配对象之间进行分配,因此首先要选择合适的分配标准。所选择的分配标准应与分配对象的受益程度密切相关,各分配对象分配标准的大小应与受益程度的大小成正比例或近似正比例的关系,这样分配的结果才能比较合理。同时,作为分配标准的数据资料还应比较容易取得,便于计算。不同的费用往往要选择不同的分配标准进行分配。常用的分配标准主要有以下三类:

(1)消耗类分配标准。以分配对象的生产工时、生产工资、机器工时、原材料消耗数量等作为分配标准。

(2)成果类分配标准。以分配对象的产量、重量、体积、产值等作为分配标准。

(3)定额类分配标准。以分配对象的定额消耗量、定额费用等作为分配标准。

为使分配标准容易取得、便于计算,可采用单一分配标准,如重量、体积等;为了增加合理程度,有时还采用复合分配标准,如定额消耗量、定额工时等。

分配费用的一般公式可概括如下:

$$费用分配率=待分配费用总额\div 分配标准总量$$

$$某分配对象应分配的费用=该对象的分配标准量\times 费用分配率$$

【做中学 2-1】假定龙达公司生产 A、B 两种产品领用某材料 4 400 千克,每千克成本

为20元。本月投产的A产品为200件,B产品为250件。A产品的材料消耗定额为15千克,B产品的材料消耗定额为10千克。

A、B产品的材料费用计算如下：

费用分配率＝(4 400×20)÷(200×15＋250×10)
　　　　＝16(元/千克)

A产品负担的材料费用＝200×15×16＝48 000(元)

B产品负担的材料费用＝250×10×16＝40 000(元)

## 二、归集与分配材料费用

### (一) 材料费用分配对象的确定

分配材料费用

材料费用分配是指企业将一定时期所耗用的直接材料、间接材料费用按不同方式计入产品成本,其主要涉及的是分配对象及分配方法等问题。对材料费用的分配要求如下：

(1) 用于产品生产的材料费用由基本生产的各种产品负担,应记入"基本生产成本"总账账户及其明细账的有关成本项目。

(2) 用于辅助生产的材料费用由辅助产品或劳务承担,应记入"辅助生产成本"总账账户及其明细账的有关成本项目。

(3) 用于维护生产设备等的各种材料,应由产品或劳务承担,但由于不能直接记入"基本生产成本"或"辅助生产成本"账户,应先记入"制造费用"账户进行归集,以后再分配记入上述两个账户。

(4) 用于产品销售以及企业行政部门组织和管理耗用的材料费用,则由销售费用和管理费用负担,记入"销售费用"账户和"管理费用"账户的有关费用项目等。

### (二) 材料费用分配的方法

原材料费用的分配方法是指将原材料费用计入各负担对象的方法。一般而言,凡能辨清原材料费用承担对象的,应直接计入该分配对象。属于几种产品共同耗用的,即间接计入的,应采用适当的分配方法,分配计入各有关产品成本。分配方法主要有材料定额耗用量比例法和材料定额费用比例法。

#### 1. 材料定额耗用量比例法

材料定额耗用量比例法是指以材料定额耗用量作为分配标准的一种费用分配方法,其中材料消耗定额是指单位产品可以消耗的材料数量限额。

具体计算公式如下：

某种产品材料定额耗用量＝该种产品实际产量×单位产品材料消耗定额

材料耗用量分配率＝材料实际消耗总量÷各种产品材料定额耗用量之和

某种产品应分配的材料数量＝该种产品定额消耗的材料总量×材料耗用量分配率

某种产品应分配的材料费用＝该种产品应分配的材料数量×材料单价

【做中学2-2】龙达公司2022年10月生产A、B两种产品分别为200件、300件,共同耗用甲材料3 740千克,该材料的单位实际成本为每千克8元,甲材料单位消耗定额A、B产品分别为每件8千克和6千克。根据资料正确选择材料分配方法并进行计算。

根据资料选择材料定额耗用量比例法计算如下:
(1) A、B 产品的原材料定额耗用量:
A 产品的原材料定额耗用量＝200×8＝1 600(千克)
B 产品的原材料定额耗用量＝300×6＝1 800(千克)
(2) 原材料耗用量分配率:
原材料耗用量分配率＝3 740÷(1 600＋1 800)＝1.1
(3) A、B 产品应分配的甲材料费用:
A 产品应分配的甲材料数量＝1 600×1.1＝1 760(千克)
B 产品应分配的甲材料数量＝1 800×1.1＝1 980(千克)
A 产品应分配的甲材料费用＝1 760×8＝14 080(元)
B 产品应分配的甲材料费用＝1 980×8＝15 840(元)

这种分配方法可以考核材料定额的执行情况,有利于材料消耗的实物管理,但分配的计算工作量较大。

### 2. 材料定额费用比例法

材料定额费用比例法是指在各种产品共同耗用原材料种类较多的情况下,为了进一步简化分配计算工作,可以按照各种材料的定额费用的比例来分配材料实际费用的方法。此方法的分配计算公式如下:

某产品某材料定额耗用＝该种产品实际产量×单位产品该种材料费用定额
　　　　　　　　　　＝该种产品实际产量×单位产品该种材料消耗定额×
　　　　　　　　　　　该种材料计划单价

材料费用分配率＝各种材料实际费用总额÷各种产品各种材料定额费用之和

某种产品分配负担的材料费用＝该种产品各种材料定额费用之和×材料费用分配率

对于间接计入产品成本的辅助材料的分配方法,如果是耗用在主要材料上,可以按主要材料的耗用量比例分配,如果耗用的辅助材料与产品的产量有关,也可以按产品产量比例分配;如果辅助材料的消耗定额比较准确,可以按辅助材料的定额消耗量或定额费用比例分配。

**【做中学 2-3】** 龙达公司基本生产车间在 10 月份生产 A 产品 400 件、B 产品 300 件,共同领用甲材料 20 000 元、乙材料 16 000 元。单位产品材料定额为:A 产品的 45 元,B 产品的 40 元。

根据以上资料,按产品的材料定额费用的比例分配材料费用。分配过程及结果如下:
(1) A、B 产品的材料定额费用:
A 产品的材料定额费用＝400×45＝18 000(元)
B 产品的材料定额费用＝300×40＝12 000(元)
(2) 材料费用分配率:
材料费用分配率＝(20 000＋16 000)÷(18 000＋12 000)＝1.2
(3) A、B 产品应负担的材料费用:
A 产品应负担的材料费用＝18 000×1.2＝21 600(元)

B 产品应负担的材料费用＝12 000×1.2＝14 400(元)

### (三) 应用说明

在实际工作中，材料费用分配的核算并不是从企业材料发出的总分类核算中单独抽出进行的，而是作为材料发出总分类核算的内容一并进行。

材料核算人员根据领退料单汇总编制发料凭证汇总表，登记有关的总账科目，进行材料发出的总分类核算；然后将与成本、费用有关的领退料单交给成本核算人员据以编制材料费用分配表，登记有关的成本、费用明细账，进行材料费用的明细核算。

成本核算人员根据领退料单编制材料费用分配表，进行材料费用的明细核算；然后将分配表或其中的一联交材料核算人员，由材料核算人员根据材料费用分配表和其他方面的发料(如发出材料委托外单位加工，发出材料进行销售等)凭证，汇总编制发料凭证汇总表，进行材料发出的总分类核算。

材料核算人员、成本核算人员根据各自所持有的领退料单的一联，分别编制发料凭证汇总表和材料费用分配表。在相互核对以后，由材料核算人员和成本核算人员同时分别进行材料发出的总分类核算和材料费用的明细核算。这种做法核算工作量较大，但可以发挥材料发出核算与材料分配核算的相互核对作用，提高核算的正确性。

### (四) 材料费用分配表的编制

#### 1. 岗位简介

材料岗位在成本核算岗位中是比较重要的，因为材料是构成产品实体的主要部分，产品生产过程就是对材料进行加工的过程，材料核算准确与否，直接关系到产品成本是否正确。另外，直接材料也是企业的主要成本项目之一，所以对这一部分内容的核算企业要格外关注。

#### 2. 工作流程

材料费用分配的工作流程如图 2-1 所示。

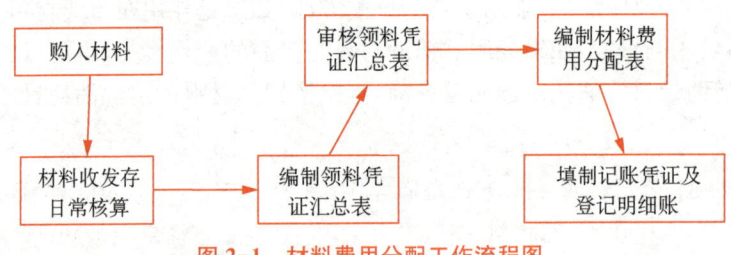

图 2-1　材料费用分配工作流程图

## 三、材料费用分配表的编制及账务处理

原材料费用分配在实际工作中是通过编制原材料费用分配表进行的。这种分配表应根据领退料凭证和有关领料表等凭证编制。

编制材料费用分配表

【工作实例 2-2】沿用【工作实例 2-1】的资料，龙达公司 2022 年 10 月份投产甲产品 140 件、乙产品 140 件，单耗原材料定额分别为 2.5 千克、3.5 千克。选择材料定额费用比例法进行分配。

要求：根据上述资料进行会计处理。

操作步骤如下：

**第一步：** 编制材料费用分配表，如表 2-10 所示。

表 2-10  材料费用分配表

2022 年 10 月　　　　　　　　　　　　　　　　　　　　　金额单位：元

| 应借账户 | | 成本或费用明细项目 | 间接计入 | | | 直接计入 | 合计 |
| --- | --- | --- | --- | --- | --- | --- | --- |
| | | | 耗用材料（千克） | 分配率 | 分配额 | | |
| 基本生产成本 | 甲产品 | 直接材料 | 350 | 150 | 52 500 | 120 000 | 172 500 |
| | 乙产品 | 直接材料 | 490 | 150 | 73 500 | | 73 500 |
| | 小计 | | 840 | 150 | 126 000 | 120 000 | 246 000 |
| 辅助生产成本 | 锅炉车间 | 直接材料 | | | | 6 000 | 6 000 |
| | 机修车间 | 直接材料 | | | | 1 200 | 1 200 |
| | 小计 | | | | | 7 200 | 7 200 |
| 制造费用 | 基本生产车间 | 修理用 | | | | 300 | 300 |
| | | 机物料消耗 | | | | 9 200 | 9 200 |
| | | 小计 | | | | 9 500 | 9 500 |
| 管理费用 | | 机物料消耗 | | | | 600 | 600 |
| 合计 | | | | | 126 000 | 137 300 | 263 300 |

**第二步：** 编制记账凭证，如表 2-11 所示。

表 2-11  记 账 凭 证

2022 年 10 月 31 日　　　　　　　　　　　　　　　　　　　记字第 01 号

| 摘要 | 总账科目 | 明细科目 | 借方金额 | 贷方金额 | 记账 |
| --- | --- | --- | --- | --- | --- |
| 领用材料 | 基本生产成本 | 甲产品 | 172 500 | | |
| | | 乙产品 | 73 500 | | |
| | 辅助生产成本 | 锅炉车间 | 6 000 | | |
| | | 机修车间 | 1 200 | | |
| | 制造费用 | 基本生产车间 | 9 500 | | |
| | 管理费用 | | 600 | | |
| | 原材料 | | | 263 300 | |
| 合计 | | | 263 300 | 263 300 | |

财务主管：王亮　　　　记账：陈静　　　　出纳：　　　　审核：张扬　　　　制单：刘明

## 四、材料费用按实际成本法核算

实际成本法是材料采用实际成本核算时,材料的收发及结存,无论总分类核算还是明细分类核算,均按照实际成本计价的方法。采用实际成本核算,日常反映不出材料成本是节约还是超支,从而不能反映和考核物资采购业务的经营成果,因此这种方法适用于材料收发业务较少的企业。

采用实际成本核算,相关的会计分录如下:

1. 采购时

借:原材料/在途物资
　　应交税费——应交增值税(进项税额)
　贷:银行存款

2. 发出材料的会计处理

借:生产成本——基本生产成本(基本生产车间生产产品领用)
　　辅助生产成本(辅助生产车间领用)
　　制造费用(基本生产车间管理部门领用)
　　管理费用(行政管理部门领用)
　贷:原材料

实际成本法适用于购货不多的中小企业。因为是按购货金额直接记入账户,所以该方法可以直接反映每一次进货的金额。其缺点是工作量太大,不适合大型企业。

## 五、材料费用按计划成本法核算

计划成本法是材料采用计划成本核算时,材料的收发及结存,无论总分类核算还是明细分类核算,均按照计划成本计价的方法。计划成本法下,在途货物使用"材料采购"账户,也就是说,在计划成本法里,没有"在途物资"这一账户。实际成本和计划成本之间的差额记入"材料成本差异"账户。计入成本费用时,首先要将计划成本转入,其次要将"材料成本差异"账户余额转入相关的成本费用中去。采用计划成本法日常核算较简单,可反映材料成本是节约还是超支,从而反映和考核物资采购业务的经营成果。但期末需进行成本差异的计算与结转,因此其适用于材料收发业务较多且计划成本资料健全、准确的企业。

材料按计划成本计价条件下,领料单中填写材料的计划单价和计划成本,材料的实际成本由计划成本和材料成本差异两部分组成,即:

$$材料实际成本 = 计划成本 + 成本超支(或 - 节约差异)$$

首先,计划成本计价条件下的材料费用核算在分料单、共同材料费用分配、填制材料费用(计划成本)分配表并据以填制记账凭证等环节上与实际成本计价条件下的处理相同。其次,根据材料成本差异率计算填写材料成本差异计算表,并据以填制记账凭证。

$$材料成本差异率 = (月初结存材料成本差异 + 本月收入材料成本差异) \div (月初结存材料计划成本 + 本月收入材料计划成本)$$

采用计划成本核算相关的会计分录如下：

(1) 采购时,验收入库前,按实际成本记入"材料采购"账户的借方。

借：材料采购
　　应交税费——应交增值税(进项税额)
　　贷：银行存款

(2) 验收入库时,按计划成本记入"原材料"账户的借方,差额记入"材料成本差异"账户的借方或贷方。

借：原材料(计划成本)
　　贷：材料采购(实际成本)

材料成本差异(或借)超支差记"材料成本差异"账户的借方(正数),节约差记"材料成本差异"账户的贷方(负数)。

(3) 平时发出材料时,一律用计划成本。

借：生产成本等(计划成本)
　　贷：原材料

(4) 期末(月末)计算材料成本差异率,结转发出材料应负担的差异额。

如果是超支成本差异率,则会计分录为：

借：生产成本等
　　贷：材料成本差异

如果是节约成本差异率,则会计分录为：

借：材料成本差异
　　贷：生产成本等

计划成本法适用于购货很多并且很杂乱的大型企业。因为是根据预先定下的金额记入的,和实际购入的批次、质量、价格波动无关,所以入账很简单。其缺点是不能直接反映实际数值,不适合小型企业。

 任务实施

### 一、活动思考

问题：如何归集和分配材料费用？

_____

_____

_____

任务实施
视频

### 二、活动提升

古语云：运筹帷幄之中,决胜千里之外。根据这句话,你是如何理解材料分配工作的？在完成工作任务时,你主要考虑哪些因素？

## 三、活动实施

活动实施情况如表 2-12 所示。

表 2-12　活动实施情况

| 活动步骤 | 活动要求 | 活动安排 | 活动记录 |
| --- | --- | --- | --- |
| 步骤 1<br>职业沟通练习 | 在实际工作中，成本会计人员要具备扎实的专业能力，也要有良好的沟通能力等。以小组为单位分配角色，通过角色扮演、小组讨论，练习人与人之间的沟通能力 | 具体活动 1：角色选择 | 附表 2-4 |
| | | 具体活动 2：角色扮演 | 附表 2-4 |
| | | 具体活动 3：模拟评价 | 附表 2-5 |
| 步骤 2<br>知识准备 | 分配材料费用 | 学习微课 | 梳理知识点 |
| 步骤 3<br>编制材料费用分配表 | 材料费用分配表 | 实训平台 | 附表 2-6<br>至附表 2-8 |

附表 2-4　工作记录单

| 角色 | 学生姓名 | 沟通内容等 |
| --- | --- | --- |
| 成本会计 | | |
| 财务经理 | | |
| 仓储人员 | | |

组长签字：

附表 2-5　模拟评价表

| 组号 | 参加展示人数 | 评价 | | 小组排序 |
| --- | --- | --- | --- | --- |
| | | 语言表达最好的学生 | 模拟最好的学生 | |
| | | | | |
| | | | | |
| | | | | |
| | | | | |

### 附表 2-6　材料费用分配表

| 领用部门/材料类别 | 原料及主要材料 | | | | | | 辅助材料 | 其他材料 | 合计 |
|---|---|---|---|---|---|---|---|---|---|
| | 幅宽2.4米白棉布 | 幅宽2.8米白棉布 | 线 | | PP胶袋 | | | | |
| | | | 分配率 | 分配数量 | 分配率 | 分配数量 | | | |
| 单人床单 | | | | | | | | | |
| 双人床单 | | | | | | | | | |
| 合计 | | | | | | | | | |

### 附表 2-7　外购水费分配表

供电企业：　　　　　　日期：2022年1月31日　　　　　　金额单位：元

| 受益对象 | 计量单位 | 耗用量 | 单价 | 分配金额 |
|---|---|---|---|---|
| 生产车间一般耗用 | 吨 | 350 | 8 | |
| 管理部门 | 吨 | 70 | 8 | |
| | | | | — |
| 合计 | | 420 | | — |

审核：　　　　　　　　　　制单：

### 附表 2-8　外购电费分配表

供电企业：　　　　　　日期：2022年1月31日　　　　　　金额单位：元

| 受益对象 | 计量单位 | 耗用量 | 单价 | 分配金额 |
|---|---|---|---|---|
| 生产车间一般耗用 | 千瓦时 | 80 000 | 1 | |
| 销售部门 | 千瓦时 | 30 | 1 | |
| 管理部门 | 千瓦时 | 125 | 1 | |
| 合计 | | 80 155 | | — |

审核：　　　　　　　　　　制单：

## 任务评价

任务评价表如表 2-13 所示。

表 2-13 任务评价表

| 一级指标 | 二级指标 | 评价内容 | 分值 | 自评 | 互评 | 教师 | 企业导师 |
| --- | --- | --- | --- | --- | --- | --- | --- |
| 职业能力（30分） | 思维能力 | 能够从不同的角度提出问题,分析问题并解决问题 | 1 | | | | |
| | 自学能力 | 能够通过自己已有的知识经验来独立地获取新的知识和信息 | 2 | | | | |
| | 实践操作能力 | 能够根据自己获取的知识正确地完成工作任务 | 10 | | | | |
| | 创新能力 | 在小组讨论中能够与他人交流自己的想法,敢于标新立异 | 5 | | | | |
| | | 能够跳出固有的知识,提出自己的见解,培养自己的创新性 | 5 | | | | |
| | 表达能力 | 能够正确地组织和撰写分析报告等 | 5 | | | | |
| | 合作能力 | 能够为小组提供信息、质疑、归类和总结,提出方法,阐明观点 | 2 | | | | |
| 学习策略（20分） | 学习方法 | 根据本次任务实际情况对自己的学习方法进行调整 | 10 | | | | |
| | 自我调控 | 能够根据本次任务正确地使用学习方法 | 4 | | | | |
| | | 能够利用学习资源等正确地整合各种学习方法 | 6 | | | | |
| 职业标准（50分） | 职业岗位能力 | 负责对公司积压库存与原料处理等情况进行统计分析,不定期对库存账、实际情况进行抽查 | 20 | | | | |
| | | 负责编制材料的领用分配表,进行会计核算,实行分口、分类管理 | 30 | | | | |

## 任务总结

学生根据任务评价表填写,总结三维目标的达成度,如表 2-14 所示。

表 2-14 任务总结

| 项目 | | 总结 |
|---|---|---|
| 素质提升 | 提升 | |
| | 欠缺 | |
| 知识掌握 | 掌握 | |
| | 欠缺 | |
| 能力达成 | 达成 | |
| | 欠缺 | |
| 改进措施 | | |

任务拓展

如何做好对建设工程材料的管控

知识巩固

知识巩固

技能提升

技能提升

# 项目三 人工费用核算

思政园地

 **素养目标**

1. 培养吃苦耐劳、精益求精的工匠精神
2. 培养"天行健,君子以自强不息"的奋斗精神
3. 培养发现问题、分析问题、解决问题的能力

 **知识目标**

1. 掌握职工薪酬的含义
2. 掌握人工费用的分配方法
3. 掌握职工薪酬核算岗位工作流程

 **能力目标**

1. 能够熟练地编制工资汇总表
2. 能够熟练地编制职工薪酬分配表并进行账务处理
3. 能够根据实际业务解决实际问题

 **知识导图**

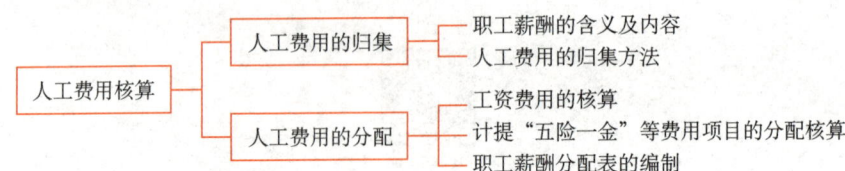

## 任务一　人工费用的归集

### 任务情境

任务情境

### 任务要求

编制工资结算汇总表。

### 任务准备

#### 一、职工薪酬的含义及内容

职工薪酬是指企业为获得职工提供的服务或解除劳动关系而给予的各种形式的报酬或补偿。职工薪酬包括短期薪酬、离职后福利、辞退福利和其他长期职工福利。企业提供给职工配偶、子女、受赡养人,已故员工遗属及其他受益人等的福利,也属于职工薪酬。

短期薪酬是指企业在职工提供相关服务的年度报告期间结束后 12 个月内需要全部予以支付的职工薪酬,因解除与职工的劳动关系而给予的补偿除外。短期薪酬具体包括职工工资、奖金、津贴和补贴,职工福利费,医疗保险费、工伤保险费和生育保险费等社会保险费,住房公积金,工会经费和职工教育经费,短期带薪缺勤,短期利润分享计划,非货币性福利以及其他短期薪酬。其中带薪缺勤是指企业支付工资或提供补偿的职工缺勤,包括年休假、病假、短期伤残、婚假、产假、丧假、探亲假等。利润分享计划是指因职工提供服务而与职工达成的基于利润或其他经营成果提供薪酬的协议。

离职后福利是指企业为获得职工提供的服务而在职工退休或与企业解除劳动关系后,提供的各种形式的报酬和福利,短期薪酬和辞退福利除外。

辞退福利是指企业在职工劳动合同到期之前解除与职工的劳动关系,或者为鼓励职工自愿接受裁减而给予职工的补偿。

其他长期职工福利是指除短期薪酬、离职后福利、辞退福利之外所有的职工薪酬,包括长期带薪缺勤、长期残疾福利、长期利润分享计划等。

职工薪酬的内容包括职工工资、奖金、津贴和补贴;职工福利费;养老保险、医疗保险、失业保险、工伤保险和生育保险等社会保险费;住房公积金;工会经费和职工教育经费;非货币性福利；因解除与职工的劳动关系而给予的补偿；其他与获得职工提供的服务相关的支出。

## 二、人工费用的归集方法

人工费用的归集

### （一）职工薪酬的计算

**1. 月薪制**

采用月薪制，无论各月日历天数多少，每月的标准工资相同，只要职工（主要是企业固定职工）当月出满勤，就可以得到固定的月标准工资。为了按照职工出勤或缺勤日数计算应付月工资，还应根据月标准工资计算日工资率。

$$日工资率 = 月标准工资 \div 每月天数$$

月内的双休日、法定假日，视为出勤，照付工资；缺勤期间的节假日也应算作缺勤，照扣工资。采用这种方法计算日工资率时，不论大小月一律按 21.75 天计算，月内的休息日不付工资，缺勤期间的休息日，也不扣工资。

采用月薪制计算应付月工资，可以按月标准工资扣除缺勤工资计算，也可以直接根据职工的出勤天数计算，如以下公式所示。

（1）按缺勤工资计算：

$$应付月工资 = 月标准工资 - (事假天数 \times 日工资率 + 病假天数 \times 日工资率 \times 病假扣款率)$$

（2）按出勤工资计算：

$$应付月工资 = 本月出勤天数 \times 日工资率 + 病假天数 \times 日工资率 \times (1 - 病假扣款率)$$

**2. 日薪制**

日薪制是指企业根据需要，以日薪作为计酬标准，按照实际工作日计算应付计时工资的方法。一般用于企业临时工的工资计算。按日薪制计算应付计时工资，职工每月的全勤月工资不是固定的，会随着当月月份大小而发生变化。其计算公式如下：

$$应付计时工资 = 本月出勤天数 \times 日标准工资$$

**3. 计件工资**

计件工资一般情况下是针对生产工人所采用的工资的计算方法。采用计件工资时，根据产量和工时记录中登记的每一生产工人和班组完成的工作量，乘以事前规定的计件单价进行计算。这里的产量包括合格品的数量和料废品的数量。由于材料不合格而造成的废品，应照付工资；由于加工人员的过失而造成的废品，则不支付工资。其计算公式如下：

$$应付计件工资 = (合格品数量 + 料废品数量) \times 计件单价$$

### （二）岗位分析

**1. 岗位简介**

职工薪酬核算岗位的工作主要是严格审核职工薪酬计算的有关凭证，对于人事部门报送来的当月工资变动情况表和各部门上报的津贴发放明细表、工作量统计表及各种代扣款项的通知单，都要严格地审核，确认无误后输入电脑，正确地编制出当月职工薪酬计算表。然后根据职工薪酬计算表编制工资费用分配表（职工薪酬分配表），并填制凭证、登记相关明细账。

## 2. 工作流程

职工薪酬核算岗位工作流程如图 3-1 所示。

图 3-1　职工薪酬核算岗位工作流程图

## 3. 说明

每月根据经人事部门审核、主管经理审批后的考勤表、生产工人的工作量统计表，依据出勤天数、岗位标准、各种补贴和奖金分配方案等有关内容，按照项目和部门归集，正确编制职工薪酬计算表，并办理代扣款项。然后根据职工薪酬计算表编制工资费用分配表，根据分配表的结果填制记账凭证，并据以登记明细账。

任务实施

### 一、活动思考

问题：如何归集人工费用？

_____
_____
_____
_____

任务实施视频

### 二、活动提升

古语云："凡事预则立，不预则废。"根据这句话，你是如何理解直接人工成本归集工作的？在完成工作任务时，你主要考虑哪些因素？

### 三、活动实施

活动实施情况如表 3-1 所示。

表 3-1　活动实施情况

| 活动步骤 | 活动要求 | 活动安排 | 活动记录 |
|---|---|---|---|
| 步骤1<br>职业沟通练习 | 在实际工作中，成本会计人员要具备扎实的专业能力，也要有良好的沟通能力等。以小组为单位分配角色，通过角色扮演、小组讨论，练习人与人之间的沟通能力 | 具体活动1：角色选择 | 附表3-1 |
| | | 具体活动2：角色扮演 | 附表3-1 |
| | | 具体活动3：模拟评价 | 附表3-2 |

(续表)

| 活动步骤 | 活动要求 | 活动安排 | 活动记录 |
|---|---|---|---|
| 步骤2<br>知识准备 | 人工费用的归集 | 学习微课 | 梳理知识点 |
| 步骤3<br>编制工资结算汇总表 | 工资结算汇总表 | 实训平台 | 附表3-3 |

附表3-1 工作记录单

| 角色 | 学生姓名 | 沟通内容等 |
|---|---|---|
| 成本会计 | | |
| 财务经理 | | |
| 人事经理 | | |
| 组长签字： | | |

附表3-2 模拟评价表

| 组号 | 参加展示人数 | 评价 | | 小组排序 |
|---|---|---|---|---|
| | | 语言表达最好的学生 | 模拟最好的学生 | |
| | | | | |
| | | | | |
| | | | | |
| | | | | |
| | | | | |

附表3-3 工资结算汇总表

2022年1月　　　　　　　　　　　　　　　　　　　　金额单位：元

| 部门 | 人数 | 基本工资 | 奖金 | 津贴补贴 | 应付工资 | 代扣工资 | | | | | | 实发工资 |
|---|---|---|---|---|---|---|---|---|---|---|---|---|
| | | | | | | 基本养老保险费(8%) | 基本医疗保险费(2%) | 失业保险费(0.2%) | 住房公积金(12%) | 个人所得税 | 小计 | |
| 办公室 | 3 | | | | | | | | | | | |
| 财务部 | 3 | | | | | | | | | | | |
| 仓储部 | 2 | | | | | | | | | | | |
| 采购部 | 1 | | | | | | | | | | | |
| 销售部 | 1 | | | | | | | | | | | |

（续表）

| 部门 | | 人数 | 基本工资 | 奖金 | 津贴补贴 | 应付工资 | 代扣工资 | | | | | | 实发工资 |
|---|---|---|---|---|---|---|---|---|---|---|---|---|---|
| | | | | | | | 基本养老保险费(8%) | 基本医疗保险费(2%) | 失业保险费(0.2%) | 住房公积金(12%) | 个人所得税 | 小计 | |
| 生产车间 | 管理人员 | 1 | | | | | | | | | | | |
| | 生产工人 | 20 | | | | | | | | | | | |
| 合计 | | 31 | | | | | | | | | | | |

审核： 制单：

## 任务评价

任务评价表如表 3-2 所示。

课堂测验

表 3-2　任务评价表

| 一级指标 | 二级指标 | 评价内容 | 分值 | 自评 | 互评 | 教师 | 企业导师 |
|---|---|---|---|---|---|---|---|
| 职业能力（30分） | 思维能力 | 能够从不同的角度提出问题，分析问题并解决问题 | 1 | | | | |
| | 自学能力 | 能够通过自己已有的知识经验来独立地获取新的知识和信息 | 2 | | | | |
| | 实践操作能力 | 能够根据自己获取的知识正确地完成工作任务 | 10 | | | | |
| | 创新能力 | 在小组讨论中能够与他人交流自己的想法，敢于标新立异 | 5 | | | | |
| | | 能够跳出固有的知识，提出自己的见解，培养自己的创新性 | 5 | | | | |
| | 表达能力 | 能够正确地组织和撰写分析报告等 | 5 | | | | |
| | 合作能力 | 能够为小组提供信息、质疑、归类和总结，提出方法，阐明观点 | 2 | | | | |
| 学习策略（20分） | 学习方法 | 根据本次任务实际情况对自己的学习方法进行调整 | 10 | | | | |
| | 自我调控 | 能够根据本次任务正确地使用学习方法 | 4 | | | | |
| | | 能够利用学习资源等正确地整合各种学习方法 | 6 | | | | |

(续表)

| 一级指标 | 二级指标 | 评价内容 | 分值 | 自评 | 互评 | 教师 | 企业导师 |
|---|---|---|---|---|---|---|---|
| 职业标准（50分） | 职业岗位能力 | 将审核无误的工资原始资料经主管领导签章后输入电脑，编制员工工资汇总表 | 20 | | | | |
| | | 每月对生产部提供的工资核算原始资料进行审核，包括加班工资和员工工伤、探亲、事假的按比例扣款计算是否准确；负责督促新员工的现金工资计算、离职员工的工资消除、员工各时期的工资增减变动等是否准确无误 | 30 | | | | |

## 任务总结

学生根据任务评价表填写，总结三维目标的达成度，如表3-3所示。

表3-3 任务总结

| 项目 | | 总结 |
|---|---|---|
| 素质提升 | 提升 | |
| | 欠缺 | |
| 知识掌握 | 掌握 | |
| | 欠缺 | |
| 能力达成 | 达成 | |
| | 欠缺 | |
| 改进措施 | | |

## 任务拓展

新华热评：
遵纪守法是
"星光大道"
的第一块基
石

## 任务二　人工费用的分配

### 任务情境

任务情境

### 任务要求

编制工资费用分配表、单位"五险一金"计算表。

### 任务准备

#### 一、工资费用的核算

**（一）工资费用的分配对象**

工资费用分配对象的确定与材料费用的分配基本相同，即遵循"谁受益、谁负担"的原则进行分配。具体来说，为产品生产而发生的人员工资应由基本生产部门的各产品负担；为基本生产提供产品或劳务所发生的人员工资应由辅助生产部门生产的各产品或劳务承担；各生产部门的管理人员发生的工资应由各生产部门的制造费用承担；企业行政管理部门发生的工资则由管理费用承担。

**（二）工资费用的分配方法**

1. 计时工资形式下工资费用的分配

在计时工资形式下，基本生产部门的生产工人工资计入产品成本的方法是：如果该生产部门只生产一种产品，则直接记入基本生产成本账户的"直接工资"成本项目；如果生产两种及两种以上的产品，则要把生产工人的工资按适当的分配标准分配记入基本生产成本账户的"直接人工"成本项目。可选择的分配标准一般有两个：一是产品生产的实际工时；二是产品生产的定额工时。其中按实际工时比例分配比较合理，因为它能将产品所分配的工资与劳动生产率联系起来。某种产品如果单位产品耗用的生产工时减少，说明劳动生产率提高，其所分配的人工成本就应减少；相反，如果单位产品耗用的工时增加，说明劳动生产率降低，其所分配的人工成本就应增加。但如果取得各种产品的实际生产工时的数据比较困难，而各种产品的单件工时定额比较准确，也可以按产品的定额工时比例分配人工成本。工资分配的计算公式如下：

工资费用分配率＝生产工人工资总额÷各种产品实际工时（或定额工时）之和

某种产品应分配的工资费用＝该产品的实际工时(或定额工时)×工资费用分配率

## 2. 计件工资形式下工资费用的分配

生产工人的计件工资与产品生产直接联系，因此发生时直接记入基本生产成本账户的"直接人工"成本项目，对于基本生产工人的奖金、津贴则要采用一定的标准分配记入产品成本的"直接人工"成本项目。其分配方法一般是按直接计入产品成本的生产工人计件工资额比例进行分配。

在实际工作中，工资费用的分配，一般是通过编制工资费用分配表进行的，编制的依据是工资结算单。下面针对计时工资形式下工资费用的分配进行举例说明。

**【做中学3-1】** 龙达公司2022年10月份为生产甲、乙两种产品支付生产工人工资24 600元，锅炉车间生产工人工资7 400元，机修车间生产工人工资4 100元，基本生产车间管理人员工资4 500元(假定无锅炉车间和机修车间管理人员工资)，企业行政部门管理人员工资10 800元，生产工人的工资按甲、乙两种产品的生产工时比例进行分配，其工时分别为4 100小时和2 050小时。

编制的工资费用分配表如表3-4所示。

**表3-4 工资费用分配表**
2022年10月

| 应借账户 | 成本费用项目 | 生产工时(小时) | 分配率(元/小时) | 应分配工资费用(元) |
| --- | --- | --- | --- | --- |
| 基本生产成本 | 甲产品 | 4 100 | 4 | 16 400 |
|  | 乙产品 | 2 050 | 4 | 8 200 |
|  | 小计 | 6 150 |  | 24 600 |
| 辅助生产成本 | 锅炉车间 | 直接人工 |  | 7 400 |
|  | 机修车间 | 直接人工 |  | 4 100 |
|  | 小计 |  |  | 11 500 |
| 制造费用 | 基本生产车间 | 工资 |  | 4 500 |
| 管理费用 | 行政部门 | 工资 |  | 10 800 |
| 合计 |  |  |  | 51 400 |

编制会计分录如下：

```
借：基本生产成本——甲产品                16 400
            ——乙产品                 8 200
    辅助生产成本——锅炉车间               7 400
            ——机修车间               4 100
    制造费用——基本生产车间               4 500
    管理费用                       10 800
    贷：应付职工薪酬——职工工资                51 400
```

## 二、计提"五险一金"等费用项目的分配核算

企业为职工缴纳的医疗保险费、工伤保险费、生育保险费等社会保险费和住房公积金，以及按规定提取的工会经费和职工教育经费，应当在职工为其提供服务的会计期间，根据规定的计提基础和计提比例计算确定相应的职工薪酬金额，并确认相应负债，计入当期损益或相关资产成本。

企业发生的职工福利费，应当在实际发生时根据实际发生额计入当期损益或相关资产成本。职工福利费为非货币性福利的，应当按照公允价值计量。

对于职工福利费，不再规定计提比例，由企业自主决定提取福利费或据实列支。企业可以根据实际情况采用先提取后使用的方法，但提取比例由企业根据自身实际情况合理确定。年末，如果当年提取的福利费大于支用数，应予冲回，反之应当补提，同时修订次年度福利费的提取比例；也可以按福利费实际发生额列支，直接计入相关成本、费用，与税法规定不一致时，应作纳税调整，根据《中华人民共和国企业所得税法实施条例》第四十条的规定，企业发生的职工福利费支出，不超过工资薪金总额14%的部分，准予扣除。在会计处理上，增设"应付职工薪酬——职工福利"账户核算职工福利费。当发生的职工福利费以工资方式列支时，按照职工所在的岗位进行分配，记入"生产成本""制造费用""管理费用""销售费用""在建工程""研发支出"等账户的借方。

"五险一金"等费用项目的分配也是通过编制分配表进行的，但由于其和工资的密切联系，一般与工资费用分配合并编制分配表。

【做中学3-2】沿用【做中学3-1】的资料，合并编制的分配表，如表3-5所示。

表3-5 工资及费用项目分配表

2022年10月    金额单位：元

| 应借账户 | | 成本或费用项目 | 生产工时（小时） | 分配率（元/小时） | 工资费用 | 计提费用项目 | | | | | | 合计 |
|---|---|---|---|---|---|---|---|---|---|---|---|---|
| | | | | | | 养老 | 医疗 | 失业 | 工伤 | … | 小计 | |
| 基本生产成本 | | 甲产品 | 直接人工 | 4 100 | 4 | 16 400 | … | … | … | … | … | 2 296 | 18 696 |
| | | 乙产品 | 直接人工 | 2 050 | 4 | 8 200 | … | … | … | … | … | 1 148 | 9 348 |
| | | 小计 | | 6 150 | | 24 600 | … | … | … | … | … | 3 444 | 28 044 |
| 辅助生产成本 | | 锅炉车间 | 直接人工 | | | 7 400 | … | … | … | … | … | 1 036 | 8 436 |
| | | 机修车间 | 直接人工 | | | 4 100 | … | … | … | … | … | 574 | 4 674 |
| | | 小计 | | | | 11 500 | … | … | … | … | … | 1 610 | 13 110 |
| 制造费用 | | 基本生产车间 | 管理人员工资 | | | 4 500 | … | … | … | … | … | 630 | 5 130 |
| 管理费用 | | | | | | 10 800 | … | … | … | … | … | 1 512 | 12 312 |
| 合计 | | | | | | 51 400 | … | … | … | … | … | 7 196 | 58 596 |

编制职工福利费分配的会计分录如下：

```
借：基本生产成本——甲产品                    2 296
              ——乙产品                    1 148
    辅助生产成本——锅炉车间                  1 036
              ——机修车间                    574
    制造费用——基本生产车间                    630
    管理费用                                1 512
    贷：应付职工薪酬——职工福利               7 196
```

## 三、职工薪酬分配表的编制

编制职工薪酬分配表

【工作实例3-1】龙达公司2022年10月为生产甲、乙两种产品支付职工薪酬,公司当月应发工资1 000万元,其中:生产部门直接生产人员工资500万元;生产部门管理人员工资100万元;公司管理部门人员工资180万元;公司专设产品销售机构人员工资50万元;建造厂房人员工资110万元;内部开发存货管理系统人员工资60万元。

根据所在地政府的规定,公司分别按照职工工资总额的7%、20%、2%、0.8%、1%和10%计提医疗保险费、养老保险费、失业保险费、工伤保险费、生育保险费和住房公积金,缴纳给当地社会保险经办机构和住房公积金管理机构。根据2021年实际发生的职工福利费情况,公司预计2022年应承担的职工福利费义务金额为职工工资总额的2%,职工福利的受益对象为上述所有人员。公司分别按照职工工资总额的2%和1.5%计提工会经费和职工教育经费。假定公司存货管理系统正处于研究阶段,不考虑所得税影响。

要求:编制职工薪酬分配表。

操作步骤如下:

**第一步:编制职工薪酬结算单。**

企业管理模式不同,其职工薪酬的发放标准和项目也不同。通常企业计算出每个职工的计时工资和计件工资以后,再根据有关资料和标准确定每个职工的奖金、津贴和补贴以及加班工资,从而计算出企业应发工资额,从中扣除应由职工个人承担的社会保险费、住房公积金、个人所得税、水电费等代扣款项后,得出企业的实发工资金额。在实际工作中,企业与职工进行工资结算,是通过编制职工工资结算单进行的,其格式如表3-6所示。

表3-6 职工月工资结算单

2022年10月                                                              单位:元

| 姓名 | 工资类别 | 工资 | 奖金 | 补贴 | 津贴 | 其他 | 应发工资 | 养老保险 | 医疗保险 | 失业保险 | 住房公积金 | 个人所得税 | 其他扣款 | 实发工资 |
|------|---------|------|------|------|------|------|---------|---------|---------|---------|-----------|-----------|---------|---------|
| 李明 | 计件 | 4 353 | 300 | 200 | 100 | 0 | 4 953 | 396 | 99 | 50 | 248 | 0 | 0 | 4 160 |
| 王新 | 计件 | 5 981 | 400 | 200 | 100 | 0 | 6 681 | 534 | 134 | 67 | 334 | 0 | 83 | 5 529 |
| ⋮ | | | | | | | | | | | | | | |
| 合计 | | ⋯ | ⋯ | ⋯ | ⋯ | ⋯ | ⋯ | ⋯ | ⋯ | ⋯ | ⋯ | ⋯ | ⋯ | ⋯ |

**第二步:编制职工薪酬汇总表。**

根据职工月工资结算单编制职工薪酬汇总表,需按部门对职工的工资进行汇总,如表

3-7 所示。

**表 3-7　职工薪酬汇总表**

2022 年 10 月　　　　　　　　　　　　　　　　　　　单位：万元

| 部门人员 | 应发工资 | 代扣款项 ||||||| 实发工资 |
| --- | --- | --- | --- | --- | --- | --- | --- | --- | --- |
| | | 医疗保险费（2%） | 养老保险费（8%） | 失业保险费（1%） | 住房公积金（5%） | 代扣职工费用 | 个人所得税 | 合计 | |
| 直接生产人员 | 500 | 10 | 40 | 5 | 25 | 1 | | 81 | 419 |
| 生产部门管理人员 | 100 | 2 | 8 | 1 | 5 | 0.3 | 0.8 | 17.1 | 82.9 |
| 公司管理部门人员 | 180 | 3.6 | 14.4 | 1.8 | 9 | 0.1 | 1.5 | 30.4 | 149.6 |
| 销售机构人员 | 50 | 1 | 4 | 0.5 | 2.5 | 0.1 | 1 | 9.1 | 40.9 |
| 建造厂房人员 | 110 | 2.2 | 8.8 | 1.1 | 5.5 | 0.2 | | 17.8 | 92.2 |
| 内部开发人员 | 60 | 1.2 | 4.8 | 0.6 | 3 | 0.15 | 0.9 | 10.65 | 49.35 |
| 合计 | 1 000 | 20 | 80 | 10 | 50 | 1.85 | 4.2 | 166.05 | 833.95 |

**第三步：编制职工薪酬分配表。**

根据职工薪酬汇总表，按应付工资总额和企业规定的比例，计提由企业承担的"五险一金"、工会经费、职工教育经费、职工福利费等，按照职工所在的岗位进行分配，借记"生产成本""制造费用""管理费用""销售费用""在建工程""研发支出"等账户，贷记"应付职工薪酬"及其相关明细账户。编制的职工薪酬分配表如表 3-8 所示。

**表 3-8　职工薪酬分配表**

2022 年 10 月　　　　　　　　　　　　　　　　　　　单位：万元

| 部门人员 | 应发工资 | 计提的费用项目 ||||||||| 合计 |
| --- | --- | --- | --- | --- | --- | --- | --- | --- | --- | --- | --- |
| | | 医疗保险费（7%） | 养老保险费（20%） | 失业保险费（2%） | 工伤保险（0.8%） | 生育保险（1%） | 住房公积金（10%） | 职工福利费（2%） | 工会经费（2%） | 职工教育经费（1.5%） | |
| 直接生产人员 | 500 | 35 | 100 | 10 | 4 | 5 | 50 | 10 | 10 | 7.5 | 731.5 |
| 生产部门管理人员 | 100 | 7 | 20 | 2 | 0.8 | 1 | 10 | 2 | 2 | 1.5 | 146.3 |
| 公司管理部门人员 | 180 | 12.6 | 36 | 3.6 | 1.44 | 1.8 | 18 | 3.6 | 3.6 | 2.7 | 263.34 |
| 销售机构人员 | 50 | 3.5 | 10 | 1 | 0.4 | 0.5 | 5 | 1 | 1 | 0.75 | 73.15 |
| 建造厂房人员 | 110 | 7.7 | 22 | 2.2 | 0.88 | 1.1 | 11 | 2.2 | 2.2 | 1.65 | 160.93 |
| 内部开发人员 | 60 | 4.2 | 12 | 1.2 | 0.48 | 0.6 | 6 | 1.2 | 1.2 | 0.9 | 87.78 |
| 合计 | 1 000 | 70 | 200 | 20 | 8 | 10 | 100 | 20 | 20 | 15 | 1 463 |

第四步:编制记账凭证,如表 3-9 所示。

表 3-9 记 账 凭 证

2022 年 10 月 31 日　　　　　　　　　　　　　　　　　　　　记字第 004 号

| 摘要 | 总账科目 | 明细科目 | 借方金额 | 贷方金额 | 记账 |
|---|---|---|---|---|---|
| 职工薪酬 | 基本生产成本 |  | 7 315 000 |  |  |
|  | 制造费用 |  | 1 463 000 |  |  |
|  | 管理费用 |  | 2 633 400 |  |  |
|  | 销售费用 |  | 731 500 |  |  |
|  | 在建工程 |  | 1 609 300 |  |  |
|  | 研发支出 |  | 877 800 |  |  |
|  | 应付职工薪酬 |  |  | 14 630 000 |  |
| 合计 |  |  | 14 630 000 | 14 630 000 |  |

财务主管:李明　　　　记账:刘静　　　　出纳:　　　　审核:张海　　　　制单:张杰

##  任务实施

### 一、活动思考

问题:如何分配人工费用?

任务实施
视频

_____

_____

### 二、活动提升

古语云:无规矩不成方圆。根据这句话,你是如何理解人工费用分配工作的?在完成工作任务时,你主要考虑哪些因素?

### 三、活动实施

活动实施情况如表 3-10 所示。

表 3-10　活动实施情况

| 活动步骤 | 活动要求 | 活动安排 | 活动记录 |
|---|---|---|---|
| 步骤 1<br>职业沟通练习 | 在实际工作中,成本会计人员要具备扎实的专业能力,也要有良好的沟通能力等。以小组为单位分配角色,通过角色扮演、小组讨论,练习人与人之间的沟通能力 | 具体活动 1:角色选择 | 附表 3-4 |
|  |  | 具体活动 2:角色扮演 | 附表 3-4 |
|  |  | 具体活动 3:模拟评价 | 附表 3-5 |

(续表)

| 活动步骤 | 活动要求 | 活动安排 | 活动记录 |
|---|---|---|---|
| 步骤2<br>知识准备 | 编制职工薪酬分配表 | 学习微课 | 梳理知识点 |
| 步骤3<br>编制分配表 | 工资费用分配表、<br>"五险一金"计算表 | 实训平台 | 附表3-6、<br>附表3-7 |

附表3-4  工作记录单

| 角色 | 学生姓名 | 沟通内容等 |
|---|---|---|
| 成本会计 | | |
| 财务经理 | | |
| 人事经理 | | |
| 组长签字： | | |

附表3-5  模拟评价表

| 组号 | 参加展示人数 | 评价 | | 小组排序 |
|---|---|---|---|---|
| | | 语言表达最好的学生 | 模拟最好的学生 | |
| | | | | |
| | | | | |
| | | | | |
| | | | | |
| | | | | |
| | | | | |

附表3-6  工资费用分配表

2022年1月31日　　　　　　　　　　　　　　　　　　金额单位：元

| 部门人员类别 | | 分配标准 | 分配率 | 分配金额 |
|---|---|---|---|---|
| 生产车间<br>生产工人 | 单人床单 | | | |
| | 双人床单 | | | |
| | 小计 | | | |
| 生产车间管理人员 | | | | |
| 销售部门人员 | | | | |
| 管理部门人员 | | | | |
| 合计 | | | | |

审核：　　　　　　　　　　　　制单：

## 附表 3-7 "五险一金"计算表

2022 年 1 月 31 日　　　　　　　　　　　　　　　　　　　　　　金额单位：元

| 部门人员 | | 缴费基数 | 基本养老保险费 | | 基本医疗保险费 | | 失业保险费 | | 工伤保险费 | | 生育保险费 | | 社会保险小计 | 住房公积金 | | 合计 |
|---|---|---|---|---|---|---|---|---|---|---|---|---|---|---|---|---|
| | | | 缴纳比例 | 缴纳金额 | 缴纳比例 | 缴纳金额 | 缴纳比例 | 缴纳金额 | 缴纳比例 | 缴纳金额 | 缴纳比例 | 缴纳金额 | | 缴纳比例 | 缴纳金额 | |
| 生产车间生产工人 | 单人床单 | | | | | | | | | | | | | | | |
| | 双人床单 | | | | | | | | | | | | | | | |
| | 小计 | | | | | | | | | | | | | | | |
| 生产车间管理人员 | | | | | | | | | | | | | | | | |
| 销售部门人员 | | | | | | | | | | | | | | | | |
| 管理部门人员 | | | | | | | | | | | | | | | | |
| 合计 | | | | | | | | | | | | | | | | |

审核：　　　　　　　　　　　　　　　　　制单：

## 任务评价

任务评价表如表 3-11 所示。

课堂测验

### 表 3-11　任务评价表

| 一级指标 | 二级指标 | 评价内容 | 分值 | 自评 | 互评 | 教师 | 企业导师 |
|---|---|---|---|---|---|---|---|
| 职业能力（30 分） | 思维能力 | 能够从不同的角度提出问题，分析问题并解决问题 | 1 | | | | |
| | 自学能力 | 能够通过自己已有的知识经验来独立地获取新的知识和信息 | 2 | | | | |
| | 实践操作能力 | 能够根据自己获取的知识正确地完成工作任务 | 10 | | | | |
| | 创新能力 | 在小组讨论中能够与他人交流自己的想法，敢于标新立异 | 5 | | | | |
| | | 能够跳出固有的知识，提出自己的见解，培养自己的创新性 | 5 | | | | |
| | 表达能力 | 能够正确地组织和撰写分析报告等 | 5 | | | | |
| | 合作能力 | 能够为小组提供信息，质疑、归类和总结，提出方法，阐明观点 | 2 | | | | |

(续表)

| 一级指标 | 二级指标 | 评价内容 | 分值 | 自评 | 互评 | 教师 | 企业导师 |
|---|---|---|---|---|---|---|---|
| 学习策略<br>（20分） | 学习方法 | 根据本次任务实际情况对自己的学习方法进行调整 | 10 | | | | |
| | 自我调控 | 能够根据本次任务正确地使用学习方法 | 4 | | | | |
| | | 能够利用学习资源等正确地整合各种学习方法 | 6 | | | | |
| 职业标准<br>（50分） | 职业岗位能力 | 进行费用分配，及时与生产部、人事部等部门进行核对 | 20 | | | | |
| | | 配合生产部做好人工费用的统计工作，提供奖金计算依据 | 30 | | | | |

**任务总结**

学生根据任务评价表填写，总结三维目标的达成度，如表 3-12 所示。

表 3-12　任务总结

| 项目 | | 总结 |
|---|---|---|
| 素质提升 | 提升 | |
| | 欠缺 | |
| 知识掌握 | 掌握 | |
| | 欠缺 | |
| 能力达成 | 达成 | |
| | 欠缺 | |
| 改进措施 | | |

**任务拓展**

施工成本的
过程控制方
法：人工费
的控制

 **知识巩固**

知识巩固

 **技能提升**

技能提升

# 项目四 制造费用核算

思政园地

 **素养目标**

1. 培养精益求精、刻苦钻研的工匠精神
2. 培养创新能力、特色综合能力
3. 培养敢于担当、无私奉献精神

 **知识目标**

1. 掌握制造费用的内容
2. 掌握制造费用的归集
3. 掌握制造费用的分配方法

 **能力目标**

1. 能够熟练地归集制造费用
2. 能够根据实际业务选择制造费用分配方法
3. 能够熟练地编制制造费用分配表并进行账务处理

 **知识导图**

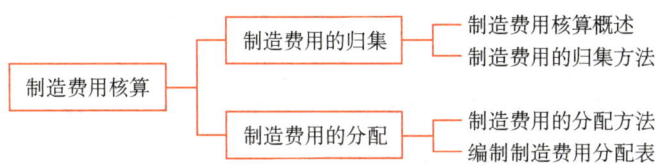

## 任务一　制造费用的归集

### 任务情境

任务情境

### 任务要求

填制固定资产折旧计算表、制造费用归集表。

### 任务准备

制造费用的归集

#### 一、制造费用核算概述

制造费用包括产品生产成本中除直接材料和直接工资以外的其余一切生产成本,主要包括企业各个生产单位(车间、分厂)为组织和管理生产所发生的一切费用,以及各个生产单位所发生的固定资产使用费和维修费等。制造费用一般是间接计入成本,当制造费用发生时一般无法直接判定它所归属的成本计算对象,因而不能将其直接计入所生产的产品成本中,而须按费用发生的地点先行归集,月末时再采用一定的方法在各成本计算对象间进行分配,计入各成本计算对象的成本中。

企业制造费用的范围广、内容多、情况比较复杂,通常包括三类。

1. 直接用于产品生产未单独设置成本项目的费用

这类制造费用主要有:未单独设置"燃料及动力"成本项目的企业所发生的,用于产品生产的动力费用;专门用于某产品生产的机器设备的折旧费、租赁费、保险费;生产车间的低值易耗品摊销费;图纸设计费和产品试验检验费用等。

2. 间接用于产品生产不能单设产品成本项目的费用

这是企业在生产过程中经常发生的费用,内容比较多。其通常包括:生产用的房屋、建筑物、机器、设备的折旧费用、保险费用及租赁费用;机物料消耗费用;车间的照明、取暖、降温、通风、除尘等费用;工人的劳动保护费用;发生的季节性停工或固定资产大修理期间停工所造成的损失等。

3. 为组织和管理产品生产而发生的费用

这是车间(分厂)管理机构及人员在日常生产管理过程中发生的费用,主要有:生产管理人员的工资及按规定提取并缴纳的社会保险费用;生产管理部门使用的固定资产折旧费用、保险费用及租赁费用；生产管理过程中使用低值易耗品的摊销费用；管理部门发生的照明、取暖、降温、通信、出差、办公费用等。

上述发生在生产过程中的费用，构成制造费用的核算范围。为了统一核算口径，便于资料对比，可以根据企业实际情况设置制造费用的费用项目，归类反映制造费用的构成。制造费用的明细项目一般设置为：职工薪酬、折旧费、保险费、租赁费、低值易耗品摊销、水电费、取暖费、运输费、差旅费、办公费、机物料消耗、劳动保护费、设计制图费、试验检验费、在产品损耗、停工损失等。

## 二、制造费用的归集方法

企业发生的各项制造费用是按其用途和发生地点，通过"制造费用"账户进行归集和分配的。根据管理的需要，"制造费用"账户可以按生产车间开设明细账，账内按照费用项目开设专栏，进行明细核算。费用发生时，根据支出凭证借记"制造费用"账户及其所属有关明细账，但材料、工资、折旧以及跨期费用等，要在月末时，根据汇总编制的各种费用分配表记入。材料、产品等存货的盘盈、盘亏数，则应根据盘点报告表登记。归集在"制造费用"账户借方的各项费用，月末时应全部分配转入"生产成本"账户，计入产品成本。"制造费用"账户一般月末没有余额。

制造费用的归集和分配，应通过"制造费用"账户进行。该科目借方用于归集企业在一定时期内发生的全部制造费用，贷方反映制造费用的分配，月末一般无余额。制造费用发生时，根据有关的凭证和各种费用分配表，借记"制造费用"账户，贷记"原材料""应付职工薪酬""累计折旧""银行存款"等账户。

【工作实例4-1】实际工作中根据有关的凭证和各种费用分配表登记制造费用明细账，如表4-1所示。

表4-1 制造费用明细账

辅助车间：修理车间　　　　2022年6月　　　　　　　　　单位：元

| 摘要 | 原材料 | 动力 | 直接人工 | 折旧费 | 办公费 | 保险费 | 其他 | 合计 | 转出 |
|------|--------|------|----------|--------|--------|--------|------|------|------|
| 原材料费用分配表 | 500 | | | | | | | 500 | |
| 动力费用分配表 | | 50 | | | | | | 50 | |
| 直接人工分配表 | | | 450 | | | | | 450 | |
| 折旧费用分配表 | | | | 200 | | | | 200 | |
| 办公费（付款凭证×号） | | | | | 180 | | | 180 | |
| 保险费（付款凭证×号） | | | | | | 100 | | 100 | |
| 其他（付款凭证×号） | | | | | | | 120 | 120 | |
| 制造费用分配表 | | | | | | | | | 1 600 |
| 合计 | 500 | 50 | 450 | 200 | 180 | 100 | 120 | 1 600 | 1 600 |

### (一)岗位简介

本岗位对在组织产品生产过程中所发生的管理费用,以及在产品生产过程中发生而不能直接归属到所制造产品成本中的各种生产费用称为制造费用。此岗位在成本计算中同样具有举足轻重的作用。

### (二)工作流程

制造费用岗位工作流程如图 4-1 所示。

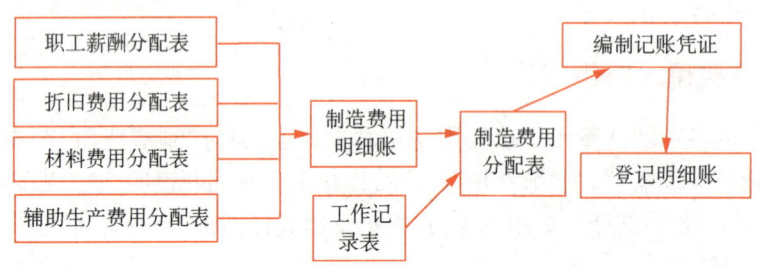

图 4-1 制造费用岗位工作流程图

### (三)说明

本岗位首先根据各种要素费用分配表及辅助生产费用分配表登记制造费用明细账,然后根据制造费用明细账中归集的制造费用总额及生产工时统计表,编制制造费用分配表,根据制造费用分配表填制记账凭证并登记有关明细账。

 **任务实施**

任务实施视频

## 一、活动思考

问题:如何归集制造费用?

_____

_____

_____

_____

## 二、活动提升

成语道:"积谷防饥。"根据这个成语,在完成工作任务时,你主要考虑哪些因素?

## 三、活动实施

活动实施情况如表 4-2 所示。

表 4-2　活动实施情况

| 活动步骤 | 活动要求 | 活动安排 | 活动记录 |
| --- | --- | --- | --- |
| 步骤 1<br>职业沟通练习 | 在实际工作中,成本会计人员要具备扎实的专业能力,也要有良好的沟通能力等。以小组为单位分配角色,通过角色扮演、小组讨论,练习人与人之间的沟通能力 | 具体活动 1:角色选择 | 附表 4-1 |
| | | 具体活动 2:角色扮演 | 附表 4-1 |
| | | 具体活动 3:模拟评价 | 附表 4-2 |
| 步骤 2<br>知识准备 | 制造费用的归集 | 学习微课 | 梳理知识点 |
| 步骤 3<br>归集制造费用 | 固定资产折旧计算表、制造费用归集表 | 实训平台 | 附表 4-3、附表 4-4 |

附表 4-1　工作记录单

| 角色 | 学生姓名 | 沟通内容等 |
| --- | --- | --- |
| 成本会计 | | |
| 财务经理 | | |
| 生产部 | | |
| 组长签字: | | |

附表 4-2　模拟评价表

| 组号 | 参加展示人数 | 评价 | | 小组排序 |
| --- | --- | --- | --- | --- |
| | | 语言表达最好的学生 | 模拟最好的学生 | |
| | | | | |
| | | | | |
| | | | | |
| | | | | |
| | | | | |

附表 4-3　固定资产折旧计算表

2022 年 1 月 31 日　　　　　　　　　　　　　　　金额单位:元

| 使用部门 | 固定资产类别 | 月初固定资产原值 | 月折旧率 | 本月应提折旧额 |
| --- | --- | --- | --- | --- |
| 生产车间 | 房屋建筑物 | 11 320 000 | | |
| | 机器设备 | 215 000 | | |
| | 小计 | 11 535 000 | | |

(续表)

| 使用部门 | 固定资产类别 | 月初固定资产原值 | 月折旧率 | 本月应提折旧额 |
|---|---|---|---|---|
| 管理部门 | 房屋建筑物 | 1 860 000 | | |
| | 办公家具 | 22 300 | | |
| | 运输设备 | 220 000 | | |
| | 电子设备 | 40 500 | | |
| | 小计 | 2 142 800 | | |
| 销售部门 | 办公家具 | 6 700 | | |
| | 电子设备 | 5 600 | | |
| | 小计 | 12 300 | | |
| 合计 | | 13 690 100 | | |

审核：刘萍萍　　　　　　　　　　　　　制单：林红

附表 4-4　制造费用归集表

2022 年 1 月 31 日　　　　　　　　　　　　　　　　　　　　　　单位：元

| 项目 | 金额 | 项目 | 金额 |
|---|---|---|---|
| 车间管理人员工资 | | 外购电费 | |
| 车间管理人员"五险一金" | | 折旧费 | |
| 外购水费 | | 合计 | |

## 任务评价

任务评价表如表 4-3 所示。

表 4-3　任务评价表

| 一级指标 | 二级指标 | 评价内容 | 分值 | 自评 | 互评 | 教师 | 企业导师 |
|---|---|---|---|---|---|---|---|
| 职业能力（30分） | 思维能力 | 能够从不同的角度提出问题，分析问题并解决问题 | 1 | | | | |
| | 自学能力 | 能够通过自己已有的知识经验来独立地获取新的知识和信息 | 2 | | | | |
| | 实践操作能力 | 能够根据自己获取的知识正确地完成工作任务 | 10 | | | | |
| | 创新能力 | 在小组讨论中能够与他人交流自己的想法，敢于标新立异 | 5 | | | | |
| | | 能够跳出固有的知识，提出自己的见解，培养自己的创新性 | 5 | | | | |

(续表)

| 一级指标 | 二级指标 | 评价内容 | 分值 | 自评 | 互评 | 教师 | 企业导师 |
|---|---|---|---|---|---|---|---|
| 职业能力（30 分） | 表达能力 | 能够正确地组织和撰写分析报告等 | 5 | | | | |
| | 合作能力 | 能够为小组提供信息，质疑、归类和总结，提出方法，阐明观点 | 2 | | | | |
| 学习策略（20 分） | 学习方法 | 根据本次任务实际情况对自己的学习方法进行调整 | 10 | | | | |
| | 自我调控 | 能够根据本次任务正确地使用学习方法 | 4 | | | | |
| | | 能够利用学习资源等正确地整合各种学习方法 | 6 | | | | |
| 职业标准（50 分） | 职业岗位能力 | 做好相关成本资料的整理、归档、数据库建立、查询和更新工作，统计各生产部门成本相关的数据，进行成本核算 | 20 | | | | |
| | | 按照公司对各项费用开支的有关规定，审核各种费用单据，在预算范围内，严格把控费用 | 30 | | | | |

## 任务总结

学生根据任务评价表填写，总结三维目标的达成度，如表 4-4 所示。

表 4-4　任务总结

| 项目 | | 总结 |
|---|---|---|
| 素质提升 | 提升 | |
| | 欠缺 | |
| 知识掌握 | 掌握 | |
| | 欠缺 | |
| 能力达成 | 达成 | |
| | 欠缺 | |
| 改进措施 | | |

生产成本和制造费用的区别

## 任务二 制造费用的分配

任务情境

编制制造费用分配表。

制造费用的分配

### 一、制造费用的分配方法

在生产一种产品的车间中,制造费用可直接计入其产品成本。在生产多种产品的车间中,就要采用既合理又简便的分配方法,将制造费用分配计入各种产品成本。

制造费用分配计入产品成本的方法,常用的有生产工时比例法、生产工人工资比例法、机器工时比例法和年度计划分配率分配法等。

#### (一) 生产工时比例法

生产工时比例法是按照各种产品所用生产工时的比例分配制造费用的一种方法。在具有产品实际工时统计资料的车间里,可按生产工时的比例分配制造费用。其计算公式如下:

某生产单位的制造费用分配率＝该生产单位本期归集的制造费用总额÷该生产单位产品实际(定额)工时总额

某种(批类)产品应负担的制造费用＝该生产单位的制造费用分配率×该种(批类)产品耗用的实际(定额)工时

其会计分录如下：

借：基本生产成本
　　贷：制造费用

制造费用的大部分支出，属于产品生产的间接费用，因而不能按照产品制定定额，而只能按照车间、部门和费用项目编制制造费用计划加以控制。通过制造费用的归集和分配，反映和监督各项费用计划的执行情况，并将其正确及时地计入产品成本。

【做中学4-1】龙达公司基本生产车间发生的制造费用总额为 2 100 元，其中基本生产车间甲产品生产工时为 1 200 小时，乙产品生产工时为 800 小时，按生产工时比例法分配制造费用。

计算步骤如下：
该生产车间的制造费用分配率＝2 100÷(1 200＋800)＝1.05(元/小时)
甲产品应负担的制造费用＝1 200×1.05＝1 260(元)
乙产品应负担的制造费用＝800×1.05＝840(元)
编制会计分录如下：

借：基本生产成本——甲产品　　　　　　　　　　　　　　　1 260
　　　　　　　　——乙产品　　　　　　　　　　　　　　　　840
　　贷：制造费用　　　　　　　　　　　　　　　　　　　　2 100

## （二）生产工人工资比例法

生产工人工资比例法又称生产工资比例法，是按照各种产品所用生产工人工资的比例分配制造费用的一种方法。其计算公式如下：

某生产单位的制造费用分配率＝该生产单位本期归集的制造费用总额÷
该生产单位产品生产工人工资总额

某种(批类)产品应负担的制造费用＝该生产单位的制造费用分配率×该种(批类)产品生产工人工资

【做中学4-2】龙达公司基本生产车间发生的制造费用总额为 2 100 元，其中基本生产车间甲产品生产工人工资为 1 200 元，乙产品生产工人工资为 800 元，按生产工人工资比例法分配制造费用。

分配制造费用的计算如下：
该生产车间的制造费用分配率＝2 100÷(1 200＋800)＝1.05
甲产品应负担的制造费用＝1 200×1.05＝1 260(元)
乙产品应负担的制造费用＝800×1.05＝840(元)

## （三）机器工时比例法

机器工时比例法是按照各种产品所用机器设备运转时间的比例分配制造费用的一种方法。这种方法适用于机械化程度高的车间，因为折旧费、修理费的大小与机器运转的时间有密切的联系。

某生产单位的制造费用分配率＝该生产单位本期归集的制造费用总额÷该生产单位产品机器工时总额

某种(批类)产品应负担的制造费用＝该生产单位的制造费用分配率×该种(批类)产品耗用的机器工时

**【做中学 4-3】** 龙达公司基本生产车间发生的制造费用总额为 2 100 元，其中基本生产车间甲产品机器工时为 1 200 小时，乙产品机器工时为 800 小时，按机器工时比例法分配制造费用。

分配制造费用的计算如下：
该生产车间的制造费用分配率＝2 100÷(1 200＋800)＝1.05(元/小时)
甲产品应负担的制造费用＝1 200×1.05＝1 260(元)
乙产品应负担的制造费用＝800×1.05＝840(元)

### (四) 年度计划分配率分配法

年度计划分配率分配法是按照年度开始前确定的全年度适用的计划分配率分配制造费用的一种方法。采用这种方法，不论各月实际发生的制造费用是多少，每月各种产品成本中的制造费用都是按年度计划确定的计划分配率分配。年度内如果发现全年制造费用的实际数和产品的实际产量与计划数发生较大的差额，应及时调整计划分配率。其计算公式如下：

某生产单位的制造费用计划分配率＝该生产单位年度制造费用计划总额÷
该生产单位计划产量的定额工时总额

某种(批类)产品应负担的制造费用＝该生产单位的制造费用计划分配率×
该种(批类)产品当月实际产量的定额工时

**【做中学 4-4】** 龙达公司生产车间全年制造费用计划 5 500 元，全年各种产品的计划量为：甲产品 260 件，乙产品 225 件；单件产品的工时额定为甲产品 5 小时，乙产品 4 小时。6 月份实际产量为：甲产品 24 件，乙产品 15 件；本月实际发生制造费用 490 元。按年度计划分配率分配法分配本月制造费用。

按年度计划分配率分配法分配制造费用如下：
(1) 各种产品年度计划产量的总额工时：
甲产品年度计划产量的定额工时＝260×5＝1 300(小时)
乙产品年度计划产量的定额工时＝225×4＝900(小时)
(2) 制造费用年度计划分配率：
制造费用年度计划分配率＝5 500÷(1 300＋900)＝2.5(元/小时)
(3) 各种产品本月实际产量的定额工时：
甲产品本月实际产量的定额工时＝24×5＝120(小时)
乙产品本月实际产量的定额工时＝15×4＝60(小时)
(4) 各种产品应分配的制造费用：
该月甲产品应负担的制造费用＝120×2.5＝300(元)
该月乙产品应负担的制造费用＝60×2.5＝150(元)
该车间本月按计划分配率分配转出的制造费用＝300＋150＝450(元)

## 二、编制制造费用分配表

无论采用何种方法分配制造费用,都要将分配结果编入制造费用分配表。并根据制造费用分配表编制会计分录。根据会计分录(记账凭证)登记制造费用明细账后,一般会结平各个制造费用明细账户。

【做中学 4-5】沿用【做中学 4-1】的资料,用生产工时比例法编制制造费用分配表,如表 4-5 所示,记账凭证如表 4-6 所示。

编制制造费用分配表

表 4-5 制造费用分配表

车间:基本生产车间　　　　　　　　　　　　　　　　　　　　　　　金额单位:元

| 应借科目 | | 生产工时(小时) | 分配金额(分配率1.05) |
|---|---|---|---|
| 基本生产车间 | 甲产品 | 1 200 | 1 260 |
| | 乙产品 | 800 | 840 |
| 合计 | | 2 000 | 2 100 |

表 4-6 记 账 凭 证

2022 年 10 月 31 日　　　　　　　　　　　　　　　　　　　记字第 0401 号

| 摘要 | 总账科目 | 明细科目 | 借方金额 | 贷方金额 | 记账 |
|---|---|---|---|---|---|
| 制造费用分配 | 生产成本 | 甲产品 | 1 260 | | |
| | 生产成本 | 乙产品 | 840 | | |
| | 制造费用 | | | 2 100 | |
| 合计 | | | 2 100 | 2 100 | |

财务主管:刘明　　　　记账:李静　　　　出纳:　　　　审核:张海　　　　制单:李杰

注:生产工人工资比例法、机器工时比例法制造费用的分配同上。

【做中学 4-6】沿用【做中学 4-4】的资料,用年度计划分配率分配法编制制造费用分配表,如表 4-7 所示,记账凭证如表 4-8 所示。

表 4-7 制造费用分配表　　　　　　　　　　　　　　　　　　　　金额单位:元

| 应借科目 | | 年度计划产量的定额工时(小时) | 本月实际产量的定额工时(小时) | 分配金额(分配率2.5) |
|---|---|---|---|---|
| 基本生产车间 | 甲产品 | 1 300 | 120 | 300 |
| | 乙产品 | 900 | 60 | 150 |
| 合计 | | 2 200 | 180 | 450 |

表 4-8　记 账 凭 证

2022 年 10 月 31 日　　　　　　　　　　　　　　　记字第 0402 号

| 摘要 | 总账科目 | 明细科目 | 借方金额 | 贷方金额 | 记账 |
|---|---|---|---|---|---|
| 制造费用分配 | 生产成本 | 甲产品 | 300 | | |
| | 生产成本 | 乙产品 | 150 | | |
| | 制造费用 | | | 450 | |
| 合计 | | | 450 | 450 | |

财务主管:刘明　　　记账:李静　　　出纳:　　　审核:张海　　　制单:李杰

## 任务实施

任务实施
视频

### 一、活动思考

问题:如何分配制造费用及编制制造费用分配表?
_____
_____
_____
_____

### 二、活动提升

古语云:磨刀不误砍柴工。根据这句话,在完成工作任务时,你主要考虑哪些因素?

### 三、活动实施

活动实施情况如表 4-9 所示。

表 4-9　活动实施情况

| 活动步骤 | 活动要求 | 活动安排 | 活动记录 |
|---|---|---|---|
| 步骤1<br>职业沟通练习 | 在实际工作中,成本会计人员要具备扎实的专业能力,也要有良好的沟通能力等。以小组为单位分配角色,通过角色扮演、小组讨论,练习人与人之间的沟通能力 | 具体活动1:角色选择 | 附表 4-5 |
| | | 具体活动2:角色扮演 | 附表 4-5 |
| | | 具体活动3:模拟评价 | 附表 4-6 |
| 步骤2<br>知识准备 | 制造费用的分配 | 学习微课 | 梳理知识点 |
| 步骤3<br>编制分配表 | 制造费用分配表 | 实训平台 | 附表 4-7 |

附表 4-5　工作记录单

| 角色 | 学生姓名 | 沟通内容等 |
|---|---|---|
| 成本会计 |  |  |
| 财务经理 |  |  |
| 生产部 |  |  |
| 组长签字： | | |

附表 4-6　模拟评价表

| 组号 | 参加展示人数 | 评价 | | 小组排序 |
|---|---|---|---|---|
| | | 语言表达最好的学生 | 模拟最好的学生 | |
| | | | | |
| | | | | |
| | | | | |
| | | | | |
| | | | | |
| | | | | |

附表 4-7　制造费用分配表

车间：生产车间　　　　　2022 年 1 月 31 日　　　　　单位：元

| 产品名称 | 分配标准 | 分配率 | 分配金额 |
|---|---|---|---|
| 单人床单 | | | |
| 双人床单 | | | |
| 合计 | | | |

审核：　　　　　　　　　　　制单：

 任务评价

任务评价表如表 4-10 所示。

表 4-10　任务评价表

课堂测验

| 一级指标 | 二级指标 | 评价内容 | 分值 | 自评 | 互评 | 教师 | 企业导师 |
|---|---|---|---|---|---|---|---|
| 职业能力（30 分） | 思维能力 | 能够从不同的角度提出问题,分析问题并解决问题 | 1 | | | | |
| | 自学能力 | 能够通过自己已有的知识经验来独立地获取新的知识和信息 | 2 | | | | |

（续表）

| 一级指标 | 二级指标 | 评价内容 | 分值 | 自评 | 互评 | 教师 | 企业导师 |
| --- | --- | --- | --- | --- | --- | --- | --- |
| 职业能力（30分） | 实践操作能力 | 能够根据自己获取的知识正确地完成工作任务 | 10 | | | | |
| | 创新能力 | 在小组讨论中能够与他人交流自己的想法，敢于标新立异 | 5 | | | | |
| | | 能够跳出固有的知识，提出自己的见解，培养自己的创新性 | 5 | | | | |
| | 表达能力 | 能够正确地组织和撰写分析报告等 | 5 | | | | |
| | 合作能力 | 能够为小组提供信息，质疑、归类和总结，提出方法，阐明观点 | 2 | | | | |
| 学习策略（20分） | 学习方法 | 根据本次任务实际情况对自己的学习方法进行调整 | 10 | | | | |
| | | 能够根据本次任务正确地使用学习方法 | 4 | | | | |
| | 自我调控 | 能够利用学习资源等正确地整合各种学习方法 | 6 | | | | |
| 职业标准（50分） | 职业岗位能力 | 按照成本核算办法归集和分配相关成本要素，核算当月产成品生产成本 | 20 | | | | |
| | | 完成制造费用的归集、核算，及时提供成本信息 | 30 | | | | |

## 任务总结

学生根据任务评价表填写，总结三维目标的达成度，如表 4-11 所示。

表 4-11 任务总结

| 项目 | | 总结 |
| --- | --- | --- |
| 素质提升 | 提升 | |
| | 欠缺 | |
| 知识掌握 | 掌握 | |
| | 欠缺 | |
| 能力达成 | 达成 | |
| | 欠缺 | |
| 改进措施 | | |

 任务拓展

制造费用和管理费用的区别

 知识巩固

知识巩固

 技能提升

技能提升

# 项目五

# 产品成本核算

思政园地

 **素养目标**

1. 培养一定的会计信息处理能力
2. 培养精益求精、一丝不苟的工匠精神
3. 培养灵活运用各种方法计算在产品和完工产品成本的能力

 **知识目标**

1. 掌握在产品的含义、在产品清查的核算
2. 掌握生产费用在完工产品和在产品之间的分配方法
3. 掌握运用品种法计算产品成本

 **能力目标**

1. 能够熟练地编制产品成本计算单
2. 能够熟练地编制完工产品成本汇总表并进行账务处理
3. 能够根据审核无误的记账凭证登记基本生产成本明细账

**知识导图**

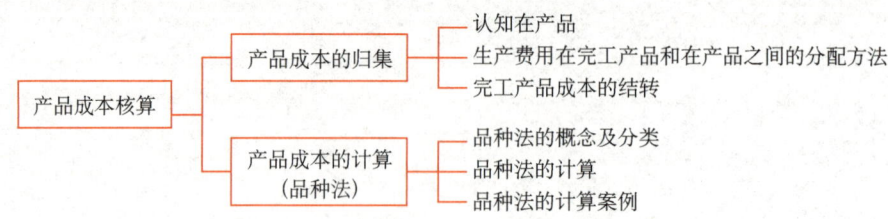

## 任务一　产品成本的归集

**任务情境**

任务情境

**任务要求**

填制产品成本汇总表。

**任务准备**

### 一、认知在产品

#### (一) 在产品的含义

在产品是指企业已经投入生产,但尚未最后完工不能作为商品销售的产品。对此,有广义和狭义的理解。

就整个企业而言,在产品指的是没有完成全部生产过程、不能作为商品销售的产品。其包括:生产车间正在加工的在产品;已经完成一个或几个加工步骤,但需进一步加工的半成品;未经验收入库的已完成全部生产过程的产品等。企业对外销售的自制半成品,不能列入在产品。以上所述的企业在产品,是从整个企业来讲,因此是广义的在产品。在产品相对一个车间或一个生产加工步骤而言,则是狭义的在产品。因此,狭义的在产品只包括某一生产加工步骤正在加工的产品,该车间或该步骤已完工的半成品不包括在内。

#### (二) 在产品收入、发出、结存的核算

在产品数量核算的主要内容包括两方面:一方面,要做好在产品收发结存的日常核算工作;另一方面,要做好在产品的定期和不定期的清查盘点,落实数量,查明盈亏的原因和责任。

##### 1. 在产品数量核算的原始凭证

在产品的数量核算是通过在产品台账(也称在产品收发结存表)进行的。在产品台账一般由车间核算人员登记,也可由班组核算员登记、车间核算员汇总。在产品台账的格式如表 5-1 所示。

表 5-1  在产品台账

生产车间：　　　　　　　　工序：　　　　　在产品名称：　　　　　　　　　单位：

| 日期 | 凭证号数 | 摘要 | 收入数量 | 转出数量 | | 结存数量 | | | 备注 |
|---|---|---|---|---|---|---|---|---|---|
| | | | | 合格品 | 废品 | 已完工 | 未完工 | 废品 | |
| | | | | | | | | | |
| | | | | | | | | | |
| | | | | | | | | | |
| | | | | | | | | | |

## 2. 在产品清查的核算

(1) 编制在产品盘存表。清查时，应根据盘点结果和账面资料编制在产品盘存表，填制在产品的账面数、实存数和盘盈盘亏数以及盈亏的原因和处理意见等；对于报废和毁损的在产品，还应登记其残值。成本核算人员应对在产品的清查结果进行审核，并进行账务处理。

(2) 账务处理。①属于台账记录有误造成的，应由经办人员更正。②由于材料耗用定额与实际耗用差异过大，按定额耗用计算的投入产品生产量与实际产品产出量不一致造成的在产品盘盈、盘亏，除调整台账记录外，还应及时调整耗用定额。③因过失人责任、自然损耗或意外灾害而造成的账实差异，应编制在产品盘盈盘亏报告表，会计人员根据审核无误的"在产品盘盈盘亏报告表"对盘盈、盘亏和毁损的在产品进行账务处理。

在产品清查时，通常采用实地盘点法，企业根据在产品清查结果填制在产品盘盈盘亏报告表，并说明在产品盘盈、盘亏的具体情况及产生的原因，及时按规定流程进行相应的处理。

设置"待处理财产损溢——待处理流动资产损溢"账户，发生在产品盘盈时，应根据定额成本或计划成本，借记"基本生产成本"账户，贷记"待处理财产损溢——待处理流动资产损溢"账户。经批准进行转账处理时，应借记"待处理财产损溢——待处理流动资产损溢"账户，贷记"制造费用——基本生产车间"账户及有关明细账。发生在产品盘亏时，应根据定额成本或计划成本，借记"待处理财产损溢——待处理流动资产损溢"账户，贷记"基本生产成本"账户。经批准进行转账处理时，应根据发生盘亏的原因，分别借记"管理费用""其他应收款""营业外支出"等账户，贷记"待处理财产损溢——待处理流动资产损溢"账户。如果在产品发生毁损，其毁损的账务处理为：借记"待处理财产损溢——待处理流动资产损溢"账户（其金额应扣除残料价值）、"原材料"账户（金额为残料入库价值），贷记"基本生产成本"账户。经批准进行转账处理时，应根据具体情况处理，分别借记"营业外支出"账户（其金额为扣除保险公司赔款后的由于自然灾害而造成的损失价值）、"其他应收款"账户（其金额为应由保险公司赔偿的金额，或责任者赔偿的金额）。

在产品清查结果的账务处理，应在月末产品成本计算之前进行，以保证产品成本计算的正确、及时。

## (三) 完工产品成本与在产品成本的关系

企业在生产过程中发生的生产费用,经过在各种产品之间进行分配和归集,应计入本月各种产品成本的生产成本,都已集中反映在"生产成本"账户及其成本明细账中。月末,企业生产的产品有三种情况。

### 1. 产品已全部完工

产品已全部完工,产品成本明细账中归集的生产成本(如果有月初在产品,还包括月初在产品成本)之和,就是该完工产品的成本。

### 2. 全部产品都没有完工

当月全部产品都没有完工,产品成本明细账中归集的生产成本之和,就是该种在产品的成本。

### 3. 既有完工产品又有在产品

既有完工产品又有在产品,产品成本明细账中归集的生产成本之和,应在完工产品和月末在产品之间采用适当的分配方法,进行生产成本的归集和分配,以计算完工产品和月末在产品的成本。

各月末在产品的数量和成本的大小以及数量或成本变化的大小,对于完工产品成本计算都有很大影响。欲计算完工产品的成本,需取得在产品增减动态和实际结存的数量资料,因而必须正确组织在产品收发结存的数量核算。

## (四) 登记基本生产成本明细账

通过前述各项目费用的归集和分配,月末基本生产成本各明细账已按照成本项目归集了各相应产品本月的生产费用,但不是本月完工产品的成本。企业要计算本月产成品成本,不仅要归集本月的产成品生产费用,还要加上月初在产品的生产费用。如果本月产品已经全部完工,则本月的生产费用与月初在产品的生产费用之和要在完工产品与在产品之间进行分配,以计算本月完工产品成本与月末在产品成本。

本月产成品生产费用、月初及月末在产品成本与本月完工产品成本四者之间的关系,可以用下列公式表达:

$$月初在产品成本 + 本月产成品生产费用 = 本月完工产品成本 + 月末在产品成本$$

式中:前两项的成本之和,在完工产品和月末在产品之间采用一定的方法进行分配。

(1) 计算确定月末在产品成本,倒算出完工产品成本。

(2) 将公式前两项之和按照一定比例在完工产品和月末在产品之间进行分配,同时求得完工产品成本和月末在产品成本,即:

$$本月完工产品成本 = 月初在产品成本 + 本月产成品生产费用 - 月末在产品成本$$

从上述两个公式可见,无论哪一类分配方法,都需要取得在产品的资料。在产品数量和费用的多少,影响着完工产品的成本。

【工作实例 5-1】龙达公司生产甲、乙两种产品,各项目分配表如表 5-2 至表 5-5 所示。

表 5-2　原材料费用分配表

2022 年 8 月　　　　　　　　　　　　　　　　　　　　金额单位：元

| 应借账户 | | 成本或费用明细项目 | 间接计入 | | | 直接计入 | 合计 |
|---|---|---|---|---|---|---|---|
| | | | 材料定额耗用量 | 分配率 | 分配金额 | | |
| 基本生产成本 | 甲产品 | 直接材料 | 336 | 300 | 100 800 | 600 000 | 700 800 |
| | 乙产品 | 直接材料 | 384 | 300 | 115 200 | 640 000 | 755 200 |
| | 小计 | | 720 | | 216 000 | 1 240 000 | 1 456 000 |
| 辅助生产成本 | 机修车间 | 直接材料 | | | | 1 800 | 1 800 |
| | 运输车间 | 直接材料 | | | | 500 | 500 |
| | 小计 | | | | | 2 300 | 2 300 |
| 制造费用 | 基本生产车间 | 修理用 | | | | | |
| | | 机物料消耗 | | | | 200 | 200 |
| | | 小计 | | | | 200 | 200 |
| 管理费用 | | 机物料消耗 | | | | 150 | 150 |
| 合计 | | | | | | 1 242 650 | 1 458 650 |

表 5-3　动力费用分配表

2022 年 8 月　　　　　　　单价 0.30 元　　　　　金额单位：元

| 应借科目 | | 成本及费用项目 | 动力费用分配 | | | 电费分配 | |
|---|---|---|---|---|---|---|---|
| | | | 实际工时（小时） | 分配率 | 分配金额 | 用电度数 | 金额 |
| 基本生产成本 | 甲产品 | 燃料及动力 | 4 000 | 3.36 | 13 440 | | |
| | 乙产品 | 燃料及动力 | 3 000 | 3.36 | 10 080 | | |
| | 小计 | | 7 000 | | 23 520 | 78 400 | 23 520 |
| 制造费用 | 基本生产车间 | | | | | 2 800 | 840 |
| 辅助生产成本 | 机修车间 | | | | | 1 600 | 480 |
| | 运输车间 | | | | | 200 | 60 |
| 管理费用 | | 水电费 | | | | 3 000 | 900 |
| 合计 | | | | | | 86 000 | 25 800 |

**表 5-4　职工薪酬分配表**

2022 年 8 月　　　　　　　　　　　　　　　　　　　　　　　金额单位:元

| 应借账户 | | 成本或费用项目 | 生产工时(小时) | 分配率(元/小时) | 应分配工资费用 |
|---|---|---|---|---|---|
| 基本生产成本 | 甲产品 | 直接人工 | 4 000 | 4.5 | 18 000 |
| | 乙产品 | 直接人工 | 3 000 | 4.5 | 13 500 |
| | 小计 | | 7 000 | | 31 500 |
| 辅助生产成本 | 机修车间 | 直接人工 | | | 6 800 |
| | 运输车间 | 直接人工 | | | 5 100 |
| | 小计 | | | | 11 900 |
| 制造费用 | 基本生产车间 | 工资 | | | 3 300 |
| 管理费用 | | 工资 | | | 9 160 |
| 合计 | | | | | 55 860 |

**表 5-5　制造费用分配表**

2022 年 8 月　　　　　　　　　　　　　　　　　　　　　　　金额单位:元

| 应借科目 | | 生产工时(小时) | 分配率 | 分配金额 |
|---|---|---|---|---|
| 基本生产成本 | 甲产品 | 4 000 | 2.551 6 | 10 206.40 |
| | 乙产品 | 3 000 | 2.551 6 | 7 654.80 |
| 合计 | | 7 000 | | 17 861.20 |

要求:根据各项目分配表登记产成品基本生产成本明细账。

操作步骤如下:

**第一步:根据各项目分配表进行分析。**

在甲、乙两种产品基本产成品生产成本明细账中,月初在产品成本是根据上月月末资料而得,本月各种产成品生产费用根据各项目有关龙达公司各费用分配表登记。而且,从基本产成品生产成本明细账可见,甲、乙两种产品均有月末在产品,必须采用一定的方法,将所归集的产成品生产费用在各产品的完工产品与在产品之间进行分配。

**第二步:登记生产成本明细账,** 如表 5-6、表 5-7 所示。

**表 5-6　产成品基本生产成本明细账**

单位名称:龙达公司　　　　　产品名称:甲产品　　　　　　　　　　　　单位:元

| 2022 年 | | 凭证号 | 摘要 | 成本项目 | | | | 合计 |
|---|---|---|---|---|---|---|---|---|
| 月 | 日 | | | 直接材料 | 燃料及动力 | 直接人工 | 制造费用 | |
| 8 | 1 | | 月初在产品成本 | 210 230 | 10 000 | 1 406.50 | 4 420.80 | 226 057.30 |
| 8 | 31 | 1 | 分配原材料费用表 | 700 800 | | | | 700 800 |
| | | 2 | 分配动力费用表 | | 13 440 | | | 13 440 |

(续表)

| 2022年 | | 凭证号 | 摘要 | 成本项目 | | | | 合计 |
|---|---|---|---|---|---|---|---|---|
| 月 | 日 | | | 直接材料 | 燃料及动力 | 直接人工 | 制造费用 | |
| | | 3 | 分配职工薪酬表 | | | 18 000 | | 18 000 |
| | | 6 | 分配制造费用表 | | | | 10 206.40 | 10 206.40 |
| | | | 本月生产费用合计 | 700 800 | 13 440 | 18 000 | 10 206.40 | 742 446.40 |
| | | | 生产费用累计 | 911 030 | 23 440 | 19 406.50 | 14 627.20 | 968 503.70 |

表 5-7　产成品基本生产成本明细账

单位名称：龙达公司　　　　　　　产品名称：乙产品　　　　　　　金额单位：元

| 2022年 | | 凭证号 | 摘要 | 成本项目 | | | | 合计 |
|---|---|---|---|---|---|---|---|---|
| 月 | 日 | | | 直接材料 | 燃料及动力 | 直接人工 | 制造费用 | |
| 8 | 1 | | 月初在产品成本 | 230 230 | 11 406 | 20 000 | 8 420.50 | 270 056.50 |
| 8 | 31 | 1 | 分配原材料费用表 | 755 200 | | | | 755 200 |
| | | 2 | 分配动力费用表 | | 10 080 | | | 13 500 |
| | | 3 | 分配职工薪酬表 | | | 13 500 | | 10 080 |
| | | 6 | 分配制造费用表 | | | | 7 654.80 | 7 654.80 |
| | | | 本月生产费用合计 | 755 200 | 10 080 | 13 500 | 7 654.80 | 786 434.80 |
| | | | 生产费用累计 | 985 430 | 21 486 | 33 500 | 16 075.30 | 1 056 491.30 |

## 二、生产费用在完工产品和在产品之间的分配方法

在完工产品和月末在产品之间分配费用，是成本计算工作中一个重要而复杂的问题。在产品结构复杂，零部件种类和加工工序较多的情况下更是如此。

从上述分配程序中可见，确定本期完工产品成本的关键在于正确确定期末在产品成本。各个制造企业的生产规模、工艺流程、成本构成、管理水平、核算要求各不相同，月末在产品的数量也有多有少，因此在产品成本的确定方法也比较多。目前常用的在产品成本计算方法有：不计算在产品成本法、在产品按固定成本计价法、在产品按所耗直接材料费用计价法、按约当产量计算在产品成本法、按完工产品计算在产品成本法、在产品按定额成本计价法和按定额比例计算在产品成本法。企业可以根据实际情况选择使用在产品成本计算方法，在产品成本计算方法一经确定，不得随意变更，以保证产品成本资料的可比性。

### （一）不计算在产品成本法

这种方法是将当月发生的生产费用，全部由当月完工产品负担。虽然有月末在产品，但不计算其成本。

这种方法适用于月末在产品数量很少的企业，在产品成本的计算与否，对于完工产品

成本影响不大,为了简化核算,可以不计算在产品成本。

【做中学5-1】龙达公司2022年9月份的A产品完成情况如表5-8所示,采用不计算在产品成本法计算完工产品成本。

表5-8　A产品完成情况一览表

产品名称:A产品　　　　　2022年9月　　　　　　　　　　　　　　单位:元

| 项目 | 直接材料 | 直接人工 | 制造费用 | 合计 |
| --- | --- | --- | --- | --- |
| 月初在产品成本 | 0 | 0 | 0 | 0 |
| 本月生产成本 | 35 600 | 7 251 | 13 576 | 56 427 |
| 合计 | 35 600 | 7 251 | 13 576 | 56 427 |
| 完工产品(100件)成本 | | | | |
| 月末在产品成本 | | | | |

完工产品成本的计算如下:

月末完工产品成本＝35 600＋7 251＋13 576＝56 427(元)

A产品单位成本＝56 427÷100＝564.27(元)

## (二)在产品按固定成本计价法

这种方法是指年内各月都固定以上年年末计算确定的在产品成本作为各月的月末在产品成本,并以此确定当月完工产品成本的方法。

这种方法适用于月末在产品数量很少,或者在产品数量虽多但各月之间在产品数量变动不大,月初、月末在产品成本的差额对完工产品成本影响不大的情况。为简化核算工作,各月在产品成本可以固定按年初数计算。采用这种方法,某种产品本月发生的生产费用就是本月完工产品的成本。年末时,根据实地盘点的在产品数量,重新调整计算在产品成本,以避免在产品成本与实际出入过大,影响成本计算的正确性。

固定计算在产品成本法

【做中学5-2】龙达公司2022年6月份的B产品完成情况如表5-9所示,采用固定计算在产品成本法编制产品成本。

表5-9　B产品完成情况一览表

产品名称:B产品　　　　　2022年6月　　　　　　　　　　　　　　单位:元

| 项目 | 直接材料 | 直接人工 | 制造费用 | 合计 |
| --- | --- | --- | --- | --- |
| 月初在产品成本 | 12 000 | 7 600 | 4 800 | 24 400 |
| 本月生产成本 | 87 650 | 14 000 | 9 600 | 111 250 |
| 合计 | 99 650 | 21 600 | 14 400 | 135 650 |
| 完工产品(100件)成本 | | | | |
| 单位成本 | | | | |
| 月末在产品成本 | | | | |

成本核算岗位会计编制 B 产品的产品成本计算单,如表 5-10 所示。

表 5-10　产品成本计算单

产品名称:B 产品　　　　　　　　　2022 年 6 月　　　　　　　　　　　　单位:元

| 项目 | 直接材料 | 直接人工 | 制造费用 | 合计 |
| --- | --- | --- | --- | --- |
| 月初在产品成本 | 12 000 | 7 600 | 4 800 | 24 400 |
| 本月生产成本 | 87 650 | 14 000 | 9 600 | 111 250 |
| 合计 | 99 650 | 21 600 | 14 400 | 135 650 |
| 完工产品(100 件)成本 | 87 650 | 14 000 | 9 600 | 111 250 |
| 单位成本 | 876.50 | 140 | 96 | 1 112.50 |
| 月末在产品成本 | 12 000 | 7 600 | 4 800 | 24 400 |

其中月末在产品成本采用固定在产品计价法,月末在产品成本应在年末加以重新计算,作为 12 月份的期末在产品成本,也作为明年 1～12 月的期初在产品成本。

### (三) 在产品按所耗直接材料费用计价法

这种方法是月末在产品只计算其所耗直接材料,不计算直接人工等加工费用等。也就是说,产品的直接材料(月初在产品的直接材料与本月发生的直接材料之和)需要在完工产品与月末在产品之间进行分配,而生产产品本月发生的直接人工、制造费用等加工费用全部由当月完工产品承担。

这种方法适用于各月末在产品数量较多,各月末在产品数量变化也较大,且直接材料费用在成本中所占比例较大的产品。例如,纺织、酿酒、造纸等企业的产品成本计算。

在一次投料方式下,在产品按所耗直接材料费用计价法的计算公式如下:

单位产品直接材料成本＝月初在产品及本期发生直接材料费用总额÷
(完工产品数量＋月末在产品数量)

月末在产品成本＝月末在产品数量×单位产品直接材料成本

完工产品成本＝月初在产品成本＋本月发生生产费用－月末在产品成本

按所耗原材料计算在产品成本法

【做中学 5-3】龙达公司 2022 年 8 月 C 产品完成情况如表 5-11 所示。直接材料一次投入,采用按所耗原材料计算在产品成本法计算在产品与完工产品成本。

表 5-11　C 产品完成情况一览表

产品名称:C 产品　　　　　　　　　2022 年 8 月　　　　　　　　　　　　单位:元

| 项目 | 直接材料 | 直接人工 | 制造费用 | 合计 |
| --- | --- | --- | --- | --- |
| 月初在产品成本 | 55 600 | 0 | 0 | 55 600 |
| 本月生产成本 | 115 000 | 4 500 | 4 000 | 123 500 |
| 完工产品(1 100 件)成本 |  |  |  |  |
| 单位成本 |  |  |  |  |
| 月末在产品(200 件)成本 |  |  |  |  |

C产品的在产品和完工产品成本计算如下：
单位产品直接材料成本＝(55 600＋115 000)÷(1 100＋200)＝131.23(元/件)
月末在产品成本＝200×131.23＝26 246(元)
本月完工产品成本＝55 600＋123 500－26 246＝152 854(元)

## (四) 约当产量法

### 1. 约当产量及约当产量法的含义

约当产量是指将月末在产品数量按完工程度折合成完工产品的产量。约当产量法，就是将月末在产品数量按其完工程度折合成约当产量，然后再按完工产品产量与月末在产品约当产量的比例分配计算完工产品成本和月末在产品成本。

### 2. 约当产量法的计算公式

约当产量法的计算公式如下：

$$月末在产品约当产量＝月末在产品数量×完工(投料)程度$$

$$单位成本(分配率)＝(月初在产品成本＋本月生产成本)÷(完工产品数量＋月末在产品约当产量)$$

$$完工产品成本＝完工产品数量×单位成本$$

$$月末在产品成本＝月末在产品约当产量×单位成本$$

【提示】如果分配率不能整除应注意尾差的问题，在计算月末在产品成本时应采用倒减的方法。关于在产品约当产量的确定，在很多加工生产企业中，原材料是在生产开始时一次投入的，这时无论在产品完工程度如何，单件在产品和单件完工产品负担的材料成本是相同的，因而分配原材料成本时的在产品的约当产量就是在产品的实际数量，在产品其他成本如直接人工成本、制造费用等则需要采用约当产量法计算。

### 3. 约当产量的确定

由于在产品在生产加工过程中，加工程度和投料情况不同，必须分成本项目计算在产品的约当产量。要正确计算在产品的约当产量，首先必须确定投料程度和完工程度。

1) 投料程度的确定

直接材料费用项目约当产量的确定，取决于产品生产过程中的投料程度。在产品投料程度是指在产品已投材料占完工产品应投材料的百分比。在生产过程中，材料投入形式通常有三种，即在生产开始时一次投入、在生产过程中陆续投入和在生产过程中分阶段批量投入。由于投入形式不同，在产品投料程度也不同。

约当产量投料程度的确定

(1) 当直接材料在生产开始一次投入时，投料百分比为100%。这时不论在产品完工程度如何，其单位在产品耗用的原材料与单位完工产品耗用的材料一样。因此，用以分配直接材料费用的在产品的约当产量即为在产品的实际数量。

【做中学5-4】龙达公司材料在生产开始时一次投入，2022年9月，甲、乙两种产品月末在产品生产数量分别为150件和450件。

投料程度和直接材料项目的在产品约当产量计算如下：

(1) 直接材料在生产开始一次投入，投料程度为100%。

(2) 甲产品直接材料项目在产品约当产量＝月末在产品的实际数量＝150(件)。

乙产品直接材料项目在产品约当产量＝月末在产品的实际数量＝450(件)。

(2) 当直接材料随生产过程陆续投入时,在产品投料程度的计算方法与完工程度的计算方法相同(参考加工程度的计算)。此时,分配直接材料费用在产品约当产量按完工程度折算。

(3) 当直接材料分次在每道工序开始一次投入时,月末在产品投料程度可按下列公式计算:

某工序投料程度＝到本工序为止的累计材料消耗定额÷完工产品材料消耗定额×100%

**【做中学 5-5】** 假设龙达公司乙产品经两道工序加工而成,原材料在每道工序开始时一次投入,2022 年 9 月,各工序原材料消耗定额和在产品数量如表 5-12 所示。

表 5-12　各工序原材料消耗定额和在产品数量一览表

产品名称:乙产品　　　　　　　　2022 年 9 月

| 工序 | 原材料消耗定额(千克) | 月末在产品数量(件) | 在产品投料程度 | 在产品约当产量(件) |
|---|---|---|---|---|
| 1 | 500 | 150 | | |
| 2 | 500 | 300 | | |
| 合计 | 1 000 | 450 | | |

各工序在产品投料程度和约当产量计算如下:
第一道工序的在产品投料程度＝500÷1 000×100%＝50%
第一道工序的在产品约当产量＝150×50%＝75(件)
第二道工序的在产品投料程度＝(500＋500)÷1 000×100%＝100%
第二道工序的在产品约当产量＝300×100%＝300(件)
在产品约当总产量＝75＋300＝375(件)
编制多工序分次投料约当产量计算表,如表 5-13 所示。

表 5-13　多工序分次投料约当产量计算表

产品名称:乙产品　　　　　　　　2022 年 9 月

| 工序 | 原材料消耗定额(千克) | 月末在产品数量(件) | 在产品投料程度 | 在产品约当产量(件) |
|---|---|---|---|---|
| 1 | 500 | 150 | 50% | 75 |
| 2 | 500 | 300 | 100% | 300 |
| 合计 | 1 000 | 450 | — | 375 |

(4) 直接材料在产品生产过程中分次投料。在这种方式下,不是按产品加工进度投料,因此在产品直接材料投料程度与产品完工程度也不一致,需要分工序计算直接材料完工率,然后以此为依据,计算在产品约当产量,进行费用分配。计算时,可以按各工序直接材料消耗定额计算。其有关计算公式如下:

$$某道工序在产品投料程度 = \left( 前面各道工序的累计直接材料费用消耗定额 + 本道工序直接材料费用消耗定额 \times 50\% \right) \div 单位产品直接材料费用消耗定额 \times 100\%$$

【做中学5-6】假设龙达公司乙产品经二道工序加工而成,直接材料在产品生产过程中分次投入,投料程度与产品加工进度不一致。其两道工序直接材料费用消耗定额分别为500千克、500千克,两道工序在产品数量分别为200件、300件。

各工序在产品投料程度和约当产量计算如下:
(1) 各道工序在产品投料程度:
第一道工序在产品投料程度=(500×50%)÷1 000×100%=25%
第二道工序在产品投料程度=(500+500×50%)÷1 000×100%=75%
(2) 各道工序在产品约当产量:
第一道工序在产品约当产量=200×25%=50(件)
第二道工序在产品约当产量=300×75%=225(件)
(3) 在产品的约当总产量:
约当总产量=50+225=275(件)

2) 完工程度的确定

对于直接材料以外的其他成本项目,通常按完工程度计算约当产量。当企业生产进度比较均衡,各道工序在产品数量相差不大时,全部在产品完工程度都可以按50%平均计算,否则,各道工序在产品的完工程度应按工序分别测定。

在产品完工程度的计算公式如下:

$$\text{某道工序上的在产品完工率} = \left( \frac{\text{前面各道工序的累计定额工时} + \text{本道工序定额工时} \times 50\%}{\text{完工产品定额工时}} \right) \times 100\%$$

约当产量完工程度的确定

对于公式中的"前面各道工序的累计定额工时",由于在产品已经完工,前面各道工序的定额工时都以100%计入;对于公式中的"本道工序定额工时",对本道工序的完工程度一般不逐一测定,而是以本道工序定额工时的50%计入。

4. 编制产品成本计算单

【工作实例5-2】龙达公司2022年8月甲产品期初在产品数量为538件,本月投产甲产品112件,月末甲产品在产品数量为150件,完工程度为50%,原材料在生产开始时一次投入。其他资料具体如表5-14所示。

表5-14 生产成本一览表

产品名称:甲产品　　　　　　　　2022年8月　　　　　　　　　　单位:元

| 项目 | 直接材料 | 燃料及动力 | 直接人工 | 制造费用 | 合计 |
| --- | --- | --- | --- | --- | --- |
| 月初在产品成本 | 210 230 | 10 000 | 1 406.50 | 4 420.80 | 226 057.30 |
| 本月生产成本 | 700 800 | 13 440 | 18 000 | 10 206.40 | 742 446.40 |
| 合计 | 911 030 | 23 440 | 19 406.50 | 14 627.20 | 968 503.70 |

要求:
(1) 用约当产量法分配完工产品成本和月末在产品成本。
(2) 编制产品成本计算单。

操作步骤如下:

**第一步:成本核算岗位会计分配完工产品成本和月末在产品成本。**

甲产品期初在产品数量为538件,本月投产甲产品112件。月末,甲产品在产品数量为150件,所以完工甲产品数量=538+112-150=500(件)。

(1) 分配直接材料费用:

由于原材料在开始生产时一次性投入,所以投料程度为100%。

月末甲产品在产品的约当产量=月末在产品的实际数量=150(件)

单位成本=911 030÷(500+150)=1 401.58(元/件)

完工产品负担的直接材料费=500×1 401.58=700 790(元)

月末在产品负担的直接材料费=911 030-700 790=210 240(元)

(2) 分配燃料及动力费用:

在产品的约当产量=150×50%=75(件)

单位成本=23 440÷(500+75)=40.77(元/件)

完工产品负担的燃料及动力费用=500×40.77=20 385(元)

月末在产品负担的燃料及动力费用=23 440-20 385=3 055(元)

(3) 分配直接人工费用:

在产品的约当产量=150×50%=75(件)

单位成本=19 406.50÷(500+75)=33.75(元/件)

完工产品负担的直接人工成本=500×33.75=16 875(元)

月末在产品负担的直接人工成本=19 406.50-16 875=2 531.50(元)

(4) 分配制造费用:

在产品约当产量=150×50%=75(件)

单位成本=14 627.20÷(500+75)=25.44(元/件)

完工产品负担的制造费用=500×25.44=12 720(元)

月末在产品负担的制造费用=14 627.20-12 720=1 907.20(元)

完工产品总成本=700 790+16 875+20 385+12 720=750 770(元)

月末在产品成本=210 240+2 531.50+3 055+1 907.20=217 733.70(元)

**第二步:编制产品成本计算单**,如表 5-15 所示。

表 5-15 产品成本计算单

产品名称:甲产品　　　　　　　　2022 年 8 月 31 日　　　　　　　　金额单位:元

| 项目 | 直接材料 | 燃料及动力 | 直接人工 | 制造费用 | 合计 |
| --- | --- | --- | --- | --- | --- |
| 月初在产品成本 | 210 230 | 10 000 | 1 406.50 | 4 420.80 | 226 057.30 |
| 本月发生生产费用 | 700 800 | 13 440 | 18 000 | 10 206.40 | 742 446.40 |
| 生产费用合计 | 911 030 | 23 440 | 19 406.50 | 14 627.20 | 968 503.70 |
| 完工产品数量(件) | 500 | 500 | 500 | 500 | — |
| 在产品约当产量(件) | 150 | 75 | 75 | 75 | — |
| 分配率(单位成本)(元/件) | 1 401.58 | 40.77 | 33.75 | 25.44 | 1 501.54 |
| 完工产品总成本 | 700 790 | 20 385 | 16 875 | 12 720 | 750 770 |
| 月末在产品成本 | 210 240 | 3 055 | 2 531.50 | 1 907.20 | 217 733.70 |

**【工作实例 5-3】** 龙达公司 2022 年 8 月生产乙产品经过两道工序连续加工而成。直接材料费用在生产开始时一次投入，每道工序完工程度平均 50%，其各道工序工时、产量、在产品数量如表 5-16 所示，月初在产品成本及本月发生的生产费用如表 5-17 所示。

表 5-16　乙产品各工序工时、产量、在产品数量表

产品名称：乙产品　　　　　　　　　2022 年 8 月　　　　　　　　　数量单位：件

| 工序 | 工时定额（小时） | 月初在产品数量 | 本月完工数量 | 月末在产品数量 |
|---|---|---|---|---|
| 1 | 30 | 150 | 550 | 150 |
| 2 | 20 | 250 | 400 | 300 |
| 合计 | 50 | — | — | — |

表 5-17　生产成本一览表

产品名称：乙产品　　　　　　　　　2022 年 8 月　　　　　　　　　　单位：元

| 项目 | 直接材料 | 燃料及动力 | 直接人工 | 制造费用 | 合计 |
|---|---|---|---|---|---|
| 月初在产品成本 | 230 230 | 11 406 | 20 000 | 8 420.50 | 270 056.50 |
| 本月生产费用 | 755 200 | 10 080 | 13 500 | 7 654.95 | 786 434.95 |
| 合计 | 985 430 | 21 486 | 33 500 | 16 075.45 | 1 056 491.45 |

要求：

(1) 用约当产量法分配完工产品成本和月末在产品成本（分配率保留两位小数）。

(2) 编制产品成本计算单。

操作步骤如下：

**第一步**：成本核算岗位会计分配完工产品成本和月末在产品成本。

第一道工序完工率＝30×50%÷50×100%＝30%

第二道工序完工率＝(30+20×50%)÷50×100%＝80%

月末约当产量＝150×30%+300×80%＝285（件）

直接材料费用分配率＝985 430÷(400+150+300)＝1 159.33（元/件）

燃料及动力费用分配率＝21 486÷(400+285)＝31.37（元/件）

直接人工费用分配率＝33 500÷(400+285)＝48.91（元/件）

制造费用分配率＝16 075.45÷(400+285)＝23.47（元/件）

完工产品成本＝(1 159.33+31.37+48.91+23.47)×400＝505 232（元）

月末在产品成本＝1 056 491.45−505 232＝551 259.45（元）（倒挤）

**第二步**：编制产品成本计算单，如表 5-18 所示。

表 5-18　产品成本计算单

产品名称：乙产品　　　　　　　　　2022 年 8 月 31 日　　　　　　　　金额单位：元

| 摘要 | 直接材料 | 燃料及动力 | 直接人工 | 制造费用 | 合计 |
|---|---|---|---|---|---|
| 月初在产品成本 | 230 230 | 11 406 | 20 000 | 8 420.50 | 270 056.50 |

(续表)

| 摘要 | 直接材料 | 燃料及动力 | 直接人工 | 制造费用 | 合计 |
|---|---|---|---|---|---|
| 本月发生生产费用 | 755 200 | 10 080 | 13 500 | 7 654.95 | 786 434.95 |
| 生产费用合计 | 985 430 | 21 486 | 33 500 | 16 075.45 | 1 056 491.45 |
| 完工产品数量（件） | 400 | 400 | 400 | 400 | — |
| 在产品约当产量（件） | 450 | 285 | 285 | 285 | — |
| 分配率（单位成本）（元/件） | 1 159.33 | 31.37 | 48.91 | 23.47 | 1 263.08 |
| 完工产品总成本 | 463 732 | 12 548 | 19 564 | 9 388 | 505 232 |
| 月末在产品成本 | 521 698 | 8 938 | 13 936 | 6 687.45 | 551 259.45 |

### （五）按完工产品计算在产品成本法

这种方法是将月末在产品视同完工产品，将各项生产费用的累计数按完工产品和在产品数量的比例进行分配，以确定月末完工产品成本和在产品成本。

这种方法适用于月末在产品已基本加工完成或虽已完工但尚未验收入库的产品。在这种情况下，在产品已接近完工，其所耗费的费用与完工产品所耗费的费用相差无几，为简化计算，将月末在产品的完工率按100%计算，视同完工产品分配生产费用。因此，单位产品应分配的费用可按如下公式计算（各成本项目计算方法相同）：

某成本项目单位产品成本＝该项目月初及本月份发生费用合计÷（完工产品数量＋月末在产品实际数量）

某成本项目完工产品成本＝完工产品数量×该成本项目单位产品成本

某成本项目月末在产品成本＝月末在产品实际数量×该成本项目单位产品成本

**【做中学5-7】** 龙达公司2022年11月D产品完成情况如表5-19所示。按完工产品计算在产品成本。

表5-19　D产品完成情况一览表

产品名称：D产品　　　　　　　　　2022年11月　　　　　　　　　　　单位：元

| 项目 | 直接材料 | 直接人工 | 制造费用 | 合计 |
|---|---|---|---|---|
| 月初在产品成本 | 2 680 | 1 430 | 2 717 | 6 827 |
| 本月生产成本 | 10 820 | 4 870 | 7 183 | 22 873 |
| 合计 | 13 500 | 6 300 | 9 900 | 29 700 |
| 完工产品（80件）成本 | | | | |
| 单位成本（元/件） | | | | |
| 月末在产品（10件）成本 | | | | |

成本核算岗位会计编制D产品的产品成本计算单，如表5-20所示。

表 5-20　产品成本计算单

产品名称：D 产品　　　　　2022 年 11 月 30 日　　　　　　　　　　　　单位：元

| 项目 | 直接材料 | 直接人工 | 制造费用 | 合计 |
| --- | --- | --- | --- | --- |
| 月初在产品成本 | 2 680 | 1 430 | 2 717 | 6 827 |
| 本月生产成本 | 10 820 | 4 870 | 7 183 | 22 873 |
| 合计 | 13 500 | 6 300 | 9 900 | 29 700 |
| 完工产品(80 件)成本 | 12 000 | 5 600 | 8 800 | 26 400 |
| 单位成本(元/件) | 150 | 70 | 110 | 330 |
| 月末在产品(10 件)成本 | 1 500 | 700 | 1 100 | 3 300 |

其中计算如下：

直接材料的单位成本＝13 500÷(80＋10)＝150(元/件)

完工产品的直接材料成本＝150×80＝12 000(元)

在产品的直接材料成本＝150×10＝1 500(元)

直接人工、制造费用的计算同上。

### (六) 在产品按定额成本计价法

月末在产品按定额成本计价法是指根据定额资料确定在产品的定额单位成本，月末以在产品数量分别乘以各成本项目的定额单位成本，即可计算出按定额成本计价的在产品成本。在该种方法下，以某种产品月初在产品成本及本月发生生产费用之和减去按定额成本计算的月末在产品成本，其余额就为当月完工产品成本。

月末在产品按定额成本计价法适用于定额管理基础较好，各项消耗定额或费用定额比较准确，有一定的稳定性，而且各月末在产品数量比较稳定的产品。

定额成本计价法的计算公式如下：

月末在产品定额直接材料成本＝月末在产品数量×单位在产品定额直接材料成本

月末在产品定额直接人工成本＝月末在产品数量×单位在产品定额工时×每小时定额直接人工成本

月末在产品定额制造费用＝月末在产品数量×单位在产品定额工时×每小时定额制造费用

月末在产品定额燃料及动力费用＝月末在产品数量×单位在产品定额工时×每小时定额燃料及动力费用

上述各成本项目月末在产品定额成本之和即为当月月末在产品定额成本。计算公式如下：

完工产品总成本＝月初在产品成本＋本月发生生产费用－月末在产品定额成本

产品单位成本＝产成品总成本÷产成品产量

定额成本计价法

【做中学 5-8】龙达公司 2022 年 12 月生产 E 产品，完工产品 300 件，月末在产品 100 件，原材料在生产开始时一次投入，月末在产品单位定额成本为直接材料 190 元、燃料和动力 5 元、直接人工 35 元、制造费用 25 元，月初在产品成本直接材料共 15 200 元、燃料和动力共 400 元、直接人工共 2 800 元、制造费用共 2 000 元，本期发生生产费用直接材料61 120元、燃料和动力3 160元、直接人工19 950元、制造费用17 280元。采用定额成本法计算完工产品和月末在产品成本。

计算如下(计算结果保留两位小数)：

月末在产品材料定额成本＝100×190＝19 000(元)

月末在产品燃料和动力定额成本＝100×5＝500(元)

月末在产品直接人工定额成本＝100×35＝3 500(元)

月末在产品制造费用的定额成本＝100×25＝2 500(元)

月末在产品的总成本＝19 000＋500＋3 500＋2 500＝25 500(元)

完工产品的总成本＝(15 200＋400＋2 800＋2 000)＋(61 120＋3 160＋19 950＋17 280)－25 500＝96 410(元)

单位成本＝96 410÷300＝321.37(元/件)

### (七) 定额比例法

采用定额比例法是将生产费用按照完工产品与月末在产品之间的定额消耗量或定额成本比例进行分配。分配各项费用时，直接材料费用通常以定额消耗量或定额成本作为分配标准，而直接人工等加工费用，通常是以定额工时与每小时定额成本之乘积计算定额成本，因而对于各项加工费用，既可以定额成本作为分配标准，也可以定额工时作为分配标准，以后者居多。定额比例法适用于定额管理基础较好，定额消耗量或定额成本等资料较准确、稳定，而且各月在产品数量不稳定的产品。

定额比例法

定额比例法计算公式如下(以按定额成本比例分配为例)：

$$\text{直接材料费用分配率}=\left(\begin{array}{c}\text{月初在产品实际}\\ \text{直接材料成本}\end{array}+\begin{array}{c}\text{本月发生直接}\\ \text{材料成本}\end{array}\right)\div\left(\begin{array}{c}\text{完工产品定额}\\ \text{直接材料成本}\end{array}+\begin{array}{c}\text{月末在产品定额}\\ \text{直接材料成本}\end{array}\right)$$

完工产品应分配的直接材料成本＝完工产品定额直接材料成本×直接材料费用分配率

月末在产品应分配的直接材料成本＝月末在产品定额直接材料成本×直接材料成本分配率

$$\text{工资(费用)分配率}=\left[\begin{array}{c}\text{月初在产品实际}\\ \text{工资(费用)}\end{array}+\begin{array}{c}\text{本月发生的实际}\\ \text{工资(费用)}\end{array}\right]\div\left(\begin{array}{c}\text{完工产品}\\ \text{定额工时}\end{array}+\begin{array}{c}\text{月末在产品}\\ \text{定额工时}\end{array}\right)$$

完工产品应分配的工资(费用)＝完工产品定额工时×工资(费用)分配率

月末在产品应分配的工资(费用)＝月末在产品定额工时×工资(费用)分配率

【做中学5-9】龙达公司生产的A产品，其定额资料如表5-21所示。

表5-21 定额资料

| 项目 | 月末在产品 | 完工产品 |
| --- | --- | --- |
| 定额材料费用(元) | 20 000 | 95 000 |
| 定额工时(小时) | 1 300 | 12 050 |

本月的生产费用如下：月初在产品原材料费用23 500元，直接人工费用8 980元，制造费用11 200元；本月发生的费用是：原材料费用130 000元，直接人工费用41 770元，制造费用31 520元。

按定额比例法计算完工产品和月末在产品成本如下：
（1）计算各项费用分配率：
直接材料分配率＝(23 500＋130 000)÷(95 000＋20 000)＝1.334 8
直接人工分配率＝(8 980＋41 770)÷(12 050＋1 300)＝3.801 5(元/小时)
制造费用分配率＝(11 200＋31 520)÷(12 050＋1 300)＝3.2(元/小时)
（2）分成本项目计算完工产品和在产品成本：
完工产品负担直接材料成本＝95 000×1.334 8＝126 806(元)
月末在产品负担直接材料成本＝20 000×1.334 8＝26 696(元)
完工产品负担直接人工成本＝12 050×3.801 5＝45 808.08(元)
月末在产品负担直接人工成本＝1 300×3.801 5＝4 941.95(元)
完工产品负担制造费用＝12 050×3.2＝38 560(元)
月末在产品负担制造费用＝1 300×3.2＝4 160(元)
完工产品总成本＝126 806＋45 808.08＋38 560＝211 174.08(元)
月末在产品总成本＝26 696＋4 941.95＋4 160＝35 797.95(元)

## 三、完工产品成本的结转

【工作实例5-4】沿用【工作实例5-2】【工作实例5-3】的资料。
要求：编制完工产品成本汇总表并进行账务处理。
操作步骤如下：
第一步：编制完工产品成本汇总表，如表5-22所示。

表5-22 完工产品成本汇总表

2022年8月31日　　　　　　　　　　　　　　　　　　　金额单位：元

完工产品成本的结转

| 产品名称 | 成本 | 成本项目 | | | | 合计 |
|---|---|---|---|---|---|---|
| | | 直接材料 | 燃料及动力 | 直接人工 | 制造费用 | |
| 甲产品 (500件) | 总成本 | 700 790 | 20 385 | 16 875 | 12 720 | 750 770 |
| | 单位成本 | 1 401.58 | 40.77 | 33.75 | 25.44 | 1 501.54 |
| 乙产品 (400件) | 总成本 | 463 732 | 12 548 | 19 564 | 9 388 | 505 232 |
| | 单位成本 | 1 159.33 | 31.37 | 48.91 | 23.47 | 1 263.08 |

第二步：成本核算员审核仓库转来的产成品入库单，如表5-23所示。

表5-23 产成品入库单

入库部门：基本生产车间　　　　2022年8月31日　　　　　　　金额单位：元

| 类别 | 编号 | 名称及规格 | 计量单位 | 实收数量 | 单位成本 | 总成本 |
|---|---|---|---|---|---|---|
| | | 甲产品 | 件 | 500 | 1 501.54 | 750 770 |
| | | 乙产品 | 件 | 400 | 1 263.08 | 505 232 |
| | 合 计 | | — | — | — | 1 256 002 |

制表：张宇　　　　　　　保管：王芳　　　　　　　检验：李萍

产成品入库单一式三联,一联产成品库存单,一联交基本生产车间,一联交财务部。

**第三步:填制结转完工入库产品成本记账凭证,如表 5-24 所示。**

表 5-24　记 账 凭 证

2022 年 8 月 31 日　　　　　　　　　　　　　　　　记字第 0503 号

| 摘要 | 总账科目 | 明细科目 | 借方金额 | 贷方金额 | 记账 |
|---|---|---|---|---|---|
| 结转完工入库产品成本 | 库存商品 | 甲产品 | 750 770 | | |
| | | 乙产品 | 505 232 | | |
| | 基本生产成本 | 甲产品 | | 750 770 | |
| | | 乙产品 | | 505 232 | |
| 合计 | | | 1 256 002 | 1 256 002 | |

财务主管:王海　　　　记账:陈静　　　　出纳:　　　　审核:吴明　　　　制单:于丹丹

 任务实施

任务实施视频

### 一、活动思考

问题:完工产品如何进行结转?

_____
_____

### 二、活动提升

成语道:"未雨绸缪。"根据这个成语,在完成工作任务时,你主要考虑哪些因素?

### 三、活动实施

活动实施情况如表 5-25 所示。

表 5-25　活动实施情况

| 活动步骤 | 活动要求 | 活动安排 | 活动记录 |
|---|---|---|---|
| 步骤 1<br>职业沟通练习 | 在实际工作中,成本会计人员要具备扎实的专业能力,也要有良好的沟通能力等。以小组为单位分配角色,通过角色扮演、小组讨论,练习人与人之间的沟通能力 | 具体活动 1:角色选择 | 附表 5-1 |
| | | 具体活动 2:角色扮演 | 附表 5-1 |
| | | 具体活动 3:模拟评价 | 附表 5-2 |
| 步骤 2<br>知识准备 | 产品成本的归集 | 学习微课 | 梳理知识点 |

(续表)

| 活动步骤 | 活动要求 | 活动安排 | 活动记录 |
|---|---|---|---|
| 步骤3<br>完工产品汇总表 | 填制产品成本汇总表 | 实训平台 | 附表5-3 |

附表5-1　工作记录单

| 角色 | 学生姓名 | 沟通内容等 |
|---|---|---|
| 成本会计 | | |
| 财务经理 | | |
| 生产部 | | |
| 组长签字： | | |

附表5-2　模拟评价表

| 组号 | 参加展示人数 | 评价 | | 小组排序 |
|---|---|---|---|---|
| | | 语言表达最好的学生 | 模拟最好的学生 | |
| | | | | |
| | | | | |
| | | | | |
| | | | | |
| | | | | |

附表5-3　产品成本汇总表

2022年1月31日　　　　　　　　　　　　　　　　　　金额单位：元

| 项目 | 单人床单 | 双人床单 | 合计 |
|---|---|---|---|
| 直接材料 | | | |
| 直接人工 | | | |
| 制造费用 | | | |
| 总成本 | | | |
| 完工产量 | | | |
| 单位成本 | | | |

审核：　　　　　　　　　　　制单：

任务评价

任务评价表如表5-26所示。

表5-26  任务评价表

| 一级指标 | 二级指标 | 评价内容 | 分值 | 自评 | 互评 | 教师 | 企业导师 |
|---|---|---|---|---|---|---|---|
| 职业能力<br>（30分） | 思维能力 | 能够从不同的角度提出问题，分析问题并解决问题 | 1 | | | | |
| | 自学能力 | 能够通过自己已有的知识经验来独立地获取新的知识和信息 | 2 | | | | |
| | 实践操作能力 | 能够根据自己获取的知识正确地完成工作任务 | 10 | | | | |
| | 创新能力 | 在小组讨论中能够与他人交流自己的想法，敢于标新立异 | 5 | | | | |
| | | 能够跳出固有的知识，提出自己的见解，培养自己的创新性 | 5 | | | | |
| | 表达能力 | 能够正确地组织和撰写分析报告等 | 5 | | | | |
| | 合作能力 | 能够为小组提供信息、质疑、归类和总结，提出方法，阐明观点 | 2 | | | | |
| 学习策略<br>（20分） | 学习方法 | 根据本次任务实际情况对自己的学习方法进行调整 | 10 | | | | |
| | 自我调控 | 能够根据本次任务正确地使用学习方法 | 4 | | | | |
| | | 能够利用学习资源等正确地整合各种学习方法 | 6 | | | | |
| 职业标准<br>（50分） | 职业岗位能力 | 回收并审核仓储部当日打印的材料出库单，登记异常情况 | 20 | | | | |
| | | 审核仓储部产成品入库单录入情况，登记异常情况表，并及时与仓储部和调试部沟通解决；月末，向调试部提交当月产成品入库明细表 | 30 | | | | |

任务总结

学生根据任务评价表填写，总结三维目标的达成度，如表5-27所示。

表 5-27　任务总结

| 项目 | | 总结 |
|---|---|---|
| 素质提升 | 提升 | |
| | 欠缺 | |
| 知识掌握 | 掌握 | |
| | 欠缺 | |
| 能力达成 | 达成 | |
| | 欠缺 | |
| 改进措施 | | |

任务拓展

投料率和完
工率的区别

任务二　产品成本的计算（品种法）

任务情境

任务要求

计算产品成本。

 **任务准备**

## 一、品种法的概念及特点

### （一）品种法的概念

品种法亦称产品成本计算的品种法，是以产品的品种作为成本计算对象用以归集生产费用并计算产品成本的一种方法。品种法是产品成本计算基本方法中最基本的方法。采用这种方法，既不要求按照产品批别计算成本，也不要求按照产品生产步骤计算成本，而只要求按照产品的品种计算产品成本。

### （二）品种法的特点

在品种法下，以产品的品种作为成本计算对象，开设成本计算单。如果企业只生产一种产品，只需要设置一张成本计算单，按成本项目分设专栏，所发生的一切生产费用都是直接费用，可直接归集进入该产品成本计算单中。如果企业生产多种产品，就需要按照每种产品分别设置成本计算单，发生的直接费用要直接计入各有关成本计算单，间接费用则另行归集，然后采用适当的方法分配计入各成本计算单中有关项目。在品种法下，成本计算每月定期进行。月末，如果没有在产品，或者在产品数量极少，可以不计算在产品成本，成本计算单中归集的所有费用就是完工产品的总成本；如果在产品数量较多，则需将成本计算单归集的产品费用采用一定的方法在完工产品和月末在产品之间进行分配，以确定完工产品的总成本、单位成本和在产品成本。

品种法主要适用于大量、大批单步骤生产的企业，如发电、供水、采掘等企业；在大量、大批多步骤生产的企业中，如果企业生产规模较小，而且成本管理上又不要求提供各步骤的成本资料，则也可以采用品种法计算产品成本，如小型水泥厂、造纸厂、砖瓦厂等；另外，企业的辅助生产（如供水、供电、供气等）车间也可以采用品种法计算其劳务的成本。

品种法具有以下几个特点：

（1）成本计算对象是产品品种。品种法以产品品种作为成本计算对象，并据以设置产品成本明细账归集生产费用和计算产品成本。如果企业生产的产品不止一种，就需要以每一种产品作为成本计算对象，分别设置产品成本明细账。

（2）成本计算期与会计报告期一致。由于大量、大批的生产是不间断的连续生产，无法按照产品的生产周期来归集生产费用，计算产品成本，因而只能定期按月计算产品成本，从而将本月的销售收入与产品生产成本配比，计算本期损益。因此，产品成本是定期按月计算的，与报告期一致，与产品生产周期不一致。

（3）月末需要根据生产特点将成本在完工产品和在产品之间分配或不分配。如果是大量、大批的单步骤生产采用品种法计算产品成本，由于简单生产是一个生产步骤就完成了整个生产过程，月末一般没有在产品，则计算产品成本时不需要将生产费用在完工产品和在产品之间进行分配；如果是管理上不要求分步骤计算产品成本的大量、大批的复杂生产采用品种法计算产品成本，由于复杂生产是需要经过多个生产步骤的生产，月末一般生产线上都会有在产品，则计算产品成本时就需要将生产费用在完工产品和在产品之间进行分配。

## 二、品种法的计算

品种法可分为简单品种法和典型品种法。其计算程序分别如图 5-1、图 5-2 所示。

品种法的计算

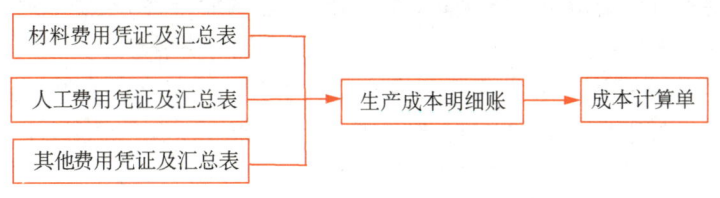

图 5-1 简单品种法的计算程序图

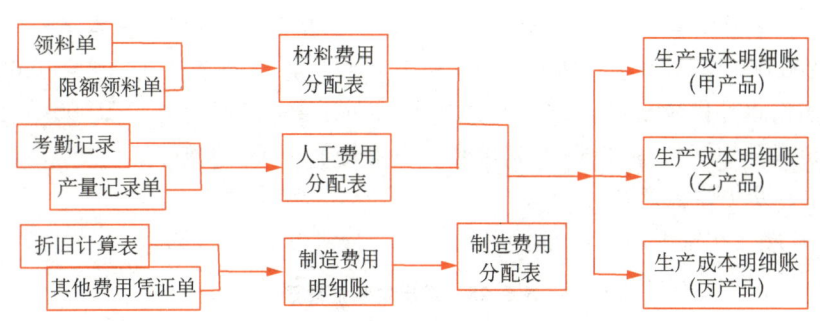

图 5-2 典型品种法的计算程序图

品种法的计算及账务处理程序如下：

**第一步**：设置有关成本费用明细账和成本计算单。按产品品种开设基本生产明细账，按成本项目设专栏。按品种法进行成本核算处理程序的第一步就是根据产品品种开设基本生产成本明细账或成本计算单，设立成本项目，登记期初余额，便于之后对各种产品的生产成本进行归集和分配核算。根据辅助车间开设辅助生产成本明细账，便于对辅助费用进行归集和分配核算。开设制造费用明细账，便于对制造费用进行归集和分配核算。开设管理费用等明细账，便于对其他费用进行核算。以上相关明细账由企业相关成本会计人员开设。

**第二步**：编制要素费用的分配表并编制会计分录。根据当期发生的各项支出，处理各项要素费用，归集和分配本月发生的各项费用并进行相应的会计处理，包括材料费用、人工费用等各项要素费用的归集与分配。

**第三步**：登记有关基本生产成本明细账、辅助生产成本明细账和制造费用明细账。

**第四步**：分配辅助生产费用。

**第五步**：分配制造费用。

**第六步**：分配完工产品和在产品的生产费用，并编制产品成本计算单。

**第七步**：结转完工产品成本，编制结转完工产品成本汇总表，编制完工产品入库会计分录、记账凭证，并据以登记基本生产明细账。

**第八步**：根据相关记账凭证登记管理费用等其他费用明细账，并进行期末结转。

## 三、品种法的计算案例

**【工作实例5-5】** 龙达公司是一个单步骤、大批量生产的中型企业,设有一个基本生产车间和供电、供气两个辅助生产车间,大量生产甲、乙两种产品,根据生产特点和管理要求,采用品种法计算产品成本。2022年7月有关成本计算资料如下:

(1) 月初在产品成本。甲产品月初在产品成本为40 008元,其中:直接材料成本为20 400元,直接人工成本为12 320元,制造费用为7 288元;乙产品没有月初在产品。

(2) 本月生产数量。基本生产车间甲产品本月实际生产工时为40 500小时,本月完工800件,月末在产品有400件,在产品原材料已全部投入,加工程度为50%。乙产品本月实际生产工时为27 000小时,本月完工500件,月末没有在产品。

供电车间本月供电306 000度,其中:供气车间消耗了30 000度,基本生产车间产品生产消耗了200 000度,基本生产车间一般消耗为10 000度,厂部管理部门消耗了66 000度。

供气车间本月供应水蒸气14 500立方米,其中:供电车间消耗了1 000立方米,基本生产车间消耗了10 000立方米,厂部管理部门消耗了3 500立方米。

(3) 本月发生的生产费用。

① 本月发出材料汇总表,如表5-28所示。

表5-28 发出材料汇总表

材料类别:原材料　　　　　　　　　2022年7月　　　　　　　　　　　　单位:元

| 领料用途 | 直接领用 | 共同耗用 | 耗料合计 |
|---|---|---|---|
| 产品生产直接耗用 | 300 000 | 60 000 | 360 000 |
| 甲产品 | 200 000 | | |
| 乙产品 | 100 000 | | |
| 基本生产车间一般消耗 | 4 000 | | 4 000 |
| 供电车间耗用 | 62 000 | | 62 000 |
| 供气车间耗用 | 10 000 | | 10 000 |
| 厂部管理部门耗用 | 6 000 | | 6 000 |
| 合计 | 382 000 | 60 000 | 442 000 |

② 本月应付工资及计提福利费汇总表,如5-29所示。

表5-29 应付工资及计提福利费汇总表

2022年7月　　　　　　　　　　　　单位:元

| 人员类别 | 应付工资总额 | 计提福利费 |
|---|---|---|
| 产品生产工人 | 270 000 | 37 800 |
| 供电车间人员 | 10 000 | 1 400 |
| 供气车间人员 | 12 000 | 1 680 |
| 基本生产车间管理人员 | 8 000 | 1 120 |

(续表)

| 人员类别 | 应付工资总额 | 计提福利费 |
|---|---|---|
| 厂部管理人员 | 30 000 | 4 200 |
| 合计 | 330 000 | 46 200 |

③ 本月应提折旧费49 000元,其中:基本生产车间为30 000元,供电车间为6 000元,供气车间为5 000元,厂部管理部门为8 000元。

④ 当月发生修理费5 000元,其中:基本生产车间为2 000元,供电车间为1 200元,供气车间为800元,厂部管理部门为1 000元。

⑤ 本月以现金支付6 398元,其中:基本生产车间办公费为1 400元,供电车间办公费为400元,供气车间办公费为200元,修理费为800元,厂部管理部门办公费为600元,差旅费为2 600元。增值税专用发票如图5-3所示,办公用品领用表和差旅费报销单分别如表5-30、表5-31所示,收款收据如图5-4所示。

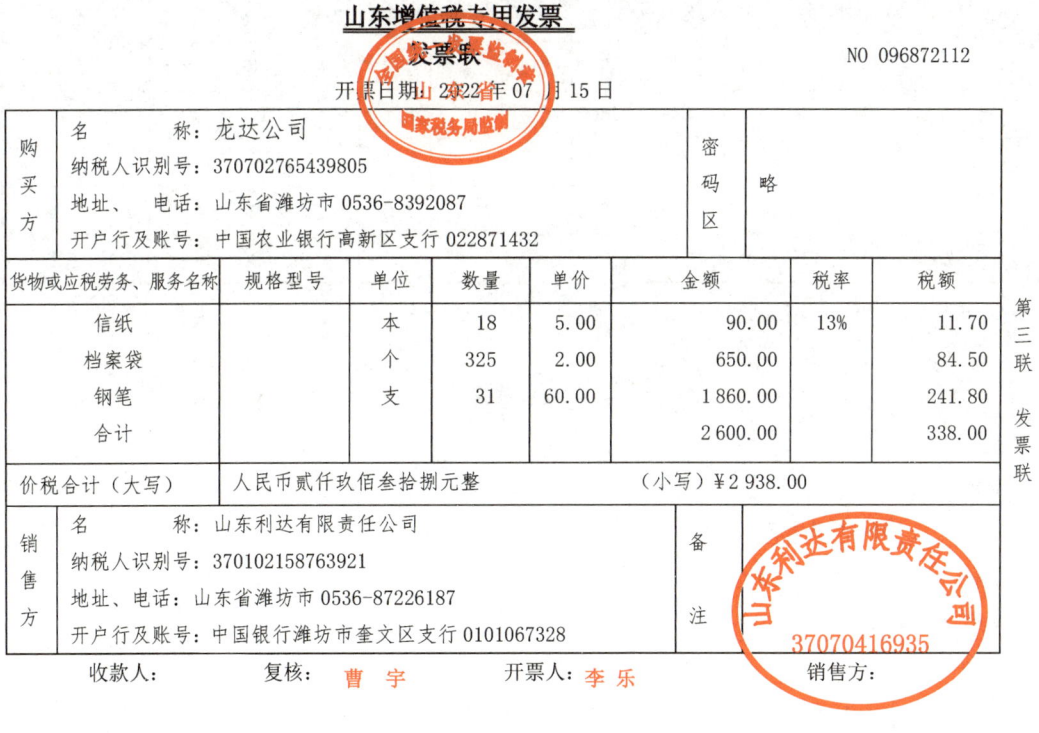

图5-3 增值税专用发票

表5-30 办公用品领用表

2022年7月16日

| 领用车间和部门 | 领发数量 | | | 金额(元) |
|---|---|---|---|---|
| | 信纸(本) | 档案袋(个) | 钢笔(支) | |
| 基本生产车间 | 4 | 90 | 20 | 1 400 |

(续表)

| 领用车间和部门 | 领发数量 | | | 金额（元） |
|---|---|---|---|---|
| | 信纸（本） | 档案袋（个） | 钢笔（支） | |
| 供电车间 | 4 | 100 | 3 | 400 |
| 供气车间 | 2 | 35 | 2 | 200 |
| 厂部管理部门 | 8 | 100 | 6 | 600 |
| 合计 | 18 | 325 | 31 | 2 600 |

审核：　　　　　　　　　　　　　　　制表：

**表 5-31　差旅费报销单**

2022 年 7 月 17 日填报　　　　　　　　　　　　　第___页 共___页

| 姓名 | 孙军　王志 | | | 出差事由 | | | 采购 | | | | | |
|---|---|---|---|---|---|---|---|---|---|---|---|---|
| 起止时间及地址 | | | | | 车船费 | 通乘 | 在途补助 | | 住勤补助 | | 住宿费 | 其他 |
| 月 | 日 | 起点 | 月 | 日 | 终点 | 金额 | 金额 | 天数 | 金额 | 天数 | 金额 | 金额 | 摘要 | 金额 |
| 6 | 24 | 潍坊 | 6 | 25 | 上海 | 600 | | 3 | 90 | 4 | 80 | | |
| 6 | 30 | 上海 | 7 | 1 | 潍坊 | 600 | | | | | | | |
| | | | | | | | | | | | | 800 | | 430 |
| 小计 | | | | | | 1 200 | | | 90 | | 80 | 800 | | 430 |
| 合计人民币（大写）：贰仟陆百元整 | | | | | | | | | 预支 2 600　核销 2 600　退 0 | | | | | |

主管：　　　　会计：　　　　出纳：　　　　审核：　　　　出差人：孙军　王志

**收款收据**

2022 年 7 月 18 日

今收到：龙达公司

人民币（大写）：捌百元整　　　　￥800.00

系付：供气车间设备维修费

备注：现金收讫

收款单位：　　　　　　　　　　收款人：

图 5-4　收款收据

⑥ 本月以银行存款支付的费用为 71 000 元，其中：基本生产车间水费为 2 000 元，办公费 1 000 元，供电车间水费为 40 000 元，供气车间水费为 20 000 元，办公费为 800 元，修理费为 1 200 元，厂部管理部门办公费为 1 800 元，广告费为 4 000 元，招待费为 200 元。用水量记录如表 5-32 所示，办公用品领用表如表 5-33 所示，转账支票存根等票据如图 5-5 至图 5-11 所示。

**表 5-32　用水量记录**

2022 年 7 月 19 日

| 使用部门 | 水费(元) | 用水量(吨) |
|---|---|---|
| 基本生产车间 | 2 000 | 800 |
| 供电车间 | 40 000 | 16 000 |
| 供气车间 | 20 000 | 8 000 |
| 合计 | 62 000 | 24 800 |

记录员：

中国工商银行转账支票存根

支票号码：2288686

科目：

对方科目：

签发日期：2022 年 7 月 20 日

| 收款人：潍坊市第三水厂 |
|---|
| 金　额：人民币 62 000 元 |
| 用途或预算科目或<br>现金出纳计划项目：付水费 |
| 备　注： |

单位主管：　　　会计：　　　复核：　　　记账：

图 5-5　转账支票存根

收款收据（第二联　交款单位）

2022 年 7 月 20 日　　　　字第　　号

| 今收到： |
|---|
| 人民币（大写）：壹仟贰佰元整　　　　￥1 200.00 |
| 系付： |
| 备注：转账收讫章 |

出纳：　　　　　制单：　　　　　单位盖章：

图 5-6　收款收据

中国工商银行转账支票存根

支票号码：2288687

科目：

对方科目：

签发日期：2022 年　7 月　20　日

| 收款单位（或收款人）名称：潍坊市大振修理公司 |
|---|
| 金　额：￥1 200.00 |
| 用途或预算科目或<br>现金出纳计划项目：付修理费 |
| 备　注： |

单位主管：　　　会计：　　　复核：　　　记账：

图 5-7　转账支票存根

**中国工商银行转账支票存根**

支票号码：2288688

科目：

对方科目：

签发日期：2022 年 7 月 22 日

| 收款单位（或收款人）名称：潍坊市明月酒店 |
| --- |
| 金　额：¥200.00 |
| 用途或预算科目或 |
| 现金出纳计划项目：付招待费 |
| 备注： |

单位主管：　　会计：　　复核：　　记账：

图 5-8　转账支票存根

**收款收据（第二联　交款单位）**

2022 年 7 月 22 日　　　字第　　号

| 今收到： |
| --- |
| 人民币（大写）：贰佰元整　　　　　　¥200.00 |
| 系付：招待费 |
| 备注：转账收讫章 |

出纳：　　　　制单：　　　　单位盖章：

图 5-9　收款收据

**中国工商银行转账支票存根**

支票号码：5163629

科目：

对方科目：

签发日期：2022 年 7 月 24 日

| 收款单位(或收款人)名称：济南市广告实业公司 |
| --- |
| 金　额：¥4 000.00 |
| 用途或预算科目或 |
| 现金出纳计划项目：付广告费 |
| 备注： |

单位主管：　　会计：　　复核：　　记账：

图 5-10　转账支票存根

表 5-33　办公用品领用表
2022 年 7 月 26 日

| 领用车间和部门 | 领发数量 | | | | 金额(元) |
| --- | --- | --- | --- | --- | --- |
|  | 计算器(个) | 水壶(个) | 办公桌(张) | 稿纸(本) |  |
| 基本生产车间 | 4 | 2 | 1 | 50 | 1 000 |
| 供气车间 | 3 | 1 | 1 | 41 | 800 |
| 厂部管理部门 | 5 | 2 | 4 | 66 | 1 800 |
| 合计 | 12 | 5 | 6 | 157 | 3 600 |

审核：　　　　　　　　　　　　制表：

**中国工商银行转账支票**

出票日期：贰零贰零年柒月贰拾陆日　　票码：2288689

收款人：秀山市百货用品公司　　开户行名称：解放路办事处

签发人账号：286-54024-058

人民币大写：叁仟陆佰元整

| 金额 | | | | | | | |
|---|---|---|---|---|---|---|---|
| 十 | 万 | 千 | 百 | 十 | 元 | 角 | 分 |
| | ¥ | 3 | 6 | 0 | 0 | 0 | 0 |

用途：购办公用品　　科目（付）：

上述款项请从我账户内支付（签发人盖章）　对方科目（收）：

转账日期　年　月　日　　复核：　记账：

图 5-11　转账支票

要求：计算各项相关成本，填制记账凭证，登记各类明细账。

操作步骤如下：

**第一步：开设下列明细账或成本计算单。**

（1）甲、乙产品成本计算单。

（2）开设供电车间、供气车间生产成本明细账。

（3）开设基本生产车间制造费用明细账和管理费用明细账。

（4）其他总账和明细账。

供电车间和供气车间发生的制造费用，分别记入各自的生产成本明细账，不通过"制造费用"账户。

**第二步：编制要素费用的分配表并编制会计分录。**

根据当期发生的各项支出，处理各项要素费用，归集和分配本月发生的各项费用并进行相应的会计处理，包括材料费用、人工费用等各项要素费用的归集与分配。

（1）根据甲、乙两种产品直接耗用原材料的比例分配共同用料，根据发出材料汇总表（见表5-28）和材料费用分配结果编制材料费用分配汇总表（见表5-34），编制会计分录并记入有关账户。

表 5-34　龙达公司原材料费用分配汇总表

2022 年 7 月 31 日　　　　　　　　　　　　金额单位：元

| 应借账户 | | | 成本费用项目 | 直接计入费用 | 间接计入费用 | | | 合计 |
|---|---|---|---|---|---|---|---|---|
| 总账 | 二级账 | 明细账 | | | 标准 | 分配率 | 金额 | |
| 生产成本 | 基本生产成本 | 甲产品 | 直接材料 | 200 000 | 200 000 | 0.2 | 40 000 | 240 000 |
| | | 乙产品 | 直接材料 | 100 000 | 100 000 | 0.2 | 20 000 | 120 000 |
| | | 小计 | | 300 000 | 300 000 | | 60 000 | 360 000 |
| | 辅助生产成本 | 供电车间 | 材料费 | 62 000 | | | | |
| | | 供气车间 | 材料费 | 10 000 | | | | |
| | | 小计 | | 72 000 | | | | 72 000 |

(续表)

| 应借账户 | | | 成本费用项目 | 直接计入费用 | 间接计入费用 | | | 合计 |
|---|---|---|---|---|---|---|---|---|
| 总账 | 二级账 | 明细账 | | | 标准 | 分配率 | 金额 | |
| 制造费用 | | | | 4 000 | | | | 4 000 |
| 管理费用 | | | | 6 000 | | | | 6 000 |
| | | 合计 | | 382 000 | | | 60 000 | 442 000 |

主管:冯东　　　　　　　　　　　　　审批:陈楠　　　　　　　　　　　　　制单:吴晓明

共同耗用材料分配率＝60 000÷(200 000＋100 000)＝0.2
甲产品应分配的共同用料＝200 000×0.2＝40 000(元)
乙产品应分配的共同用料＝100 000×0.2＝20 000(元)
编制会计分录如下：

借：基本生产成本——甲产品　　　　　　　　　　　　　　　　　240 000
　　　　　　　　——乙产品　　　　　　　　　　　　　　　　　120 000
　　辅助生产成本——供电车间　　　　　　　　　　　　　　　　62 000
　　　　　　　　——供气车间　　　　　　　　　　　　　　　　10 000
　　制造费用——材料费　　　　　　　　　　　　　　　　　　　4 000
　　管理费用——材料费　　　　　　　　　　　　　　　　　　　6 000
　　贷：原材料　　　　　　　　　　　　　　　　　　　　　　　442 000

编制记账凭证,如表5-35所示。

表5-35　记账凭证

2022年7月31日　　　　　　　　　　　　　　　　　　　　　　　记字第25号

| 摘要 | 总账科目 | 明细科目 | 借方金额 | 贷方金额 | 记账 |
|---|---|---|---|---|---|
| 领用材料 | 基本生产成本 | 甲产品 | 240 000 | | |
| | | 乙产品 | 120 000 | | |
| | 辅助生产成本 | 供电车间 | 62 000 | | |
| | | 供气车间 | 10 000 | | |
| | 制造费用 | 基本车间 | 4 000 | | |
| | 管理费用 | | 6 000 | | |
| | 原材料 | | | 442 000 | |
| 合计 | | | 442 000 | 442 000 | |

财务主管：　　　　记账：　　　　出纳：　　　　审核：　　　　制单：

（2）根据甲、乙两种产品的实际生产工时分配产品生产工人工资和福利费,根据应付工资及计提福利费汇总表(见表5-29)、人工费用分配表(见表5-36)和直接人工费用分配表(见表5-37)编制会计分录并记入有关账户。

**表 5-36　人工费用分配表**

2022 年 7 月 31 日　　　　　　　　　　　　　　　　　　　金额单位:元

| 应借账户 | | | 成本费用项目 | 直接工资费用 | 间接工资费用 | | | 工资 | 福利费 | 合计 |
|---|---|---|---|---|---|---|---|---|---|---|
| 总账 | 二级账 | 明细账 | | | 工时 | 分配率 | 金额 | | | |
| 生产成本 | 基本生产成本 | 甲产品 | 直接人工 | | 40 500 | 4 | 162 000 | 162 000 | 22 680 | 184 680 |
| | | 乙产品 | 直接人工 | | 27 000 | 4 | 108 000 | 108 000 | 15 120 | 123 120 |
| | | 小计 | | | 67 500 | | 270 000 | 270 000 | 37 800 | 307 800 |
| | 辅助生产成本 | 供电车间 | 直接人工 | 10 000 | | | | 10 000 | 1 400 | 11 400 |
| | | 供气车间 | 直接人工 | 12 000 | | | | 12 000 | 1 680 | 13 680 |
| | | 小　计 | | 22 000 | | | | 22 000 | 3 080 | 25 080 |
| 管理费用 | | | | 30 000 | | | | 30 000 | 4 200 | 34 200 |
| 制造费用 | | | | 8 000 | | | | 8 000 | 1 120 | 9 120 |
| 合计 | | | | | | | 330 000 | 46 200 | 376 200 |

主管:冯雪　　　　　　　　　审批:陈佳　　　　　　　　　制单:吴晓明

**表 5-37　直接人工费用分配表**

2022 年 7 月　　　　　　　　　　　　　　　　　　　金额单位:元

| 产品 | 生产工时（小时） | 工资分配 | | 福利费分配 | |
|---|---|---|---|---|---|
| | | 分配率（元/小时） | 分配金额 | 分配率（元/小时） | 分配金额 |
| 甲产品 | 40 500 | 4 | 162 000 | 0.56 | 22 680 |
| 乙产品 | 27 000 | 4 | 108 000 | 0.56 | 15 120 |
| 合计 | 67 500 | | 270 000 | | 37 800 |

编制会计分录如下:

借:基本生产成本——甲产品　　　　　　　　　　　　　184 680
　　　　　　　　——乙产品　　　　　　　　　　　　　123 120
　　辅助生产成本——供电车间　　　　　　　　　　　　 11 400
　　　　　　　　——供气车间　　　　　　　　　　　　 13 680
　　制造费用——人工费　　　　　　　　　　　　　　　　9 120
　　管理费用——人工费　　　　　　　　　　　　　　　 34 200
　　贷:应付职工薪酬——工资　　　　　　　　　　　　330 000
　　　　　　　　　——福利费　　　　　　　　　　　　 46 200

编制记账凭证,如表 5-38 所示。

### 表 5-38 记 账 凭 证

2022 年 7 月 31 日                    记字第 26 号

| 摘要 | 总账科目 | 明细科目 | 借方金额 | 贷方金额 | 记账 |
|---|---|---|---|---|---|
| 分配人工费 | 基本生产成本 | 甲产品 | 184 680 | | |
| | | 乙产品 | 123 120 | | |
| | 辅助生产成本 | 供电车间 | 11 400 | | |
| | | 供气车间 | 13 680 | | |
| | 制造费用 | 基本车间 | 9 120 | | |
| | 管理费用 | | 34 200 | | |
| | 应付职工薪酬 | 工资 | | 330 000 | |
| | | 福利费 | | 46 200 | |
| 合计 | | | 376 200 | 376 200 | |

财务主管：   记账：   出纳：   审核：   制单：

(3) 编制计提本月折旧的会计分录并记入表 5-39 有关账户。

  借：制造费用——折旧费                 30 000
    辅助生产成本——供电车间——折旧费       6 000
         ——供气车间——折旧费       5 000
    管理费用——折旧费                 8 000
  贷：累计折旧                      49 000

### 表 5-39 记 账 凭 证

2022 年 7 月 31 日                    记字第 27 号

| 摘要 | 总账科目 | 明细科目 | 借方金额 | 贷方金额 | 记账 |
|---|---|---|---|---|---|
| 分配折旧费 | 制造费用 | | 30 000 | | |
| | 辅助生产成本 | 供电车间 | 6 000 | | |
| | | 供气车间 | 5 000 | | |
| | 管理费用 | | 8 000 | | |
| | 累计折旧 | | | 49 000 | |
| 合计 | | | 49 000 | 49 000 | |

财务主管：   记账：   出纳：   审核：   制单：

(4) 编制本月分摊修理费的会计分录并记入表 5-40 有关账户。

  借：制造费用——修理费                 2 000
    辅助生产成本——供电车间——修理费       1 200
         ——供气车间——修理费        800
    管理费用——修理费                 1 000
  贷：长期待摊费用                    5 000

**表 5-40　记 账 凭 证**

2022 年 7 月 31 日　　　　　　　　　　　　　　　　　　　记字第 28 号

| 摘要 | 总账科目 | 明细科目 | 借方金额 | 贷方金额 | 记账 |
|---|---|---|---|---|---|
| 分配修理费 | 制造费用 |  | 2 000 |  |  |
|  | 辅助生产成本 | 供电车间 | 1 200 |  |  |
|  |  | 供气车间 | 800 |  |  |
|  | 管理费用 |  | 1 000 |  |  |
|  | 长期待摊费用 |  |  | 5 000 |  |
| 合计 |  |  | 5 000 | 5 000 |  |

财务主管：　　　　　　记账：　　　　　　出纳：　　　　　　审核：　　　　　　制单：

（5）编制本月以现金支付费用的会计分录并记入表 5-41 有关账户。

借：制造费用——办公费　　　　　　　　　　　　　　　　　　1 400
　　辅助生产成本——供电车间——办公费　　　　　　　　　　 400
　　　　　　　　——供气车间——办公费　　　　　　　　　　 200
　　　　　　　　——供气车间——修理费　　　　　　　　　　 800
　　管理费用——办公费　　　　　　　　　　　　　　　　　　  600
　　　　　——差旅费　　　　　　　　　　　　　　　　　　  2 600
　　贷：库存现金　　　　　　　　　　　　　　　　　　　　　6 000

**表 5-41　记 账 凭 证**

2022 年 7 月 31 日　　　　　　　　　　　　　　　　　　　记字第 29 号

| 摘要 | 总账科目 | 明细科目 | 借方金额 | 贷方金额 | 记账 |
|---|---|---|---|---|---|
| 分配办公费 | 制造费用 | 办公费 | 1 400 |  |  |
|  | 辅助生产成本 | 供电车间 | 400 |  |  |
|  |  | 供气车间 | 200 |  |  |
| 分配修理费 | 辅助生产成本 | 供气车间 | 800 |  |  |
| 分配办公费 | 管理费用 | 办公费 | 600 |  |  |
| 分配差旅费 | 管理费用 | 差旅费 | 2 600 |  |  |
| 付现金 | 库存现金 |  |  | 6 000 |  |
| 合计 |  |  | 6 000 | 6 000 |  |

财务主管：　　　　　　记账：　　　　　　出纳：　　　　　　审核：　　　　　　制单：

（6）编制本月以银行存款支付费用的会计分录并记入表 5-42 有关账户。

借：制造费用——水费　　　　　　　　　　　　　　　　　　2 000
　　　　　　——办公费　　　　　　　　　　　　　　　　　1 000
　　辅助生产成本——供电车间——水电费　　　　　　　　 40 000
　　　　　　　　——供气车间——水费　　　　　　　　　 20 000
　　　　　　　　——供气车间——办公费　　　　　　　　　  800

|  |  |
|---|---:|
| ——供气车间——修理费 | 1 200 |
| 管理费用——办公费 | 1 800 |
| ——招待费 | 200 |
| 销售费用——广告费 | 4 000 |
| 贷：银行存款 | 71 000 |

表5-42　记账凭证

2022年7月31日　　　　　　　　　　　　　　　　　　　　记字第30号

| 摘要 | 总账科目 | 明细科目 | 借方金额 | 贷方金额 | 记账 |
|---|---|---|---|---|---|
| 分配水费 | 制造费用 | 水费 | 2 000 |  |  |
| 分配办公费 | 制造费用 | 办公费 | 1 000 |  |  |
| 分配水电费 | 辅助生产成本 | 供电车间 | 40 000 |  |  |
| 分配水费 | 辅助生产成本 | 供气车间 | 20 000 |  |  |
| 分配办公费 | 辅助生产成本 | 供气车间 | 800 |  |  |
| 分配修理费 | 辅助生产成本 | 供气车间 | 1 200 |  |  |
| 分配办公费 | 管理费用 | 办公费 | 1 800 |  |  |
| 分配招待费 | 管理费用 | 招待费 | 200 |  |  |
| 分配广告费 | 销售费用 | 广告费 | 4 000 |  |  |
| 支付 | 银行存款 |  |  | 71 000 |  |
| 合计 |  |  | 71 000 | 71 000 |  |

财务主管：　　　　　记账：　　　　　出纳：　　　　　审核：　　　　　制单：

**第三步：登记有关明细账。**

根据记字第25～30号凭证及相关原始凭证，分别登记辅助生产成本明细账，如表5-43、表5-44所示。

表5-43　辅助生产成本明细账

车间名称：供电车间　　　　　　　　　　　　　　　　　　　　　　　　　单位：元

| 月 | 日 | 凭证号 | 摘要 | 直接材料 | 直接人工 | 制造费用 | 合计 |
|---|---|---|---|---|---|---|---|
| 7 | 31 | 记25 | 材料费 | 62 000 |  |  |  |
|  | 31 | 记26 | 人工费 |  | 11 400 |  |  |
|  | 31 | 记27 | 折旧费 |  |  | 6 000 |  |
|  | 31 | 记28 | 修理费 |  |  | 1 200 |  |
|  | 31 | 记29 | 办公费 |  |  | 400 |  |
|  | 31 | 记30 | 水电费 | 40 000 |  |  |  |
|  | 31 |  | 归集辅助费用 | 102 000 | 11 400 | 7 600 | 121 000 |

(续表)

| 月 | 日 | 凭证号 | 摘要 | 直接材料 | 直接人工 | 制造费用 | 合计 |
|---|---|---|---|---|---|---|---|
| | 31 | 记31 | 供气转入 | | | 4 600 | 4 600 |
| | | | 合计 | 102 000 | 11 400 | 12 200 | 125 600 |
| | 31 | 记31 | 计划分配转出 | | | | −122 400 |
| | 31 | 记31 | 差异分配转出 | | | | −3 200 |
| | 31 | | 月末结转 | 0 | 0 | 0 | 0 |

表 5-44 辅助生产成本明细账

车间名称：供气车间　　　　　　　　　　　　　　　　　　　　　　单位：元

| 月 | 日 | 凭证号 | 摘要 | 直接材料 | 直接人工 | 制造费用 | 合计 |
|---|---|---|---|---|---|---|---|
| 7 | 31 | 记25 | 材料费 | 10 000 | | | |
| | 31 | 记26 | 人工费 | | 13 680 | | |
| | 31 | 记27 | 折旧费 | | | 5 000 | |
| | 31 | 记28 | 修理费 | | | 800 | |
| | 31 | 记29 | 办公费 | | | 200 | |
| | 31 | 记29 | 修理费 | | | 800 | |
| | 31 | 记30 | 水费 | 20 000 | | | |
| | 31 | 记30 | 办公费 | | | 800 | |
| | 31 | 记30 | 修理费 | | | 1 200 | |
| | 31 | | 归集辅助费用 | 30 000 | 13 680 | 8 800 | 52 480 |
| | 31 | 记31 | 供电转入 | | | 12 000 | 12 000 |
| | | | 合计 | 30 000 | 13 680 | 20 800 | 64 480 |
| | 31 | 记31 | 计划分配转出 | | | | −66 700 |
| | 31 | 记31 | 差异分配转出 | | | | 2 220 |
| | | | 月末结转 | 0 | 0 | 0 | 0 |

**第四步：分配辅助生产费用。**

该企业采用计划成本分配法分配辅助生产费用并编制辅助生产费用分配表，如表 5-45 所示；采用生产工时分配法编制产品生产用电分配表，如表 5-46 所示。

**表 5-45　辅助生产费用分配表(计划成本分配法)**

2022 年 7 月　　　　　　　　　　　　　　　　　　　　　　　　　　金额单位:元

| 项目 | | | 计划分配 | | | |
|---|---|---|---|---|---|---|
| | | | 供电车间 | | 供气车间 | |
| | | | 劳务量(度) | 金额 | 劳务量(立方米) | 金额 |
| 应分配的费用总额 | | | | 121 000 | | 52 480 |
| 提供的应分配劳务总量 | | | 306 000 | | 14 500 | |
| 计划单位成本 | | | | 0.4 | | 4.6 |
| 应借账户 | 辅助生产成本 | 供电车间 | — | — | 1 000 | 4 600 |
| | | 供气车间 | 30 000 | 12 000 | — | — |
| | 基本生产成本 | 甲产品 | 120 000 | 48 000 | — | — |
| | | 乙产品 | 80 000 | 32 000 | — | — |
| | 制造费用 | 基本车间 | 10 000 | 4 000 | 10 000 | 46 000 |
| | 管理费用 | | 66 000 | 26 400 | 3 500 | 16 100 |
| 计划分配费用合计 | | | | 122 400 | | 66 700 |
| 交互分配转入计划成本 | | | | 4 600 | | 12 000 |
| 辅助生产车间实际成本 | | | | 125 600 | | 64 480 |
| 成本差异额(计入管理费用) | | | | 3 200 | | −2 220 |

**表 5-46　产品生产用电分配表**

2022 年 7 月

| 产品 | 生产工时(小时) | 分配率(元/小时) | 分配电量(度) | 分配金额(元) |
|---|---|---|---|---|
| 甲产品 | 40 500 | 1.185 | 120 000 | 48 000 |
| 乙产品 | 27 000 | 1.185 | 80 000 | 32 000 |
| 合计 | 67 500 | | 200 000 | 80 000 |

辅助生产车间计划单位成本每度电为 0.4 元,水蒸气每立方米为 4.6 元,成本差异计入管理费用,相关记账凭证如表 5-47 和表 5-48 所示。

(1) 计划分配:

```
借:辅助生产成本——供电车间                                    4 600
            ——供气车间                                    12 000
   基本生产成本——甲产品——直接材料                          48 000
            ——乙产品——直接材料                          32 000
   制造费用——电费                                        50 000
   管理费用——电费                                        42 500
   贷:辅助生产成本——供电车间                               122 400
            ——供气车间                                    66 700
```

（2）差异分配：

供电车间差异＝121 000＋4 600－122 400＝3 200(元)

供气车间差异＝52 480＋12 000－66 700＝－2 220(元)

借：管理费用——电费　　　　　　　　　　　　　　　　980
　　贷：辅助生产成本——供电车间　　　　　　　　　　　　3 200
　　　　　　　　　　——供气车间　　　　　　　　　　　　－2 220

表 5-47　记 账 凭 证

2022 年 7 月 31 日　　　　　　　　　　　　　　　　记字第 31 $\frac{1}{2}$ 号

| 摘要 | 总账科目 | 明细科目 | 借方金额 | 贷方金额 | 记账 |
|---|---|---|---|---|---|
| 计划成本分配辅助费用 | 辅助生产成本 | 供电车间 | 4 600 | | |
| | | 供气车间 | 12 000 | | |
| | 基本生产成本 | 甲产品 | 48 000 | | |
| | | 乙产品 | 32 000 | | |
| | 制造费用 | 辅助费用电费 | 50 000 | | |
| | 管理费用 | 辅助费用电费 | 42 500 | | |
| | 辅助生产成本 | 供电车间 | | 122 400 | |
| | | 供气车间 | | 66 700 | |
| 合计 | | | 189 100 | 189 100 | |

财务主管：　　　　记账：　　　　出纳：　　　　审核：　　　　制单：

表 5-48　记 账 凭 证

2022 年 7 月 31 日　　　　　　　　　　　　　　　　记字第 31 $\frac{2}{2}$ 号

| 摘要 | 总账科目 | 明细科目 | 借方金额 | 贷方金额 | 记账 |
|---|---|---|---|---|---|
| 计划成本分配差异 | 管理费用 | 辅助费用差异 | 980 | | |
| | 辅助生产成本 | 供电车间 | | 3 200 | |
| | | 供气车间 | | －2 220 | |
| 合计 | | | 980 | 980 | |

财务主管：　　　　记账：　　　　出纳：　　　　审核：　　　　制单：

**第五步：分配制造费用。**

采用生产工时分配法编制基本生产车间制造费用分配表，如表 5-49 所示。

**表 5-49 制造费用分配表**

生产单位：基本生产车间　　　　　　　　2022 年 7 月

| 产品 | 生产工时（小时） | 分配率（元/小时） | 分配金额（元） |
| --- | --- | --- | --- |
| 甲产品 | 40 500 | 1.474 4 | 59 712 |
| 乙产品 | 27 000 | 1.474 4 | 39 808 |
| 合计 | 67 500 |  | 99 520 |

根据表 5-49 编制会计分录及记账凭证（见表 5-50），并登记相关明细账（见表 5-51）。

借：基本生产成本——甲产品　　　　　　　　　　　　　59 712
　　　　　　　　——乙产品　　　　　　　　　　　　　39 808
　　贷：制造费用　　　　　　　　　　　　　　　　　　99 520

**表 5-50 记账凭证**

2022 年 7 月 31 日　　　　　　　　　　　　　　　　记字第 32 号

| 摘要 | 总账科目 | 明细科目 | 借方金额 | 贷方金额 | 记账 |
| --- | --- | --- | --- | --- | --- |
| 分配制造费用 | 基本生产成本 | 甲产品 | 59 712 |  |  |
|  |  | 乙产品 | 39 808 |  |  |
|  | 制造费用 | 基本车间 |  | 99 520 |  |
| 合计 |  |  | 99 520 | 99 520 |  |

财务主管：　　　　　记账：　　　　　出纳：　　　　　审核：　　　　　制单：

**表 5-51 制造费用明细账**

生产单位：基本生产车间　　　　　　　　　　　　　　　　　　　　　单位：元

| 2022 年 | | 凭证号 | 摘要 | 费用明细项目 | | | | | | | |
| --- | --- | --- | --- | --- | --- | --- | --- | --- | --- | --- | --- |
| 月 | 日 | | | 原材料 | 工资及福利费 | 折旧费 | 修理费 | 办公费 | 水电费 | 辅助 | 合计 |
| 7 | 31 | 记25 | 领料 | 4 000 |  |  |  |  |  |  |  |
|  | 31 | 记26 | 人工费 |  | 9 120 |  |  |  |  |  |  |
|  | 31 | 记27 | 折旧费 |  |  | 30 000 |  |  |  |  |  |
|  | 31 | 记28 | 修理费 |  |  |  | 2 000 |  |  |  |  |
|  | 31 | 记29 | 办公费 |  |  |  |  | 1 400 |  |  |  |
|  | 31 | 记30 | 水费 |  |  |  |  |  | 2 000 |  |  |
|  | 31 | 记30 | 办公费 |  |  |  |  | 1 000 |  |  |  |
|  | 31 | 记31 | 辅助费 |  |  |  |  |  |  | 50 000 |  |
|  |  |  | 合计 | 4 000 | 9 120 | 30 000 | 2 000 | 2 400 | 2 000 | 50 000 | 99 520 |
|  |  |  | 分配结转 | −4 000 | −9 120 | −30 000 | −2 000 | −2 400 | −2 000 | −50 000 | −99 520 |

**第六步：分配完工产品和在产品的生产费用，并编制产品成本计算单。**

采用约当产量法计算甲产品的月末在产品成本。根据事先设置的甲产品、乙产品的产品成本计算单，计算本期完工产品的实际总成本和单位成本。编制甲产品、乙产品的成本计算单，分别如表5-52、表5-53所示。

表5-52 产品成本计算单

产品：甲产品　完工数量：800件　　　2022年7月　　　　　　　　　金额单位：元

| 项目 | 直接材料 | 直接人工 | 制造费用 | 合计 |
| --- | --- | --- | --- | --- |
| 月初在产品成本 | 20 400 | 12 320 | 7 288 | 40 008 |
| 本月发生生产费用 | 288 000 | 184 680 | 59 712 | 532 392 |
| 生产费用合计 | 308 400 | 197 000 | 67 000 | 572 400 |
| 完工产品数量（件） | 800 | 800 | 800 | — |
| 在产品约当产量（件） | 400 | 200 | 200 | — |
| 约当总产量（件） | 1 200 | 1 000 | 1 000 | — |
| 费用分配率（元/件） | 257 | 197 | 67 | — |
| 本月完工产品总成本 | 205 600 | 157 600 | 53 600 | 416 800 |
| 月末在产品成本 | 102 800 | 39 400 | 13 400 | 155 600 |

表5-53 产品成本计算单

产品：乙产品　完工数量：500件　　　2022年7月　　　　　　　　　金额单位：元

| 项目 | 直接材料 | 直接人工 | 制造费用 | 合计 |
| --- | --- | --- | --- | --- |
| 月初在产品成本 | 0 | 0 | 0 | 0 |
| 本月发生生产费用 | 152 000 | 123 120 | 39 808 | 314 928 |
| 生产费用合计 | 152 000 | 123 120 | 39 808 | 314 928 |
| 费用分配率（元/件） | 304 | 246.24 | 79.616 | — |
| 本月完工产品总成本 | 152 000 | 123 120 | 39 808 | 314 928 |
| 月末在产品成本 | 0 | 0 | 0 | 0 |

注：甲产品直接材料=240 000+48 000（电费）=288 000（元）
乙产品直接材料=120 000+32 000（电费）=152 000（元）

**第七步：**结转完工产品成本，编制结转甲、乙完工产品成本汇总表（见表5-54），编制完工产品入库会计分录、记账凭证（见表5-55），并据以登记基本生产明细账。

表5-54 完工产品成本汇总表

金额单位：元

| 项目 | | 直接材料 | 直接人工 | 制造费用 | 合计 |
| --- | --- | --- | --- | --- | --- |
| 甲产品（800件） | 总成本 | 205 600 | 157 600 | 53 600 | 416 800 |
| | 单位成本 | 257 | 197 | 67 | 521 |

(续表)

| 项目 | | 直接材料 | 直接人工 | 制造费用 | 合计 |
|---|---|---|---|---|---|
| 乙产品<br>（500件） | 总成本 | 152 000 | 123 120 | 39 808 | 314 928 |
| | 单位成本 | 304 | 246.24 | 79.616 | 629.856 |
| 总成本合计 | | 357 600 | 280 720 | 93 408 | 731 728 |

结转完工产品成本的会计分录如下：

借：库存商品——甲产品　　　　　　　　　　　　　416 800
　　　　　　——乙产品　　　　　　　　　　　　　314 928
　　贷：基本生产成本——甲产品　　　　　　　　　416 800
　　　　　　　　　　——乙产品　　　　　　　　　314 928

表 5-55　记 账 凭 证

2022 年 7 月 31 日　　　　　　　　　　　　　　　　记字第 33 号

| 摘要 | 总账科目 | 明细科目 | 借方金额 | 贷方金额 | 记账 |
|---|---|---|---|---|---|
| 产成品结转入库 | 库存商品 | 甲产品 | 416 800 | | |
| | | 乙产品 | 314 928 | | |
| | 基本生产成本 | 甲产品 | | 416 800 | |
| | | 乙产品 | | 314 928 | |
| 合计 | | | 731 728 | 731 728 | |

财务主管：　　　　记账：　　　　出纳：　　　　审核：　　　　制单：

**第八步**：根据相关记账凭证登记管理费用等其他费用明细账（见表 5-56），并进行期末结转编制记账凭证（见表 5-57）。

表 5-56　管理费用明细账　　　　　　　　　　　　　　　　　　　　　单位：元

| 2022年 | | 凭证号 | 摘要 | 费用明细项目 | | | | | | | |
|---|---|---|---|---|---|---|---|---|---|---|---|
| 月 | 日 | | | 原材料 | 工资福利费 | 折旧费 | 修理费 | 办公费 | 水电费 | 招待费 | 差旅费 | 合计 |
| 7 | 31 | 记25 | 材料费 | 6 000 | | | | | | | | |
| | 31 | 记26 | 人工费 | | 34 200 | | | | | | | |
| | 31 | 记27 | 折旧费 | | | 8 000 | | | | | | |
| | 31 | 记28 | 修理费 | | | | 1 000 | | | | | |
| | 31 | 记29 | 办公费 | | | | | 600 | | | | |
| | 31 | 记29 | 差旅费 | | | | | | | | 2 600 | |
| | 31 | 记30 | 办公费 | | | | | 1 800 | | | | |
| | 31 | 记30 | 招待费 | | | | | | | 200 | | |

(续表)

| 2022年 | | 凭证号 | 摘要 | 费用明细项目 | | | | | | | | |
|---|---|---|---|---|---|---|---|---|---|---|---|---|
| 月 | 日 | | | 原材料 | 工资福利费 | 折旧费 | 修理费 | 办公费 | 水电费 | 招待费 | 差旅费 | 合计 |
| | 31 | 记31 | 辅助费 | | | | | | 42 500 | | | |
| | 31 | 记31 | 差异 | | | | | | 980 | | | |
| | 31 | | 合计 | 6 000 | 34 200 | 8 000 | 1 000 | 2 400 | 43 480 | 200 | 2 600 | 97 880 |
| | 31 | | 期末结转 | −6 000 | −34 200 | −8 000 | −1 000 | −2 400 | −43 480 | −200 | −2 600 | −97 880 |

将本月"管理费用"账户归集的管理费用总额转入"本年利润"账户，编制会计分录如下：

借：本年利润　　　　　　　　　　　　　　　　　　　　97 880
　　贷：管理费用　　　　　　　　　　　　　　　　　　　　97 880

表 5-57　记 账 凭 证

2022 年 7 月 31 日　　　　　　　　　　　　　　　　　　记字第 34 号

| 摘要 | 总账科目 | 明细科目 | 借方金额 | 贷方金额 | 记账 |
|---|---|---|---|---|---|
| 结转管理费用 | 本年利润 | | 97 880 | | |
| | 管理费用 | | | 97 880 | |
| 合计 | | | 97 880 | 97 880 | |

财务主管：　　　　　记账：　　　　　出纳：　　　　　审核：　　　　　制单：

从【工作实例 5-5】中可以看出，产品成本计算实际上就是会计核算中成本费用科目的明细核算。为了正确计算各种产品成本，必须正确编制各种费用分配表和分配、归集各项费用的会计分录，并且按照平行登记的规则，既登记各有关总账科目，又登记各该总账科目所属的明细账。最后，将各种生产费用分配、归集到基本生产成本科目及其所属各种产品成本明细账中，计算各种产品的总成本和单位成本。

任务实施

### 一、活动思考

问题：品种法计算的程序是什么？
_____
_____
_____

任务实施
视频

### 二、活动提升

成语道："厉兵秣马。"根据这个成语，在完成工作任务时，你主要考虑哪些因素？

## 三、活动实施

活动实施情况如表 5-58 所示。

表 5-58　活动实施情况

| 活动步骤 | 活动要求 | 活动安排 | 活动记录 |
| --- | --- | --- | --- |
| 步骤1<br>职业沟通练习 | 在实际工作中,成本会计人员要具备扎实的专业能力,也要有良好的沟通能力等。以小组为单位分配角色,通过角色扮演、小组讨论,练习人与人之间的沟通能力 | 具体活动1:角色选择 | 附表 5-4 |
| | | 具体活动2:角色扮演 | 附表 5-4 |
| | | 具体活动3:模拟评价 | 附表 5-5 |
| 步骤2<br>知识准备 | 品种法的计算 | 学习微课 | 梳理知识点 |
| 步骤3<br>计算产品成本 | 编制产品成本计算单 | 实训平台 | 附表 5-6、附表 5-7 |

附表 5-4　工作记录单

| 角色 | 学生姓名 | 沟通内容等 |
| --- | --- | --- |
| 成本会计 | | |
| 财务经理 | | |
| 生产部 | | |
| 仓储部 | | |
| 组长签字: | | |

附表 5-5　模拟评价表

| 组号 | 参加展示人数 | 评价 | | 小组排序 |
| --- | --- | --- | --- | --- |
| | | 语言表达最好的学生 | 模拟最好的学生 | |
| | | | | |
| | | | | |
| | | | | |
| | | | | |
| | | | | |
| | | | | |

附表 5-6　产品成本计算单

| 车间名称:生产车间 | | 产品名称:单人床单 | | 产品编号:1 | | 规格:纯棉贡缎/220*280 厘米 (1.35 米床) | | |
|---|---|---|---|---|---|---|---|---|
| 完工产量:12 000 | | 在产品数量:0 | | 日期:2022 年 1 月 31 日 | | 数量单位:条　金额单位:元 | | |
| 成本项目 | 月初在产品成本 | 本月发生费用 | 生产费用合计 | 期末在产品约当产量 | 完工产品产量 | 单位成本 | 完工产品成本 | 期末在产品成本 |
| 直接材料 | — | | | | | | | — |
| 直接人工 | — | | | | | | | — |
| 制造费用 | — | | | | | | | — |
| 合计 | — | | | | | | | — |

审核:　　　　　　　　　　　　　　制单:

附表 5-7　产品成本计算单

| 车间名称:生产车间 | | 产品名称:双人床单 | | 产品编号:2 | | 规格:纯棉贡缎/260*280 厘米 (1.8 米床) | | |
|---|---|---|---|---|---|---|---|---|
| 完工产量:8 000 | | 在产品数量:0 | | 日期:2022 年 1 月 31 日 | | 数量单位:条 | 金额单位:元 | |
| 成本项目 | 月初在产品成本 | 本月发生费用 | 生产费用合计 | 期末在产品约当产量 | 完工产品产量 | 单位成本 | 完工产品成本 | 期末在产品成本 |
| 直接材料 | — | | | | | | | — |
| 直接人工 | — | | | | | | | — |
| 制造费用 | — | | | | | | | — |
| 合计 | — | | | | | | | — |

审核:　　　　　　　　　　　　　　制单:

## 任务评价

任务评价表如表 5-59 所示。

表 5-59　任务评价表

| 一级指标 | 二级指标 | 评价内容 | 分值 | 自评 | 互评 | 教师 | 企业导师 |
|---|---|---|---|---|---|---|---|
| 职业能力 (30 分) | 思维能力 | 能够从不同的角度提出问题,分析问题并解决问题 | 1 | | | | |
| | 自学能力 | 能够通过自己已有的知识经验来独立地获取新的知识和信息 | 2 | | | | |

课堂测验

(续表)

| 一级指标 | 二级指标 | 评价内容 | 分值 | 自评 | 互评 | 教师 | 企业导师 |
|---|---|---|---|---|---|---|---|
| 职业能力<br>(30分) | 实践操作能力 | 能够根据自己获取的知识正确地完成工作任务 | 10 | | | | |
| | 创新能力 | 在小组讨论中能够与他人交流自己的想法,敢于标新立异 | 5 | | | | |
| | | 能够跳出固有的知识,提出自己的见解,培养自己的创新性 | 5 | | | | |
| | 表达能力 | 能够正确地组织和撰写分析报告等 | 5 | | | | |
| | 合作能力 | 能够为小组提供信息、质疑、归类和总结,提出方法,阐明观点 | 2 | | | | |
| 学习策略<br>(20分) | 学习方法 | 根据本次任务实际情况对自己的学习方法进行调整 | 10 | | | | |
| | 自我调控 | 能够根据本次任务正确地使用学习方法 | 4 | | | | |
| | | 能够利用学习资源等正确地整合各种学习方法 | 6 | | | | |
| 职业标准<br>(50分) | 职业岗位能力 | 完成成本的材料、人工、制造费用的归集、核算,及时提供成本信息 | 20 | | | | |
| | | 按照成本核算办法归集和分配相关成本要素,核算当月产成品生产成本 | 30 | | | | |

## 任务总结

学生根据任务评价表填写,总结三维目标的达成度,如表5-60所示。

表5-60 任务总结

| 项目 | | 总结 |
|---|---|---|
| 素质提升 | 提升 | |
| | 欠缺 | |
| 知识掌握 | 掌握 | |
| | 欠缺 | |
| 能力达成 | 达成 | |
| | 欠缺 | |
| 改进措施 | | |

 任务拓展

成本管控的四要素和三大表现

 知识巩固

知识巩固

 技能提升

技能提升

# 项目六

# 成本控制与管理

思政园地

 **素养目标**

1. 培养积极乐观的心态，诚信为本、求真务实的职业素养
2. 培养节约观念和成本效益观念，有效地进行成本控制与管理
3. 培养正确运用成本管理方法，以最小的投入获得最大的产出的能力素养

 **知识目标**

1. 理解标准成本法的含义
2. 掌握标准成本法的优缺点
3. 掌握标准成本的制定、标准成本差异的计算

 **能力目标**

1. 能够恰当制定标准成本的能力
2. 能够准确计算直接材料、直接人工、制造费用成本差异的能力
3. 能够正确计算单位产品标准成本单的能力

 **知识导图**

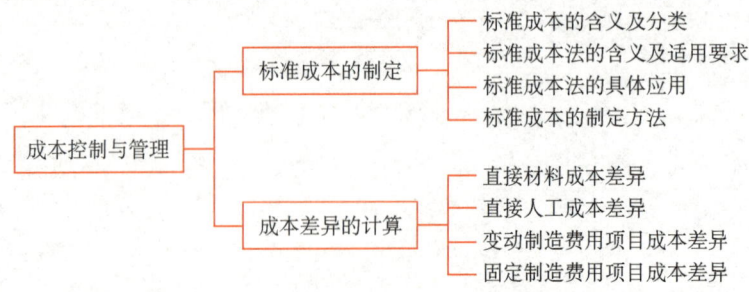

> 任务一　标准成本的制定

任务情境

根据相关资料,制定标准成本。

### 一、标准成本的含义及分类

#### (一)标准成本的含义

标准成本是指在正常的生产技术水平和有效的经营管理条件下,企业经过努力应达到的产品成本水平。

#### (二)标准成本的分类

**1. 理想标准成本和正常标准成本**

标准成本按其制定所依据的生产技术和经营管理水平,分为理想标准成本和正常标准成本。

理想标准成本是指在最优的生产条件下,利用现有的规模和设备能够达到的最低成本。制定理想标准成本的依据是理论业绩标准、生产要素的理想价格和可能实现的最高生产经营能力利用水平。所谓"理论业绩标准",是指在生产过程中毫无技术浪费时的生产要素消耗量,最熟练的工人全力以赴工作,不存在废品损失和停工时间等条件下可能实现的最优业绩。所谓"最高生产经营能力利用水平",是指理论上可能达到的设备利用程度,只扣除不可避免的机器修理、改换品种、调整设备等时间,而不考虑产品销路不佳、生产技术故障等造成的影响。这里所说的理想价格,是指原材料、劳动力等生产要素在计划期间最低的价格水平。因此,这种标准很难成为现实,即使暂时出现也不可能持久。它的主要用途是提供一个完美无缺的目标,揭示实际成本下降的潜力。因为其提出的要求太高,所以其不宜作为考核的依据。

正常标准成本是指在效率良好的条件下,根据下期一般应该发生的生产要素消耗量、预计价格和预计生产经营能力利用程度制定出来的标准成本。在制定这种标准成本时,把生产经营活动中一般难以避免的损耗和低效率等情况也计算在内,使之最大程度切合下期的实际情况,成为切实可行的控制标准。虽然要达到这种标准有困难,但它是可能达到的。从具体数量上看,它应大于理想标准成本,但又小于历史平均水平,实施以后实际成本更大的可能是逆差而不是顺差,是要经过努力才能达到的一种标准,因而可以调动职工的积极性。

在标准成本系统中,广泛使用正常的标准成本。它具有以下特点:它是采用科学方法根据客观实验和过去实践经充分研究后制定出来的,具有客观性和科学性;它既排除了各种偶然性和意外情况,又保留了目前条件下难以避免的损失,代表正常情况下的消耗水平,具有现实性;它是应该发生的成本,可以作为评价业绩的尺度,成为督促职工去努力争取的目标,具有激励性;它可以在工艺技术水平和管理有效性水平变化不大时持续使用,不需要经常修订,具有稳定性。

2. 现行标准成本和基本标准成本

标准成本按其适用期,分为现行标准成本和基本标准成本。

现行标准成本是指根据其适用期间应该发生的价格、效率和生产经营能力利用程度等预计的标准成本。在这些决定因素变化时,需要按照改变了的情况加以修订。这种标准成本可以成为评价实际成本的依据,也可以用来对存货和销货成本计价。

基本标准成本是指一经制定,只要生产的基本条件无重大变化,就不予变动的一种标准成本。所谓生产的基本条件的重大变化,是指产品的物理结构变化,重要原材料和劳动力价格的重要变化,生产技术和工艺的根本变化等。只有这些条件发生变化,基本标准成本才需要修订。由于市场供求变化而导致的售价变化和生产经营能力利用程度的变化,由于工作方法改变而引起的效率变化等,不属于生产的基本条件变化,对此不需要修订基本标准成本。基本标准成本与各期实际成本对比,可反映成本变动的趋势。如果基本标准成本不按各期实际进行动态修订,就不宜用来直接评价工作效率和成本控制的有效性。

## 二、标准成本法的含义及适用要求

标准成本法是指企业以预先制定的标准成本为基础,通过比较标准成本与实际成本、计算和分析成本差异、揭示成本差异动因,进而实施成本控制、评价经营业绩的一种成本管理方法。应用标准成本法的主要目标是通过标准成本与实际成本的比较,揭示与分析标准成本与实际成本之间的差异,并按照例外管理的原则,对不利差异予以纠正,以提高工作效率,不断改善产品成本。

标准成本法的适用要求如下:

(1)标准成本法一般适用于产品及其生产条件相对稳定,或生产流程与工艺标准化程度较高的企业。应用标准成本法,要求企业处于较稳定的外部市场经营环境,且市场对产品的需求相对平稳。

(2)企业应成立由采购、生产、技术、营销、财务、人力资源、信息等有关部门组成的跨部门团队,负责标准成本的制定、分解、下达、分析等。

(3)企业能够及时、准确地取得标准成本制定所需要的各种财务和非财务信息。

## 三、标准成本法的具体应用

企业应用标准成本法,一般按照确定应用对象、制定标准成本、实施过程控制、成本差异计算与动因分析,以及修订与改进标准成本等程序进行。为了实现成本的精细化管理,企业应根据标准成本法的应用环境,结合内部管理要求,确定应用对象。标准成本法的成本对象可以是不同种类、不同批次或不同步骤的产品。

## 四、标准成本的制定方法

在制定标准成本时,企业一般应结合经验数据、行业标杆或实地测算的结果,运用统计分析、工程试验等方法,按照以下程序进行:就不同的成本或费用项目,分别确定消耗量标准和价格标准;确定每一成本或费用项目的标准成本;汇总不同成本项目的标准成本,确定产品的标准成本。

标准成本的制定

### (一)制定标准成本

产品标准成本通常由直接材料标准成本、直接人工标准成本和制造费用标准成本构成。每一成本项目的标准成本应分为标准用量(包括单位产品消耗量、单位产品人工小时等)和标准价格(包括原材料单价、小时工资率、小时制造费用分配率等)两部分。

#### 1. 直接材料标准成本

直接材料标准成本是指直接用于产品生产的材料成本标准,包括标准用量和标准单价两方面。

制定直接材料的标准用量,一般由生产部门负责,会同技术、财务、信息等部门,按照以下程序进行:

(1)根据产品的图纸等技术文件进行产品研究,列出所需的各种材料以及可能的替代材料,并说明这些材料的种类、质量以及库存情况。

(2)在对过去用料经验记录进行分析的基础上,采用过去用料的平均值、最高与最低值的平均数、最节省数量、实际测定数据或技术分析数据等,科学地制定标准用量。

制定直接材料的标准单价,一般由采购部门负责,会同财务、生产、信息等部门,在考虑市场环境及其变化趋势、订货价格以及最佳采购批量等因素的基础上综合确定。

直接材料标准成本的计算公式如下:

$$直接材料标准成本 = 单位产品的标准用量 \times 材料的标准单价$$

材料按计划成本核算的企业,材料的标准单价可以采用材料计划单价。

【做中学 6-1】龙达公司生产 B 产品耗用甲、乙两种直接材料,直接材料的标准成本如表 6-1 所示。

表 6-1 B 产品直接材料标准成本

| 标准 | 甲材料 | 乙材料 |
| --- | --- | --- |
| 价格标准: | | |
| 发票单价(元) | 70 | 102 |
| 装卸检验费(元) | 6 | 14 |

(续表)

| 标准 | 甲材料 | 乙材料 |
|---|---|---|
| 合理损耗(元) | 4 | 4 |
| 合计 | 80 | 120 |
| 用量标准: | | |
| 实际用量(千克) | 8 | 4 |
| 允许损耗量(千克) | 2 | 1 |
| 合计 | 10 | 5 |
| 标准成本 | 80×10=800 | 120×5=600 |
| 直接材料的标准成本 | 800+600=1 400 | |

## 2. 直接人工标准成本

直接人工标准成本是指直接用于产品生产的人工成本标准,包括标准工时和标准工资率。制定直接人工的标准工时,一般由生产部门负责,会同技术、财务、信息等部门,在对产品生产所需作业、工序、流程工时进行技术测定的基础上,考虑正常的工作间隙,并适当考虑生产条件的变化,生产工序、操作技术的改善,以及相关工作人员主观能动性的充分发挥等因素,合理确定单位产品的工时标准。制定直接人工的标准工资率,一般由人力资源部门负责,根据企业薪酬制度等制定。

直接人工标准成本的计算公式如下:

$$直接人工标准成本=单位产品的标准工时×小时标准工资率$$

【做中学6-2】龙达公司生产B产品实行计时工资制,该产品的直接人工标准成本如表6-2所示。

表6-2 B产品直接人工标准成本

| 标准 | 生产工序一 |
|---|---|
| 工资率标准: | — |
| 单位小时工资率(元) | 16 |
| 附加福利工资(元) | 4 |
| 直接人工工资率标准(元) | 20 |
| 工时标准: | — |
| 理想作业时间(小时) | 4.40 |
| 调整设备时间(小时) | 0.60 |
| 工间休息(小时) | 0.60 |
| 其他(小时) | 0.40 |
| 合计 | 6 |
| 直接人工标准成本 | 20×6=120 |

## 3. 制造费用标准成本

制造费用标准成本应区分变动制造费用项目和固定制造费用项目来分别确定。

变动制造费用是指通常随产量变化而呈正比例变化的制造费用。变动制造费用项目的标准成本根据标准用量和标准价格确定。变动制造费用的标准用量可以是单位产量的燃料、动力、辅助材料等标准用量，也可以是产品的直接人工标准工时，或者是单位产品的标准机器工时。标准用量的选择需考虑用量与成本的相关性，其制定方法与直接材料的标准用量以及直接人工的标准工时类似。变动制造费用的标准价格可以是燃料、动力、辅助材料等标准价格，也可以是小时标准工资率等。其制定方法与直接材料的标准单价以及直接人工的标准工资率类似。

变动制造费用的计算公式如下：

变动制造费用项目标准成本＝变动制造费用项目的标准用量×变动制造费用项目的标准价格

固定制造费用是指在一定产量范围内，其费用总额不会随产量变化而变化，始终保持固定不变的制造费用。固定制造费用一般按照费用的构成项目实行总量控制；也可以根据需要，通过计算标准分配率，将固定制造费用分配至单位产品，形成固定制造费用的标准成本。制定固定制造费用标准，一般由财务部门负责，会同采购、生产、技术、营销、财务、人事、信息等有关部门，按照以下程序进行：

（1）依据固定制造费用的不同构成项目的特性，充分考虑产品的现有生产能力、管理部门的决策以及费用预算等，测算确定各固定制造费用构成项目的标准成本。

（2）通过汇总各固定制造费用项目的标准成本，得到固定制造费用的标准总成本。

（3）确定固定制造费用的标准分配率，标准分配率可根据产品的单位工时与预算总工时的比率确定。

其中预算总工时是指由预算产量和单位工时标准确定的总工时。单位工时标准可以依据相关性原则在直接人工工时和机器工时之间作出选择。

固定制造费用标准成本的计算顺序及公式如下：

固定制造费用标准成本由固定制造费用项目预算确定。

$$\text{固定制造费用总成本} = \sum \text{各固定制造费用项目的标准成本}$$

$$\text{固定制造费用标准分配率} = \text{单位产品的标准工时} \div \text{预算总工时}$$

$$\text{固定制造费用标准成本} = \text{固定制造费用总成本} \times \text{固定制造费用标准分配率}$$

**【做中学 6-3】** 龙达公司生产 B 产品实行计时工资制，该产品的制造费用标准成本如表 6-3 所示。

表 6-3 B 产品制造费用标准成本

| 标准 | 第一车间 | 标准 | 第一车间 |
| --- | --- | --- | --- |
| 直接人工标准总工时 | 10 560 | 间接人工费用(元) | 20 000 |
| 变动制造费用预算： | | 水电费(元) | 12 000 |
| 间接材料费用(元) | 20 800 | 合计 | 52 800 |

(续表)

| 标准 | 第一车间 | 标准 | 第一车间 |
|---|---|---|---|
| 变动制造费用分配率标准 | 10 | 其他费用(元) | 1 360 |
| 工时用量标准 | 6 | 合计 | 10 560 |
| 变动制造费用标准成本 | 10×6=60 | 固定制造费用分配率标准 | 2 |
| 固定制造费用预算: | | 工时用量标准 | 6 |
| 折旧费(元) | 4 400 | 固定制造费用标准成本 | 2×6=12 |
| 管理人员工资(元) | 4 800 | 制造费用标准成本 | 60+12=72 |

【做中学6-4】沿用【做中学6-1】至【做中学6-3】的资料,龙达公司生产B产品的标准成本构成如表6-4所示。

表6-4 B产品的单位标准成本

| 成本项目 | 价格标准 | 用量标准 | 标准成本 |
|---|---|---|---|
| 直接材料: | | | |
| 甲材料 | 80元/千克 | 10千克 | 800元 |
| 乙材料 | 120元/千克 | 5千克 | 600元 |
| 直接材料合计 | | | 1 400元 |
| 直接人工 | 20元/小时 | 6小时 | 120元 |
| 变动制造费用 | 10元/小时 | 6小时 | 60元 |
| 固定制造费用 | 2元/小时 | 6小时 | 12元 |
| 制造费用合计 | | | 72元 |
| 单位产品标准成本 | | 1 592元(1 400+120+72) | |

### 4. 单位产品标准成本

单位产品的标准成本是在直接材料标准成本、直接人工标准成本、制造费用标准成本的基础上汇总而成的。

企业应在制定标准成本的基础上,将产品成本及其各成本或费用项目的标准用量和标准价格层层分解,落实到部门及相关责任人,形成成本控制标准。各归口管理部门(或成本中心)应根据相关成本控制标准,控制费用开支与资源消耗,监督、控制成本的形成过程,及时分析偏离标准的差异并分析其成因,并及时采取措施加以改进。

### (二)修订标准成本

为保证标准成本的科学性、合理性与可行性,企业应定期或不定期对标准成本进行修订与改进。一般情况下,标准成本的修订工作由标准成本的制定机构负责。企业应至少每年对标准成本进行测试,通过编制成本差异分析表,确认是否存在因标准成本不准确而形成的成本差异。当该类差异较大时,企业应按照标准成本的制定程序,对标准成本进行调整。除定期测试外,当外部市场、组织机构、技术水平、生产工艺、产品品种等内外部环境发生较大变化时,企业也应及时对标准成本进行调整。

## 任务实施

### 一、活动思考

问题:如何计算直接材料、直接人工、制造费用标准成本以及单位产品标准成本?

任务实施视频

_____

_____

_____

### 二、活动提升

古语云:业精于勤,荒于嬉。根据这句话,在完成工作任务时,你主要考虑哪些因素?

### 三、活动实施

活动实施情况如表 6-5 所示。

表 6-5 活动实施情况

| 活动步骤 | 活动要求 | 活动安排 | 活动记录 |
| --- | --- | --- | --- |
| 步骤1<br>职业沟通练习 | 在实际工作中,成本会计人员要具备扎实的专业能力,也要有良好的沟通能力等。以小组为单位分配角色,通过角色扮演、小组讨论,练习人与人之间的沟通能力 | 具体活动1:角色选择 | 附表6-1 |
| | | 具体活动2:角色扮演 | 附表6-1 |
| | | 具体活动3:模拟评价 | 附表6-2 |
| 步骤2<br>知识准备 | 标准成本的制定 | 学习微课 | 梳理知识点 |
| 步骤3<br>标准成本 | 直接材料、直接人工、制造费用标准成本,产品标准成本 | 实训平台 | 附表6-3至附表6-6 |

附表 6-1 工作记录单

| 角色 | 学生姓名 | 沟通内容等 |
| --- | --- | --- |
| 成本会计 | | |
| 财务经理 | | |
| 生产部 | | |
| 组长签字: | | |

附表6-2　模拟评价表

| 组号 | 参加展示人数 | 评价 | | 小组排序 |
|---|---|---|---|---|
| | | 语言表达最好的学生 | 模拟最好的学生 | |
| | | | | |
| | | | | |
| | | | | |
| | | | | |
| | | | | |
| | | | | |

附表6-3(a)　直接材料标准成本计算表

产品编号:1　产品名称:单人床单　规格:纯棉贡缎/220*280厘米(1.35米床)

数量单位:条　2022年度　金额单位:元

| 序号 | 材料名称 | 规格 | 单位 | 单位产品材料标准消耗量 | 单位材料标准价格 | 单位产品材料标准成本 |
|---|---|---|---|---|---|---|
| 1 | 幅宽2.4米白棉布 | 纯棉贡缎/白色/幅宽240厘米 | 米 | | | |
| 2 | 线 | 白色 | 卷 | | | |
| 3 | PP胶袋 | | 个 | | | |
| | 合计 | | | | | |

附表6-3(b)　直接材料标准成本计算表

产品编号:2　产品名称:双人床单　规格:纯棉贡缎/260*280厘米(1.8米床)

数量单位:条　2022年度　金额单位:元

| 序号 | 材料名称 | 规格 | 单位 | 单位产品材料标准消耗量 | 单位材料标准价格 | 单位产品材料标准成本 |
|---|---|---|---|---|---|---|
| 1 | 幅宽2.8米白棉布 | 纯棉贡缎/白色/幅宽280厘米 | 米 | | | |
| 2 | 线 | 白色 | 卷 | | | |
| 3 | PP胶袋 | | 个 | | | |
| | 合计 | | | | | |

附表6-4(a)　直接人工标准成本计算表

产品编号:1　产品名称:单人床单　规格:纯棉贡缎/220*280厘米(1.35米床)

数量单位:条　2022年度　金额单位:元

| 序号 | 车间(或工序) | 单位产品工时标准消耗量 | 标准工资率 | 单位产品直接人工标准成本 |
|---|---|---|---|---|
| 1 | 生产车间 | | | |
| | 合计 | | | |

#### 附表 6-4(b)　直接人工标准成本计算表

产品编号:2　产品名称:双人床单　规格:纯棉贡缎/260*280 厘米(1.8 米床)
数量单位:条　2022 年度　金额单位:元

| 序号 | 车间(或工序) | 单位产品工时标准消耗量 | 标准工资率 | 单位产品直接人工标准成本 |
|---|---|---|---|---|
| 1 | 生产车间 | | | |
| | 合计 | | | |

#### 附表 6-5(a)　制造费用标准成本计算表

产品编号:1　产品名称:单人床单　规格:纯棉贡缎/220*280 厘米(1.35 米床)
数量单位:条　2022 年度　金额单位:元

| 项目 | | 单位产品工时标准消耗量 | 标准分配率 | 单位产品制造费用标准成本 |
|---|---|---|---|---|
| 变动制造费用 | 水电费 | | | |
| | 小计 | | | |
| 固定制造费用 | 车间管理人员薪酬 | | | |
| | 固定资产折旧费 | | | |
| | 小计 | | | |
| 合计 | | | | |

#### 附表 6-5(b)　制造费用标准成本计算表

产品编号:2　产品名称:双人床单　规格:纯棉贡缎/260*280 厘米(1.8 米床)
数量单位:条　2022 年度　金额单位:元

| 项目 | | 单位产品工时标准消耗量 | 标准分配率 | 单位产品制造费用标准成本 |
|---|---|---|---|---|
| 变动制造费用 | 水电费 | | | |
| | 小计 | | | |
| 固定制造费用 | 车间管理人员薪酬 | | | |
| | 固定资产折旧费 | | | |
| | 小计 | | | |
| 合计 | | | | |

#### 附表 6-6(a)　产品标准成本计算表

产品编号:1　产品名称:单人床单　规格:纯棉贡缎/220*280 厘米(1.35 米床)
数量单位:条　2022 年度　金额单位:元

| 序号 | 成本项目 | 单位产品标准成本 |
|---|---|---|
| 1 | 直接材料成本 | |
| 2 | 直接人工成本 | |
| 3 | 变动制造费用 | |
| 4 | 固定制造费用 | |
| 5 | 产品成本 | |

附表 6-6(b)　产品标准成本计算表

产品编号:2　产品名称:双人床单　规格:纯棉贡缎/260＊280厘米(1.8米床)
数量单位:条　2022年度　金额单位:元

| 序号 | 成本项目 | 单位产品标准成本 |
|---|---|---|
| 1 | 直接材料成本 | |
| 2 | 直接人工成本 | |
| 3 | 变动制造费用 | |
| 4 | 固定制造费用 | |
| 5 | 产品成本 | |

任务评价

任务评价表如表 6-6 所示。

课堂测验

表 6-6　任务评价表

| 一级指标 | 二级指标 | 评价内容 | 分值 | 自评 | 互评 | 教师 | 企业导师 |
|---|---|---|---|---|---|---|---|
| 职业能力<br>(30 分) | 思维能力 | 能够从不同的角度提出问题,分析问题并解决问题 | 1 | | | | |
| | 自学能力 | 能够通过自己已有的知识经验来独立地获取新的知识和信息 | 2 | | | | |
| | 实践操作能力 | 能够根据自己获取的知识正确地完成工作任务 | 10 | | | | |
| | 创新能力 | 在小组讨论中能够与他人交流自己的想法,敢于标新立异 | 5 | | | | |
| | | 能够跳出固有的知识,提出自己的见解,培养自己的创新性 | 5 | | | | |
| | 表达能力 | 能够正确地组织和撰写分析报告等 | 5 | | | | |
| | 合作能力 | 能够为小组提供信息、质疑、归类和总结,提出方法,阐明观点 | 2 | | | | |
| 学习策略<br>(20 分) | 学习方法 | 根据本次任务实际情况对自己的学习方法进行调整 | 10 | | | | |
| | 自我调控 | 能够根据本次任务正确地使用学习方法 | 4 | | | | |
| | | 能够利用学习资源等正确地整合各种学习方法 | 6 | | | | |

(续表)

| 一级指标 | 二级指标 | 评价内容 | 分值 | 自评 | 互评 | 教师 | 企业导师 |
|---|---|---|---|---|---|---|---|
| 职业标准（50分） | 职业岗位能力 | 严格控制成本，促进增产节约、增收节支，提高企业的经济效益 | 20 | | | | |
| | | 配合财务主管做好公司会计制度、内控制度程序的设计、建立和健全 | 30 | | | | |

学生根据任务评价表填写，总结三维目标的达成度，如表6-7所示。

表6-7 任务总结

| 项目 | | 总结 |
|---|---|---|
| 素质提升 | 提升 | |
| | 欠缺 | |
| 知识掌握 | 掌握 | |
| | 欠缺 | |
| 能力达成 | 达成 | |
| | 欠缺 | |
| 改进措施 | | |

美的集团供应链管控模式

## 任务二　成本差异的计算

**任务情境**

任务情境

**任务要求**

编制材料采购成本跟踪控制分析表、单人床单和双人床单两种产品的产品成本跟踪控制分析表,对单人床单和双人床单的材料购入、水电费、材料耗用、人工费、制造费用等生产制造成本的支出情况实时跟踪分析,对出现的异常差异情况及时纠正。

**知识准备**

成本差异计算

### 一、直接材料成本差异

成本差异的计算一般按成本或费用项目进行。

直接材料成本差异是指直接材料实际成本与标准成本之间的差额,该差异可分解为直接材料价格差异和直接材料数量差异。直接材料价格差异是指在采购过程中,直接材料实际价格偏离标准价格所形成的差异;直接材料数量差异是指在产品生产过程中,直接材料实际消耗量偏离标准消耗量所形成的差异。有关计算公式如下:

直接材料成本差异＝实际成本－标准成本
　　　　　　　　＝实际耗用量×实际单价－标准耗用量×标准单价

直接材料成本差异＝直接材料价格差异＋直接材料数量差异

直接材料价格差异＝实际耗用量×(实际单价－标准单价)

直接材料数量差异＝(实际耗用量－标准耗用量)×标准单价

**【做中学 6-5】** 以表 6-4 龙达公司生产 B 产品的标准成本为准,已知 2022 年 12 月该企业实际生产 B 产品 250 件,实际耗用甲材料 2 000 千克,其实际单价是 72 元/千克;实际耗用乙材料 1 800 千克,其实际单价是 128 元/千克。

计算 B 产品的直接材料成本差异如下:

甲材料成本差异＝2 000×72－80×10×250＝－56 000(元)

其中:甲材料价格差异＝2 000×(72－80)＝－16 000(元)

甲材料数量差异＝80×(2 000－10×250)＝－40 000(元)
乙材料成本差异＝128×1 800－120×5×250＝80 400(元)
其中：乙材料价格差异＝(128－120)×1 800＝14 400(元)
乙材料数量差异＝120×(1 800－5×250)＝66 000(元)
B产品的直接材料成本差异＝－56 000＋80 400＝24 400(元)

## 二、直接人工成本差异

直接人工成本差异是指直接人工实际成本与标准成本之间的差额，该差异可分解为直接人工工资率差异和直接人工效率差异。直接人工工资率差异是指实际工资率偏离标准工资率所形成的差异，按实际工时计算确定；直接人工效率差异是指实际工时偏离标准工时所形成的差异，按标准工资率计算确定。有关计算公式如下：

直接人工成本差异＝实际成本－标准成本＝实际工时×实际工资率－标准工时×标准工资率

直接人工成本差异＝直接人工工资率差异＋直接人工效率差异

直接人工工资率差异＝实际工时×(实际工资率－标准工资率)

直接人工效率差异＝(实际工时－标准工时)×标准工资率

【做中学6-6】承【做中学6-5】，2022年12月，该企业为生产B产品，实际耗用的人工小时数是3 150，实际发生的直接人工成本是66 150元。

计算B产品的直接人工成本差异如下：
实际人工价格＝66 150÷3 150＝21(元/小时)
直接人工成本差异＝66 150－6×20×250＝36 150(元)
直接人工工资率差异＝(21－20)×3 150＝3 150(元)
直接人工效率差异＝20×(3 150－6×250)＝33 000(元)

## 三、变动制造费用项目成本差异

变动制造费用项目成本差异是指变动制造费用项目实际成本与标准成本之间的差额，该差异可分解为变动制造费用项目的价格差异和数量差异。变动制造费用项目价格差异是指燃料、动力、辅助材料等变动制造费用项目的实际价格偏离标准价格的差异；变动制造费用项目数量差异是指燃料、动力、辅助材料等变动制造费用项目的实际消耗量偏离标准用量的差异。变动制造费用项目成本差异的计算原理与直接材料和直接人工成本差异的计算相同。

变动制造费用项目成本差异相关计算公式如下：

变动制造费用项目成本差异＝实际成本－标准成本
＝实际耗用量×实际单价－标准耗用量×标准单价

变动制造费用项目成本差异＝变动制造费用项目价格差异＋变动制造费用项目数量差异

变动制造费用项目价格差异＝实际耗用量×(实际单价－标准单价)

变动制造费用项目数量差异＝(实际耗用量－标准耗用量)×标准单价

【做中学6-7】沿用【做中学6-6】的资料,2022年12月,该企业为生产B产品,实际耗用的机器小时数是1 400,实际工时变动制造费用分配率是12元/小时。

计算B产品的变动制造费用项目成本差异如下：

变动制造费用项目成本差异＝12×1 400－10×6×250＝1 800(元)

变动制造费用项目价格差异＝(12－10)×1 400＝2 800(元)

变动制造费用项目数量差异＝10×(1 400－6×250)＝－1 000(元)

### 四、固定制造费用项目成本差异

固定制造费用项目成本差异是指固定制造费用项目实际成本与标准成本之间的差额。其计算公式如下：

固定制造费用项目成本差异＝固定制造费用项目实际成本－固定制造费用项目标准成本

【做中学6-8】2022年12月,龙达公司车间实际发生的固定制造费用总额是10 000元。本月固定制造费用预算总成本64 000元,预算总工时37.50小时。B产品的单位标准工时6小时/件。

计算B产品的固定制造费用项目成本差异如下：

固定制造费用项目标准分配率＝6÷37.50＝0.16

固定制造费用项目标准成本＝64 000×0.16＝10 240(元)

固定制造费用项目成本差异＝10 000－10 240＝－240(元)

## 任务实施

任务实施视频

### 一、活动思考

问题：如何计算直接材料、直接人工、变动制造费用、固定制造费用成本差异？

_____
_____
_____

### 二、活动提升

古语云：惧则思,思则通微;惧则慎,慎则不败。根据这句话,在完成工作任务时,你主要考虑哪些因素？

### 三、活动实施

活动实施情况如表6-8所示。

表 6-8　活动实施情况

| 活动步骤 | 活动要求 | 活动安排 | 活动记录 |
|---|---|---|---|
| 步骤 1 职业沟通练习 | 在实际工作中,成本会计人员要具备扎实的专业能力,也要有良好的沟通能力等。以小组为单位分配角色,通过角色扮演、小组讨论,练习人与人之间的沟通能力 | 具体活动1:角色选择 | 附表 6-7 |
| | | 具体活动2:角色扮演 | 附表 6-7 |
| | | 具体活动3:模拟评价 | 附表 6-8 |
| 步骤 2 知识准备 | 成本差异计算 | 学习微课 | 梳理知识点 |
| 步骤 3 跟踪控制分析表 | 跟踪控制分析表 | 实训平台 | 附表 6-9、附表 6-10 |

附表 6-7　工作记录单

| 角色 | 学生姓名 | 沟通内容等 |
|---|---|---|
| 成本会计 | | |
| 财务经理 | | |
| 生产部 | | |
| 组长签字: | | |

附表 6-8　模拟评价表

| 组号 | 参加展示人数 | 评价 | | 小组排序 |
|---|---|---|---|---|
| | | 语言表达最好的学生 | 模拟最好的学生 | |
| | | | | |
| | | | | |
| | | | | |
| | | | | |
| | | | | |
| | | | | |

附表 6-9  材料采购成本跟踪控制分析表

2022 年 1 月　　　　　　　　　　　　　　　　　　　　　　　　　　　　　单位：元

| 日期 | 摘要 | 实际采购数量 | 实际采购成本 ||||||| 单位材料实际采购成本 | 单位材料标准价格 | 单位材料标准采购成本 | 采购成本差异 |
| | | | 买价 | 运杂费 | 途中保险费 | 入库前的挑选整理费 | 相关税费 | 其他 | 小计 | | | | |
|---|---|---|---|---|---|---|---|---|---|---|---|---|---|
| 2 | 幅宽 2.4 米白棉布 | | | | | | | | | | | | |
| 2 | 幅宽 2.8 米白棉布 | | | | | | | | | | | | |
| 2 | 线 | | | | | | | | | | | | |
| 4 | PP 胶袋 | | | | | | | | | | | | |

附表 6-10(a)  产品成本跟踪控制分析表

产品编号：1　　　　产品名称：单人床单　　　　规格：纯棉贡缎/220*280 厘米(1.35 米床)

| 日期 | 摘要 | 实际投产量 | 预算产量 | 价格差异 ||||| 用量差异 ||| 开支差异 ||||| 生产能力利用差异 |||| 合计 |
| | | | | 单位材料实际价格 | 单位材料标准价格 | 价格差异 | 材料实际领用量 | 价格总差异 | 单位产品材料实际消耗量 | 单位产品材料标准消耗量 | 用量差异 | 标准分配率 | 实际分配率 | 单位产品工时实际消耗量 | 单位产品工时预算消耗量 | 开支差异 | 单位产品工时标准消耗量 | 单位产品工时实际消耗量 | 单位产品工时预算消耗量 | 生产能力利用差异 | |
|---|---|---|---|---|---|---|---|---|---|---|---|---|---|---|---|---|---|---|---|---|---|
| 5 | 领用幅宽 2.4 米白棉布 | | | | | | | | | | | | | | | | | | | | |
| 5 | 领用线 | | | | | | | | | | | | | | | | | | | | |

（续表）

| 日期 | 摘要 | 实际投产量 | 预算产量 | 价格差异 ||||||  用量差异 ||||| 实际分配率 | 标准分配率 | 开支差异 ||||| 生产能力利用差异 ||||| 合计 |
|---|---|---|---|---|---|---|---|---|---|---|---|---|---|---|---|---|---|---|---|---|---|---|---|---|---|---|
| | | | | 单位材料实际价格 | 单位材料标准价格 | 单位产品材料实际消耗量 | 单位材料价格差异 | 价格总差异 | 材料实际领用量 | 单位产品材料实际消耗量 | 单位产品材料标准消耗量 | 单位材料标准价格 | 单位产品消耗量差异 | 用量差异 | | | 单位产品工时实际消耗量 | 单位产品工时标准消耗量 | 实际工时 | 预算工时 | 开支差异 | 单位产品工时实际消耗量 | 单位产品工时标准消耗量 | 实际工时 | 预算工时 | 生产能力利用差异 | |
| 5 | 领用PP胶袋 | | | | | | | | | | | | | | | | | | | | | | | | | | |
| 31 | 完工产品生产工人工资及单位"五险一金" | | | | | | | | | | | | | | | | | | | | | | | | | | |
| 31 | 完工产品变动制造费用 | | | | | | | | | | | | | | | | | | | | | | | | | | |
| | 其中:水电费 | | | | | | | | | | | | | | | | | | | | | | | | | | |
| 31 | 完工产品固定制造费用 | | | | | | | | | | | | | | | | | | | | | | | | | | |
| | 其中:车间管理人员薪酬 | | | | | | | | | | | | | | | | | | | | | | | | | | |

(续表)

| 日期 | 摘要 | 实际投量产量 | 实际产量 | 预算产量 | 价格差异 ||||| 用量差异 ||||| 开支差异 ||||| 生产能力利用差异 ||||| 合计 |
|---|---|---|---|---|---|---|---|---|---|---|---|---|---|---|---|---|---|---|---|---|---|---|---|---|---|
| | | | | | 单位材料实际价格 | 单位材料标准价格 | 材料实际领用量 | 价格总差异 | 单位材料实际消耗量 | 单位材料标准消耗量 | 单位产品材料消耗量差异 | 实际分配率 | 标准分配率 | 单位产品工时实际消耗量 | 单位产品工时标准消耗量 | 实际工时 | 预算工时 | | 单位产品工时实际消耗量 | 单位产品工时标准消耗量 | 实际工时 | 预算工时 | | | |
| | 固定资产折旧 | | | | | | | | | | | | | | | | | | | | | | | | |

附表 6-10(b) 产品成本跟踪控制分析表

产品编号：2　　产品名称：双人床单　　规格：纯棉贡缎/260*280厘米(1.8米床)

| 日期 | 摘要 | 实际投量产量 | 实际产量 | 预算产量 | 价格差异 ||||| 用量差异 ||||| 开支差异 ||||| 生产能力利用差异 ||||| 合计 |
|---|---|---|---|---|---|---|---|---|---|---|---|---|---|---|---|---|---|---|---|---|---|---|---|---|---|
| | | | | | 单位材料实际价格 | 单位材料标准价格 | 材料实际领用量 | 价格总差异 | 单位产品材料实际消耗量 | 单位产品材料标准消耗量 | 单位产品材料消耗量差异 | 实际分配率 | 标准分配率 | 单位产品工时实际消耗量 | 单位产品工时标准消耗量 | 实际工时 | 预算工时 | | 单位产品工时实际消耗量 | 单位产品工时标准消耗量 | 实际工时 | 预算工时 | | | |
| 5 | 领用幅宽2.8米白棉布 | | | | | | | | | | | | | | | | | | | | | | | | |
| 5 | 领用线 | | | | | | | | | | | | | | | | | | | | | | | | |
| 5 | 领用PP胶袋 | | | | | | | | | | | | | | | | | | | | | | | | |

（续表）

| 日期 | 摘要 | 实际投产量 | 预算产量 | 价格差异 ||||| 用量差异 ||||| 开支差异 ||||| 生产能力利用差异 ||||| 合计 |
|---|---|---|---|---|---|---|---|---|---|---|---|---|---|---|---|---|---|---|---|---|---|---|
| | | | | 单位产品材料实际价格 | 单位产品材料标准价格 | 单位产品材料实际消耗量 | 价格差异总差异 | 材料实际领用量 | 单位产品材料实际消耗量 | 单位产品材料标准消耗量 | 单位产品材料标准价格 | 用量差异 | 实际分配率 | 标准分配率 | 单位产品工时实际消耗量 | 单位产品工时标准消耗量 | 实际工时 | 预算工时 | 开支差异 | 标准分配率 | 单位产品工时实际消耗量 | 单位产品工时标准消耗量 | 实际工时 | 预算工时 | 生产能力利用差异 | |
| 31 | 完工产品生产工人工资及"五险一金"单位 | | | | | | | | | | | | | | | | | | | | | | | | | |
| 31 | 完工产品变动制造费用 | | | | | | | | | | | | | | | | | | | | | | | | | |
| | 其中:水电费 | | | | | | | | | | | | | | | | | | | | | | | | | |
| 31 | 完工产品固定制造费用 | | | | | | | | | | | | | | | | | | | | | | | | | |
| | 其中:车间管理人员薪酬 | | | | | | | | | | | | | | | | | | | | | | | | | |
| | 固定资产折旧 | | | | | | | | | | | | | | | | | | | | | | | | | |

## 任务评价

任务评价表如表6-9所示。

二维码6-9：
课堂测验

表6-9 任务评价表

| 一级指标 | 二级指标 | 评价内容 | 分值 | 自评 | 互评 | 教师 | 企业导师 |
|---|---|---|---|---|---|---|---|
| 职业能力<br>（30分） | 思维能力 | 能够从不同的角度提出问题,分析问题并解决问题 | 1 | | | | |
| | 自学能力 | 能够通过自己已有的知识经验来独立地获取新的知识和信息 | 2 | | | | |
| | 实践操作能力 | 能够根据自己获取的知识正确地完成工作任务 | 10 | | | | |
| | 创新能力 | 在小组讨论中能够与他人交流自己的想法,敢于标新立异 | 5 | | | | |
| | | 能够跳出固有的知识,提出自己的见解,培养自己的创新性 | 5 | | | | |
| | 表达能力 | 能够正确地组织和撰写分析报告等 | 5 | | | | |
| | 合作能力 | 能够为小组提供信息、质疑、归类和总结,提出方法,阐明观点 | 2 | | | | |
| 学习策略<br>（20分） | 学习方法 | 根据本次任务实际情况对自己的学习方法进行调整 | 10 | | | | |
| | 自我调控 | 能够根据本次任务正确地使用学习方法 | 4 | | | | |
| | | 能够利用学习资源等正确地整合各种学习方法 | 6 | | | | |
| 职业标准<br>（50分） | 职业岗位能力 | 学习掌握先进的成本管理和成本核算方法及计算机操作,提出降低成本控制的措施与建议 | 20 | | | | |
| | | 负责检查和督促与成本有关的管理制度、内部控制制度和监督方面的规章制度的执行情况 | 30 | | | | |

## 任务总结

学生根据任务评价表填写,总结三维目标的达成度,如表6-10所示。

表 6-10 任务总结

| 项目 | | 总结 |
|---|---|---|
| 素质提升 | 提升 | |
| | 欠缺 | |
| 知识掌握 | 掌握 | |
| | 欠缺 | |
| 能力达成 | 达成 | |
| | 欠缺 | |
| 改进措施 | | |

中航工业的管理会计体系化建设

知识巩固

技能提升

# 项目七 成本分析

思政园地

### 素养目标

1. 培养积极乐观的心态，诚信为本、求真务实的职业素养
2. 培养业财融合的逻辑思维能力、创新能力
3. 培养团队协作能力

### 知识目标

1. 掌握标准成本差异分析
2. 掌握目标成本法的概念及应用程序
3. 掌握目标成本法的分析应用及优缺点

### 能力目标

1. 能够进行直接材料、直接人工、制造费用成本差异分析
2. 能够编制产品成本同行业比较分析表并分析差异的原因
3. 能够编制产品成本历史比较分析表并分析差异的原因

### 知识导图

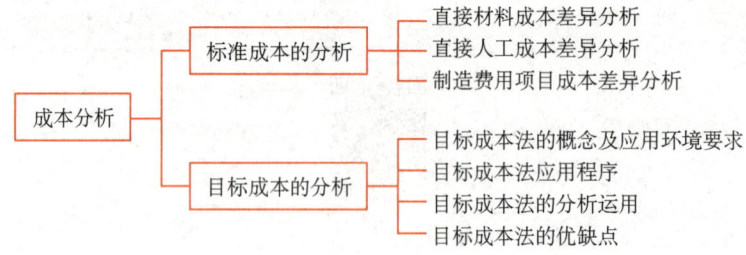

## 任务一　标准成本的分析

**任务情境**

任务情境

**任务要求**

编制单人床单和双人床单两种产品的直接材料成本差异分析表、直接人工成本差异分析表、制造费用成本差异分析表。

**任务准备**

在标准成本法的实施过程中，各相关部门（或成本中心）应对其所管理的项目进行跟踪分析。生产部门一般应根据标准用量、标准工时等，实时跟踪和分析各项耗用差异，从操作人员、机器设备、原料质量、标准制定等方面寻找差异原因，采取应对措施，控制现场成本，并及时反馈给人力资源、技术、采购、财务等相关部门，共同实施事中控制。采购部门一般应根据标准价格，按照各项目采购批次，揭示和反馈价格差异形成的原因，控制和降低总采购成本。

标准成本分析

企业应定期将实际成本与标准成本进行比较和分析，确定差异数额及性质，揭示差异形成的动因，落实责任中心，寻求可行的改进途径和措施。

成本差异分析一般按成本或费用项目进行。

成本差异按其数量特征可以分为有利差异和不利差异。有利差异是指因实际成本低于标准成本而形成的节约差，用 $F$ 表示。不利差异是指因实际成本高于标准成本而形成的超支差，用 $U$ 表示。企业应该采取措施，消除不利差异，发展有利差异，以实现对成本的控制，不断降低成本，提高经济效益。

### 一、直接材料成本差异分析

【做中学 7-1】龙达公司本月实际耗用甲材料 15 000 千克，采购价格为 1 元/千克。本月投产 C 产品 2 000 件，全部完工。标准成本资料如表 7-1 所示。

表 7-1　产品标准成本　　　　　　　　　　　　　金额单位：元

| 成本项目 | 单价标准<br>（分配率标准） | 数量标准<br>（工时标准） | 标准成本 |
|---|---|---|---|
| 直接材料 | 0.8元/千克 | 6.5千克 | 5.20 |
| 直接人工 | 8元/小时 | 0.45小时 | 3.60 |
| 变动制造费用 | 2元/小时 | 0.45小时 | 0.90 |
| 固定制造费用 | 0.000 5 | 1 000元（总成本） | 0.50 |
| 单位产品标准成本 | — | — | 10.20 |

原材料的差异分析如下：

直接材料成本总差异＝1×15 000－2 000×6.5×0.8＝4 600(元)(不利差异)

直接材料价格差异＝(1－0.8)×15 000＝3 000(元)(不利差异)

直接材料数量差异＝(15 000－2 000×6.5)×0.8＝1 600(元)(不利差异)

从本例我们可以知道，由于材料价格方面的原因，材料成本上升了3 000元，而由于材料用量的增加，材料成本上升了1 600元。

材料价格差异通常由采购部门负责，因为影响材料采购的各种因素，如批量采购、供应商的选择、交货方式、材料的质量和运输工具等，通常都是由采购部门控制并受采购部门决策的影响。但是，有的原因是不可控的，如宏观经济等不可控因素引起的原材料普遍涨价等。

因此，对于不利的价格差异，我们一定要作进一步的深入分析，查明产生差异的真正原因：是标准成本制定得不合适还是原材料真正涨价；是采购人员的能力问题还是违反职业道德操守问题；是购买了质量更好的原材料还是紧急订单导致使用紧急空运方式引起的价格上涨等。

材料用量差异的不利差异有可能是因为当初标准成本制定得不合适，过于苛刻，此时应进一步修订标准成本；如果是招聘的工人技能水平低造成原材料的浪费，应由人力资源部负责；如果是生产部没有及时、适当地培训员工，员工技术不熟练造成原材料的浪费，或者生产部经理没有很好地监督员工造成员工浪费材料，或者机器没有得到及时维护和维修造成材料浪费，应由生产部门负责；如果是采购部采购了低质量的原材料，应由采购部门负责。

## 二、直接人工成本差异分析

【做中学7-2】龙达公司本月投产C产品2 000件，实际耗用人工1 000小时，实际工资额7 500元，平均每小时7.5元。标准工资率和工时标准如表7-1所示。则直接人工的差异分析如下：

直接人工成本总差异＝1 000×7.5－2 000×0.45×8＝300(元)

直接人工工资率差异＝1 000×(7.5－8)＝－500(元)(有利差异)

直接人工效率差异＝(1 000－2 000×0.45)×8＝800(元)(不利差异)

从本例我们知道，实际工资率高于标准工资率使直接人工成本下降500元，产生了有利差异；实际工时超过标准工时造成直接人工效率差异增加800元，产生了不利差异。

直接人工价差产生不利差异,原因可能为标准成本制定得太苛刻,或者通货膨胀、人力资源市场招聘不到人等使工人工资增加,或者由于公司政策原因而使加班或者津贴标准提高了,或者直接人工结构发生变化,低级工换成了高级工,出现这些情况应考虑修改标准成本;如果因为招聘人员谈判技巧不行,没有广泛地利用招聘会或者中介,此时应由人力资源部门负责。

直接人工效率差异为不利差异,原因如果是生产部门没有及时地培训员工,或者生产部门没有很好地监督员工造成员工效率低下,或者机器没有及时维护、维修造成效率低而多用工人,或者生产工艺发生改变,应该由生产部门负责;如果是招聘的工人技能差,则人事部和生产部门都有责任;如果是低质量的原材料造成很多返工或者低效率而多用工人,则应由采购部经理负责。

### 三、制造费用项目成本差异分析

#### (一)变动制造费用项目成本差异分析

**【做中学7-3】** 沿用**【做中学7-1】** 的资料,龙达公司生产C产品的变动制造费用实际分配率为1.7元/小时,实际耗用人工1 000小时。分配率标准和工时标准如表7-1所示。则变动制造费用的差异分析如下:

制造费用总差异＝1 000×1.7－2 000×2×0.45＝－100(元)

变动制造费用耗费差异＝1 000×(1.7－2)＝－300(元)(有利差异)

变动制造费用效率差异＝(1 000－2 000×0.45)×2＝200(元)(不利差异)

本例的计算结果表明,变动制造费用总差异为有利差异100元,这是由变动制造费用耗费的有利差异300元和变动制造费用效率的不利差异200元构成的。

变动制造费用耗费差异是变动制造费用分配率差异,也是变动制造费用价格差异,但是与直接人工和直接材料的价格差异有一定不同。变动制造费用效率差异也是变动制造费用数量差异。由于变动制造费用是由许多项目组成的,并且与一定的生产力水平相联系,仅通过举例中的差异计算来反映变动制造费用的差异总额。而实际生活中要根据变动制造费用各明细项目的弹性预算和实际发生额进行对比分析,并追究相关部门的责任。

#### (二)固定制造费用项目成本差异分析

**【做中学7-4】** 假设龙达公司生产C产品的实际产量为2 000件,实际成本资料如表7-2所示。

表7-2 实际成本　　　　　　　　　　　　　　　　　　　　单位:元

| 项目 | 实际成本 |
| --- | --- |
| 直接材料 | 15 000 |
| 直接人工 | 7 500 |
| 变动制造费用 | 1 700 |
| 固定制造费用 | 1 100 |
| 合计 | 25 300 |

根据表 7-1 和表 7-2 的数据，龙达公司某月的成本差异报告如表 7-3 所示。

表 7-3　成本差异报告　　　　　　　　　　　　　　　单位：元

| 项目 | 实际成本 | 预计(标准)总成本 | 差异 |
| --- | --- | --- | --- |
| 直接材料 | 15 000 | 10 400 | 4 600 |
| 直接人工 | 7 500 | 7 200 | 300 |
| 变动制造费用 | 1 700 | 1 800 | −100 |
| 固定制造费用 | 1 100 | 1 000 | 100 |
| 合计 | 25 300 | 20 400 | 4 900 |

固定制造费用成本差异分析有二因素分析法和三因素分析法。

1. 二因素分析法

二因素分析法是将固定制造费用的成本差异分为耗费差异和能量差异两部分。

固定制造费用耗费差异是固定制造费用实际金额与固定制造费用预算金额之间的差额。在考核时不考虑业务量的变动，以原来的预算数作为标准，实际超过预算即为超支。

固定制造费用耗费差异＝固定制造费用实际数－固定制造费用预算数

固定制造费用能量差异是固定制造费用预算与固定制造费用标准成本的差额，是指在固定预算不变的情况下，由于实际产量和计划产量不同而造成的差额。它反映实际产量标准工时未能达到生产能量而造成的损失，其差异与现有生产能力的利用程度有关。

固定制造费用能量差异＝固定制造费用预算数－固定制造费用标准成本
　　　　　　　　　　＝(预算工时－实际产量标准工时)×固定制造费用标准分配率

【做中学 7-5】龙达公司本期生产 C 产品 2 000 件，实际耗用人工 5 000 小时，实际发生固定制造费用 23 600 元。固定制造费用预算金额为 22 560 元，预算工时为 4 700 小时，单位产品的工时耗用标准为 6 小时，标准工时为 4 800 小时。

固定制造费用标准分配率＝22 560÷4 700＝4.8(元/小时)

固定制造费用实际分配率＝23 600÷5 000＝4.72(元/小时)

固定制造费用标准成本＝4 800×4.8＝23 040(元)

固定制造费用耗费差异＝23 600－22 560＝1 040(元)

固定制造费用能量差异＝(4 700－4 800)×4.8＝−480(元)

固定制造费用成本差异＝1 040－480＝560(元)

2. 三因素分析法

三因素分析法是将固定制造费用的成本差异分为耗费差异、效率差异和闲置能量差异三部分。其耗费差异的计算与二因素分析法相同。不同的是其将二因素分析法中的"能量差异"进一步分解为两部分：一部分是实际工时未达到标准能量而形成的闲置

能量差异;另一部分是实际工时脱离标准工时而形成的效率差异。接前例有关计算如下:

固定制造费用标准成本 ＝ 4 800×4.8 ＝ 23 040(元)

固定制造费用耗费差异＝ 固定制造费用实际数 － 固定制造费用预算数
　　　　　　　　　＝ 23 600 － 22 560 ＝ 1 040(元)

固定制造费用闲置能量差异＝ 固定制造费用预算成本 － 实际工时×固定制造费用标准分配率
　　　　　　　　　　　　＝(预算工时 － 实际工时)×固定制造费用标准分配率
　　　　　　　　　　　　＝ 22 560 － 5 000×4.8 ＝ －1 440(元)

固定制造费用效率差异＝(实际工时 － 实际产量标准工时)×固定制造费用标准分配率
　　　　　　　　　　＝(5 000 － 4 800)×4.8 ＝ 960(元)

固定制造费用成本差异 ＝ 1 040 － 1 440 ＋ 960 ＝ 560(元)

企业应根据固定制造费用项目的性质,分析差异形成原因,并将之追溯至相关责任中心。

在成本差异的分析过程中,企业应关注各项成本差异的规模、趋势及其可控性。对于反复发生的大额差异,企业应进行重点分析与处理。企业可将生成的成本差异信息汇总,定期形成标准成本差异分析报告,并针对性地提出成本改进措施。

## 任务实施

### 一、活动思考

任务实施视频

问题 1:如何计算直接材料价格差异、数量差异,直接人工工资率差异、效率差异,变动制造费用价格差异、数量差异,固定制造费用效率差异、闲置能量差异、耗费差异?

_____
_____
_____

问题 2:如何分析直接材料、直接人工、变动制造费用、固定制造费用成本差异?

_____
_____
_____
_____

### 二、活动提升

古语云:运筹帷幄之中,决胜千里之外。根据这句话,你是如何理解成本会计工作的? 在完成工作任务时,你主要考虑哪些因素?

### 三、活动实施

活动实施情况如表 7-4 所示。

表 7-4　活动实施情况

| 活动步骤 | 活动要求 | 活动安排 | 活动记录 |
|---|---|---|---|
| 步骤 1<br>职业沟通练习 | 在实际工作中,成本会计人员要具备扎实的专业能力,也要有良好的沟通能力等。以小组为单位分配角色,通过角色扮演、小组讨论,练习人与人之间的沟通能力 | 具体活动 1:角色选择 | 附表 7-1 |
| | | 具体活动 2:角色扮演 | 附表 7-1 |
| | | 具体活动 3:模拟评价 | 附表 7-2 |
| 步骤 2<br>知识准备 | 标准成本分析 | 学习微课 | 梳理知识点 |
| 步骤 3<br>标准成本分析 | 直接材料、直接人工、制造费用标准成本分析 | 实训平台 | 附表 7-3 至附表 7-6 |

附表 7-1　工作记录单

| 角色 | 学生姓名 | 沟通内容等 |
|---|---|---|
| 成本会计 | | |
| 财务经理 | | |
| 生产部 | | |
| 采购部 | | |
| 人力资源部 | | |
| 组长签字: | | |

附表 7-2　模拟评价表

| 组号 | 参加展示人数 | 评价 | | 小组排序 |
|---|---|---|---|---|
| | | 语言表达最好的学生 | 模拟最好的学生 | |
| | | | | |
| | | | | |
| | | | | |
| | | | | |

附表 7-3(a)　直接材料成本差异分析表

产品编号:1　产品名称:单人床单　规格:纯棉贡缎/220*280 厘米(1.35 米床)

数量单位:条　2022 年 1 月　金额单位:元

| 序号 | 材料名称 | 规格 | 单位 | 实际产量 | 单位产品材料实际消耗量 | 单位实际价格 | 单位产品材料标准消耗量 | 单位标准价格 | 直接材料实际成本 | 直接材料标准成本 | 直接材料价格差异 | 直接材料数量差异 | 直接材料成本差异 |
|---|---|---|---|---|---|---|---|---|---|---|---|---|---|
| 1 | 幅宽 2.4 米白棉布 | 纯棉贡缎/白色/幅宽 240 厘米 | 米 | | | | | | | | | | |
| 2 | 线 | 白色 | 卷 | | | | | | | | | | |

(续表)

| 序号 | 材料名称 | 规格 | 单位 | 实际产量 | 单位产品材料实际消耗量 | 单位材料实际价格 | 单位产品材料标准消耗量 | 单位材料标准价格 | 直接材料实际成本 | 直接材料标准成本 | 直接材料价格差异 | 直接材料数量差异 | 直接材料成本差异 |
|---|---|---|---|---|---|---|---|---|---|---|---|---|---|
| 3 | PP胶袋 | | 个 | | | | | | | | | | |
| 4 | | | | | | | | | | | | | |
| 5 | | | | | | | | | | | | | |
| | 合计 | | | | | | | | | | | | |

附表 7-3(b)　直接材料成本差异分析表

产品编号:2　产品名称:双人床单　规格:纯棉贡缎/260*280厘米(1.8米床)
数量单位:条　2022年1月　金额单位:元

| 序号 | 材料名称 | 规格 | 单位 | 实际产量 | 单位产品材料实际消耗量 | 单位材料实际价格 | 单位产品材料标准消耗量 | 单位材料标准价格 | 直接材料实际成本 | 直接材料标准成本 | 直接材料价格差异 | 直接材料数量差异 | 直接材料成本差异 |
|---|---|---|---|---|---|---|---|---|---|---|---|---|---|
| 1 | 幅宽2.8米白棉布 | 纯棉贡缎/白色/幅宽280厘米 | 米 | | | | | | | | | | |
| 2 | 线 | 白色 | 卷 | | | | | | | | | | |
| 3 | PP胶袋 | | 个 | | | | | | | | | | |
| 4 | | | | | | | | | | | | | |
| 5 | | | | | | | | | | | | | |
| | 合计 | | | | | | | | | | | | |

附表 7-4(a)　直接人工成本差异分析表

产品编号:1　产品名称:单人床单　规格:纯棉贡缎/220*280厘米(1.35米床)
数量单位:条　2022年1月　金额单位:元

| 序号 | 车间 | 实际产量 | 单位产品工时实际消耗量 | 实际工资率 | 单位产品工时标准消耗量 | 标准工资率 | 直接人工实际成本 | 直接人工标准成本 | 直接人工工资率差异 | 直接人工效率差异 | 直接人工成本差异 |
|---|---|---|---|---|---|---|---|---|---|---|---|
| 1 | 生产车间 | | | | | | | | | | |
| 2 | | | | | | | | | | | |
| 3 | | | | | | | | | | | |
| 4 | | | | | | | | | | | |
| 5 | | | | | | | | | | | |
| | 合计 | | | | | | | | | | |

### 附表 7-4(b) 直接人工成本差异分析表

产品编号：2　产品名称：双人床单　规格：纯棉贡缎/260*280 厘米(1.8 米床)

数量单位：条　2022 年 1 月　金额单位：元

| 序号 | 车间 | 实际产量 | 单位产品工时实际消耗量 | 实际工资率 | 单位产品工时标准消耗量 | 标准工资率 | 直接人工实际成本 | 直接人工标准成本 | 直接人工工资率差异 | 直接人工效率差异 | 直接人工成本差异 |
|---|---|---|---|---|---|---|---|---|---|---|---|
| 1 | 生产车间 | | | | | | | | | | |
| 2 | | | | | | | | | | | |
| 3 | | | | | | | | | | | |
| 4 | | | | | | | | | | | |
| 5 | | | | | | | | | | | |
| | 合计 | | | | | | | | | | |

### 附表 7-5(a) 变动制造费用成本差异分析表

产品编号：1　产品名称：单人床单　规格：纯棉贡缎/220*280 厘米(1.35 米床)

数量单位：条　2022 年 1 月　金额单位：元

| 序号 | 项目 | 实际产量 | 单位产品工时实际消耗量 | 实际工时 | 实际分配率 | 单位产品工时标准消耗量 | 标准工时 | 标准分配率 | 实际变动制造费用 | 标准变动制造费用 | 变动制造费用分配率差异 | 变动制造费用效率差异 | 变动制造费用成本差异 |
|---|---|---|---|---|---|---|---|---|---|---|---|---|---|
| 1 | 水电费 | | | | | | | | | | | | |
| 2 | | | | | | | | | | | | | |
| 3 | | | | | | | | | | | | | |
| 4 | | | | | | | | | | | | | |
| 5 | | | | | | | | | | | | | |
| | 合计 | | | | | | | | | | | | |

### 附表 7-5(b) 变动制造费用成本差异分析表

产品编号：2　产品名称：双人床单　规格：纯棉贡缎/260*280 厘米(1.8 米床)

数量单位：条　2022 年 1 月　金额单位：元

| 序号 | 项目 | 实际产量 | 单位产品工时实际消耗量 | 实际工时 | 实际分配率 | 单位产品工时标准消耗量 | 标准工时 | 标准分配率 | 实际变动制造费用 | 标准变动制造费用 | 变动制造费用分配率差异 | 变动制造费用效率差异 | 变动制造费用成本差异 |
|---|---|---|---|---|---|---|---|---|---|---|---|---|---|
| 1 | 水电费 | | | | | | | | | | | | |
| 2 | | | | | | | | | | | | | |
| 3 | | | | | | | | | | | | | |
| 4 | | | | | | | | | | | | | |
| 5 | | | | | | | | | | | | | |
| | 合计 | | | | | | | | | | | | |

附表 7-6(a)　固定制造费用成本差异分析表

产品编号:1　产品名称:单人床单　规格:纯棉贡缎/220*280 厘米(1.35 米床)
数量单位:条　2022 年 1 月　金额单位:元

| 序号 | 项目 | 实际产量 | 预算产量 | 单位产品工时实际消耗量 | 实际工时 | 实际分配率 | 单位产品工时标准消耗量 | 标准工时 | 预算工时 | 标准分配率 | 实际固定制造费用 | 标准固定制造费用 | 固定制造费用开支差异 | 固定制造费用效率差异 | 固定制造费用生产能力利用差异 | 固定制造费用成本差异 |
|---|---|---|---|---|---|---|---|---|---|---|---|---|---|---|---|---|
| 1 | 车间管理人员薪酬 | | | | | | | | | | | | | | | |
| 2 | 固定资产折旧费 | | | | | | | | | | | | | | | |
| 3 | | | | | | | | | | | | | | | | |
| 4 | | | | | | | | | | | | | | | | |
| 5 | | | | | | | | | | | | | | | | |
| | 合计 | | | | | | | | | | | | | | | |

附表 7-6(b)　固定制造费用成本差异分析表

产品编号:2　产品名称:双人床单　规格:纯棉贡缎/260*280 厘米(1.8 米床)
数量单位:条　2022 年 1 月　金额单位:元

| 序号 | 项目 | 实际产量 | 预算产量 | 单位产品工时实际消耗量 | 实际工时 | 实际分配率 | 单位产品工时标准消耗量 | 标准工时 | 预算工时 | 标准分配率 | 实际固定制造费用 | 标准固定制造费用 | 固定制造费用开支差异 | 固定制造费用效率差异 | 固定制造费用生产能力利用差异 | 固定制造费用成本差异 |
|---|---|---|---|---|---|---|---|---|---|---|---|---|---|---|---|---|
| 1 | 车间管理人员薪酬 | | | | | | | | | | | | | | | |
| 2 | 固定资产折旧费 | | | | | | | | | | | | | | | |
| 3 | | | | | | | | | | | | | | | | |
| 4 | | | | | | | | | | | | | | | | |
| 5 | | | | | | | | | | | | | | | | |
| | 合计 | | | | | | | | | | | | | | | |

任务评价表如表 7-5 所示。

课堂测验

表 7-5 任务评价表

| 一级指标 | 二级指标 | 评价内容 | 分值 | 自评 | 互评 | 教师 | 企业导师 |
|---|---|---|---|---|---|---|---|
| 职业能力<br>（30 分） | 思维能力 | 能够从不同的角度提出问题,分析问题并解决问题 | 1 | | | | |
| | 自学能力 | 能够通过自己已有的知识经验来独立地获取新的知识和信息 | 2 | | | | |
| | 实践操作能力 | 能够根据自己获取的知识正确地完成工作任务 | 10 | | | | |
| | 创新能力 | 在小组讨论中能够与他人交流自己的想法,敢于标新立异 | 5 | | | | |
| | | 能够跳出固有的知识,提出自己的见解,培养自己的创新性 | 5 | | | | |
| | 表达能力 | 能够正确地组织和撰写分析报告等 | 5 | | | | |
| | 合作能力 | 能够为小组提供信息、质疑、归类和总结,提出方法,阐明观点 | 2 | | | | |
| 学习策略<br>（20 分） | 学习方法 | 根据本次任务实际情况对自己的学习方法进行调整 | 10 | | | | |
| | 自我调控 | 能够根据本次任务正确地使用学习方法 | 4 | | | | |
| | | 能够利用学习资源等正确地整合各种学习方法 | 6 | | | | |
| 职业标准<br>（50 分） | 职业岗位能力 | 了解生产工艺并建立与维护标准成本体系,每月进行标准成本与实际成本的对比分析 | 20 | | | | |
| | | 掌握成本动态,收集行业价格信息,进行成本分析,编制报告,对存在的问题给予处理意见 | 30 | | | | |

## 任务总结

学生根据任务评价表填写,总结三维目标的达成度,如表 7-6 所示。

表 7-6 任务总结

| 项目 | | 总结 |
|---|---|---|
| 素质提升 | 提升 | |
| | 欠缺 | |
| 知识掌握 | 掌握 | |
| | 欠缺 | |

（续表）

| 项目 | | 总结 |
|---|---|---|
| 能力达成 | 达成 | |
| | 欠缺 | |
| 改进措施 | | |

**任务拓展**

标准成本法下的账务处理

## 任务二　目标成本的分析

**任务情境**

任务情境

**任务要求**

（1）编制产品成本同行业比较分析表，将产品实际成本与同行业数据进行比较，分析存在差异的原因。

（2）编制产品成本历史比较分析表，将产品实际成本与2017—2021年历史最低的2017年9月产品生产成本进行比较，分析存在差异的原因。

 **任务准备**

### 一、目标成本法的概念及应用环境要求

目标成本分析主要使用的是目标成本法。目标成本法是指企业以市场为导向,以目标售价和目标利润为基础确定产品的目标成本,从产品设计阶段开始,通过各部门、各环节乃至与供应商的通力合作,共同实现目标成本的成本管理方法。目标成本法一般适用于制造企业的企业成本管理,也可以在物流、建筑、服务等行业应用。

目标成本法的应用环境要求如下:

(1)企业应处于比较成熟的买方市场环境,且产品的设计、性能、质量、价值等呈现出较为明显的多样化特征。

(2)企业以创造和提升客户价值为前提,以成本降低和成本优化为主要手段,谋求竞争中的成本优势,保证目标利润的实现。

(3)企业应成立由研究与开发、工程、供应、生产、销售、财务、信息等有关部门组成的跨部门团队,负责目标成本的制定、计划、分解、下达与考核,并建立相应的工作机制,有效协调有关部门之间的分工合作。

(4)企业能及时、准确地获得目标成本计算所需要的产品的售价、成本、利润以及性能、质量、工艺、流程、技术等方面各类的财务和非财务信息。

### 二、目标成本法应用程序

企业应用目标成本法一般需经过目标成本的设定、分解、达成到再设定、再分解、再达成多重循环,以持续改进产品方案。

企业应用目标成本法,一般按照确定应用对象、成立跨部门团队、收集相关信息、计算市场容许成本、设定目标成本、分解可实现目标成本、落实目标成本责任、考核成本管理业绩以及持续改善等程序进行。

#### (一)确定应用对象

企业确定目标成本法的应用对象时应根据目标成本法的应用目标及其应用环境和条件,综合考虑产品的产销量和盈利能力等因素来确定。下列产品比较适合作为应用对象:

(1)企业拟开发的新产品。

(2)功能与设计存在较大弹性空间、产销量较大且处于亏损状态或者盈利水平较低、对企业经营业绩具有重大影响的老产品。

#### (二)成立跨部门团队

企业采用目标成本法的前提是成立一个管理水平较高的跨部门团队,在该团队下成立成本规划、成本设计、成本确认、成本实施等小组,各小组根据管理层授权协同合作完成相关工作。

(1)成本规划小组由业务及财务人员组成,负责设定目标利润,制定新产品开发或老产品改进方针,考虑目标成本等。该小组的职责主要是收集相关信息、计算市场驱动产品成本等。

（2）成本设计小组由技术及财务人员组成，负责确定产品的技术性能、规格，负责对比各种成本因素，考虑价值工程，进行设计图上成本降低或成本优化的预演等。该小组的职责主要是对可实现目标成本进行设定和分解等。

（3）成本确认小组由有关部门负责人、技术及财务人员组成，负责分析设计方案或试制品评价的结果，确认目标成本，进行生产准备、设备投资等。该小组的职责主要是对可实现目标成本的设定和分解进行评价和确认等。

（4）成本实施小组由有关部门负责人及财务人员组成，负责确认实现成本策划的各种措施，分析成本控制中出现的差异，并提出对策，对整个生产过程进行分析、评价等。该小组的职责主要是落实目标成本责任、考核成本管理业绩等。

## （三）收集相关信息

目标成本法的应用需要企业研究与开发、工程、供应、生产、营销、财务和信息等部门收集与应用对象相关的信息。这些信息一般包括：

（1）产品成本构成及料、工、费等财务和非财务信息。
（2）产品功能及其设计、生产流程与工艺等技术信息。
（3）材料的主要供应商、供求状况、市场价格及其变动趋势等信息。
（4）产品的主要消费者群体、分销方式和渠道、市场价格及其变动趋势等信息。
（5）本企业及同行业标杆企业产品盈利水平等信息。
（6）其他相关信息。

## 三、目标成本法的分析运用

### （一）市场容许成本

市场容许成本是指目标售价减去目标利润之后的余额。

市场容许成本＝目标售价－目标利润

目标售价的设定应综合考虑客户感知的产品价值、竞争产品的预期相对功能和售价，以及企业针对该产品的战略目标等因素。

目标利润的设定应综合考虑利润预期、历史数据、竞争地位分析等因素。

目标成本分析

【做中学7-6】龙达公司地处资源丰富的地区，但由于管理和技术落后，产品研发能力较弱，其生产出同类产品成本比同行领头羊企业整整高了50%～130%，企业效益较差，企业遇到生存危机。公司决定对新型产品A产品进行目标成本管理。根据公司的5年发展规划，通过对各种情况的综合考量，公司将A产品的目标售价定在200元/件，预计销售量20 000件，测算的销售利润率定为20%。试确定A产品的市场容许成本。

市场容许成本＝目标售价－目标利润＝20 000×200×（1－20%）＝3 200 000（元）

### （二）确定可实现的目标成本

市场容许成本确定后，企业将容许成本与新产品设计成本或老产品当前成本进行比较，确定差异及其成因，设定可实现的目标成本。确定可以实现的目标成本时，企业可主要从如下方面努力：改进产品设计，改进生产工艺，寻找替代材料等；使用先进的生产设备，提高工人的劳动生产率；加强设备维修，减少闲置设备；组织好生产经营活动。

企业一般采取价值工程、拆装分析、流程再造、全面质量管理、供应链全程成本管理等措施和手段,寻求消除当前成本或设计成本偏离容许成本的措施,使容许成本转化为可实现的目标成本。

### (三) 确定零部件的目标成本

企业应按主要功能对可实现的目标成本进行分解,确定产品所包含的每一零部件的目标成本。在分解时,首先应确定主要功能的目标成本,然后寻求实现这种功能的方法,并把主要功能和主要功能级的目标成本分配给零部件,形成零部件级目标成本。同时,企业应将零部件级目标成本转化为供应商的目标售价,压力被相应传递到了供应商那里。

### (四) 目标成本管理

企业应将设定的可容许成本、可实现的目标成本和零部件的目标成本以及供应商目标售价进一步量化为可控制的财务和非财务指标,落实到各责任中心,形成各责任中心的责任成本和成本控制标准,并辅之以相应的权限,将达成的可实现目标成本落到实处。

企业应依据各责任中心的责任成本和成本控制标准,按照业绩考核制度和办法,定期进行成本管理业绩的考核与评价,为各责任中心和人员的激励奠定基础。

企业应定期将产品实际成本与设定的可实现目标成本进行对比,确定其差异及其性质,分析差异的成因,提出消除各种重要不利差异的可行途径和措施,进行可实现目标成本的重新设定、再达成,推动成本管理的持续优化。

## 四、目标成本法的优缺点

1. 目标成本法的主要优点

(1) 突出从原材料到产品出货全过程的成本管理,有助于提高成本管理的效率和效果。

(2) 强调产品寿命周期成本的全过程和全员管理,有助于提高客户价值和产品市场竞争力。

(3) 谋求成本规划和利润规划活动的有机统一,有助于提高产品的综合竞争力。

(4) 进行事前控制且有助于将考核落实到位。

2. 目标成本法的主要缺点

目标成本法的运用不仅要求企业具有各类所需要的人才,更需要各有关部门和人员的通力合作,对企业的管理水平要求高。

【工作实例7-1】延锋伟世通汽车饰件系统有限公司(以下简称延锋公司)是一家汽车零部件制造厂商,其生产的主要产品为汽车内外部装饰系统,如座椅、门板、方向盘、保险杠等。汽车饰件产品市场竞争十分激烈,其竞争的焦点即为价格,而价格竞争的实质就是成本的竞争,只有成本领先才能在竞争中立于不败之地。

延锋公司的产品定价是要以投标的方式决定,若要价太高则不能得标,若只考虑当年或近几年的利润而不考虑产品整个生命周期的整体利润而要价过低则会导致亏损。其通过提高价格来增加收入似乎并没有太大的空间,因此降低成本成了延锋公司的最优选择。

根据这一思路,延锋公司决定采用目标成本法,对产品提出策划方案,并在具体方案下对产品成本进行预测。为此,公司建立了高效的报价体系和可靠的财务预测模型来对产品在整个生命周期的成本与收入进行预测,若策划方案的预测成本不能满足企业目标利润的要求,就对产品方案进行改进,直至达到目标的要求,从而确定目标成本及利润。

延锋公司通过采用目标成本法有效地控制了产品成本,取得了显著的效益。其整个企业利润率达到11%,处于行业领先的地位,在竞争中遥遥领先。

资料来源:王韵.目标成本法在中国企业的运用举例及探索[J].经济生活文摘,2012(19)。

根据上述资料对案例进行分析如下:

延锋公司在邯钢经验的基础上对目标成本法的运用作出了进一步的探索和尝试,将成本控制的重点放在产品研发上,是真正意义上中国的目标成本法。

(1)成本管理应与企业长期战略管理相结合。目前,我国许多企业运用目标成本法,在计算和确定成本目标时,大多只限于一段较短的时期,而没有考虑到产品的整个生命周期。同时,在考核目标成本实施结果时,也只是考察短期的绩效而没有结合公司的长期战略目标。我们希望看到的未来中国的成本管理应该是更加长期的、全面的、战略性的。

(2)与其他相关企业,特别是与供应商建立战略合作关系。目标成本管理要实施成功,除了市场导向和产品设计与质量,还有一个关键的因素就是如何与其他相关企业,特别是与供应商通力合作,共同寻求降低成本的途径。我们应该充分调动各相关组织,包括供应商的积极性,共同参与企业的成本管理,努力达到双赢的结果。

(3)成本管理应与提高企业组织管理水平和人员素质相结合。先进的管理方法需要好的管理制度和有才能的管理人员来执行,空有好的方法而执行层面跟不上是不行的。因此,我国企业应在提高管理水平上多下功夫,多观察、多学习,以提高企业的竞争力。

(4)在成本管理过程中应使用多种手段。我国企业应学习丰田,在使用目标成本法的过程中同时在价值链的不同阶段运用其他各种管理手段,如价值工程、全面质量管理、适时制存货管理等多种先进的管理方法,形成一个现代成本管理体系来进行综合管理,在成本管理方面实现质的飞跃。

## 任务实施

### 一、活动思考

问题:如何计算目标容许成本?

_____
_____
_____
_____

任务实施视频

### 二、活动提升

古语云:千里之堤,溃于蚁穴。根据这句话,在完成工作任务时,你主要考虑哪些因素?

### 三、活动实施

活动实施情况如表7-7所示。

表 7-7　活动实施情况

| 活动步骤 | 活动要求 | 活动安排 | 活动记录 |
| --- | --- | --- | --- |
| 步骤 1<br>职业沟通练习 | 在实际工作中,成本会计人员要具备扎实的专业能力,也要有良好的沟通能力等。以小组为单位分配角色,通过角色扮演、小组讨论,练习人与人之间的沟通能力 | 具体活动 1:角色选择 | 附表 7-7 |
| | | 具体活动 2:角色扮演 | 附表 7-7 |
| | | 具体活动 3:模拟评价 | 附表 7-8 |
| 步骤 2<br>知识准备 | 目标成本分析 | 学习微课 | 梳理知识点 |
| 步骤 3<br>成本分析表 | 产品成本历史比较分析表、同行业比较分析表 | 实训平台 | 附表 7-9、<br>附表 7-10 |

附表 7-7　工作记录单

| 角色 | 学生姓名 | 沟通内容等 |
| --- | --- | --- |
| 成本规划小组 | | |
| 成本设计小组 | | |
| 成本确认小组 | | |
| 成本实施小组 | | |

组长签字:

附表 7-8　模拟评价表

| 组号 | 参加展示人数 | 评价 | | 小组排序 |
| --- | --- | --- | --- | --- |
| | | 语言表达最好的学生 | 模拟最好的学生 | |
| | | | | |
| | | | | |
| | | | | |
| | | | | |

附表 7-9(a)　产品成本历史比较分析表

产品编号:1　产品名称:单人床单　规格:纯棉贡缎/220*280 厘米(1.35 米床)

数量单位:条　2022 年 1 月　金额单位:元

| 序号 | 本月实际产量 | 单位成本 | | | 本月总成本 | | |
| --- | --- | --- | --- | --- | --- | --- | --- |
| | | 本月实际 | 历史先进水平 | 差异 | 本月实际 | 按历史先进水平单位成本计算 | 差异 |
| 1 | | | | | | | |
| 2 | | | | — | | | — |
| 3 | | | | — | | | — |

(续表)

| 序号 | 本月实际产量 | 单位成本 | | | 本月总成本 | | |
|---|---|---|---|---|---|---|---|
| | | 本月实际 | 历史先进水平 | 差异 | 本月实际 | 按历史先进水平单位成本计算 | 差异 |
| 4 | | | | — | | — | — |
| 5 | | | | — | | — | — |

附表 7-9(b)　产品成本历史比较分析表

产品编号:2　产品名称:双人床单　规格:纯棉贡缎/260*280厘米(1.8米床)
　　　　　数量单位:条　2022年1月　金额单位:元

| 序号 | 本月实际产量 | 单位成本 | | | 本月总成本 | | |
|---|---|---|---|---|---|---|---|
| | | 本月实际 | 历史先进水平 | 差异 | 本月实际 | 按历史先进水平单位成本计算 | 差异 |
| 1 | | | | | | | |
| 2 | | | | — | | — | — |
| 3 | | | | | | | |
| 4 | | | | — | | — | — |
| 5 | | | | — | | — | — |

附表 7-10(a)　产品成本同行业比较分析表

产品编号:1　产品名称:单人床单　规格:纯棉贡缎/220*280厘米(1.35米床)
　　　　　数量单位:条　2022年1月　金额单位:元

| 序号 | 本月实际产量 | 单位成本 | | | 总成本 | | |
|---|---|---|---|---|---|---|---|
| | | 本月实际 | 同行业 | 差异 | 本月实际 | 按同行业单位成本计算 | 差异 |
| 1 | | | | | | | |
| 2 | | | | — | | — | — |
| 3 | | | | — | | — | — |
| 4 | | | | — | | — | — |
| 5 | | | | — | | — | — |

附表 7-10(b)　产品成本同行业比较分析表

产品编号:2　产品名称:双人床单　规格:纯棉贡缎/260*280厘米(1.8米床)
　　　　　数量单位:条　2022年1月　金额单位:元

| 序号 | 本月实际产量 | 单位成本 | | | 总成本 | | |
|---|---|---|---|---|---|---|---|
| | | 本月实际 | 同行业 | 差异 | 本月实际 | 按同行业单位成本计算 | 差异 |
| 1 | | | | | | | |
| 2 | | | | — | | — | — |
| 3 | | | | — | | — | — |

（续表）

| 序号 | 本月实际产量 | 单位成本 | | | 总成本 | | |
|---|---|---|---|---|---|---|---|
| | | 本月实际 | 同行业 | 差异 | 本月实际 | 按同行业单位成本计算 | 差异 |
| 4 | | | — | — | | — | — |
| 5 | | | — | — | | — | — |

## 任务评价

任务评价表如表7-8所示。

表7-8  任务评价表

| 一级指标 | 二级指标 | 评价内容 | 分值 | 自评 | 互评 | 教师 | 企业导师 |
|---|---|---|---|---|---|---|---|
| 职业能力（30分） | 思维能力 | 能够从不同的角度提出问题，分析问题并解决问题 | 1 | | | | |
| | 自学能力 | 能够通过自己已有的知识经验来独立地获取新的知识和信息 | 2 | | | | |
| | 实践操作能力 | 能够根据自己获取的知识正确地完成工作任务 | 10 | | | | |
| | 创新能力 | 在小组讨论中能够与他人交流自己的想法，敢于标新立异 | 5 | | | | |
| | | 能够跳出固有的知识，提出自己的见解，培养自己的创新性 | 5 | | | | |
| | 表达能力 | 能够正确地组织和撰写分析报告等 | 5 | | | | |
| | 合作能力 | 能够为小组提供信息，质疑、归类和总结，提出方法，阐明观点 | 2 | | | | |
| 学习策略（20分） | 学习方法 | 根据本次任务实际情况对自己的学习方法进行调整 | 10 | | | | |
| | 自我调控 | 能够根据本次任务正确地使用学习方法 | 4 | | | | |
| | | 能够利用学习资源等正确地整合各种学习方法 | 6 | | | | |
| 职业标准（50分） | 职业岗位能力 | 负责目标成本的预测，做好成本费用的控制、核算及分析工作；参与成本控制管理制度设计和成本目标规划 | 20 | | | | |
| | | 加强成本控制，防止挤占成本。加强成本控制，首先是进行目标成本控制，其次是遵守各项法规的规定，控制各项费用支出 | 30 | | | | |

课堂测验

 **任务总结**

学生根据任务评价表填写,总结三维目标的达成度,如表 7-9 所示。

表 7-9 任务总结

| 项目 | | 总结 |
|---|---|---|
| 素质提升 | 提升 | |
| | 欠缺 | |
| 知识掌握 | 掌握 | |
| | 欠缺 | |
| 能力达成 | 达成 | |
| | 欠缺 | |
| 改进措施 | | |

 **任务拓展**

目标成本管理应用

 **知识巩固**

知识巩固

 **技能提升**

技能提升

# 项目八　成本报表

思政园地

## 素养目标

1. 培养树立正确的价值观、人生观,增强法律意识
2. 培养从全局高度、用长远眼光观察、分析问题的能力
3. 培养厚德能载物,诚信赢天下的职业素养

## 知识目标

1. 熟悉成本报表的特点及分类
2. 掌握成本报表的编制要求
3. 熟悉成本分析的含义与作用
4. 掌握成本报表分析的三种常用方法

## 能力目标

1. 能够熟练地按成本项目编制产品成本报表
2. 能够熟练地编制主要产品单位成本表
3. 能够根据实际业务进行成本报表分析

## 知识导图

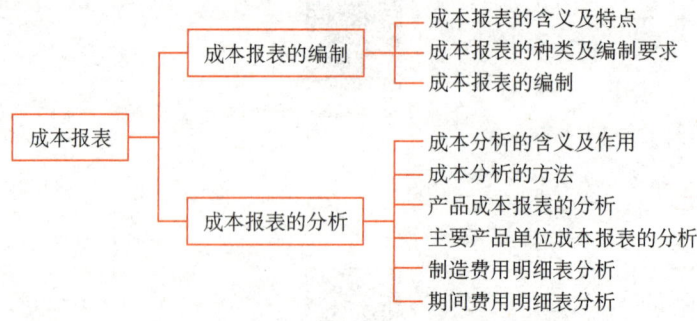

## 任务一  成本报表的编制

### 任务情境

任务情境

### 任务要求

编制两种产品的产品成本差异表。

### 任务准备

#### 一、成本报表的含义及特点

##### (一) 成本报表的含义

成本报表是企业根据日常成本核算资料及其他有关资料定期或不定期编制的，用以反映和监督企业一定时期产品成本水平以及经营管理费用的水平，考核和分析企业成本计划执行情况及其结果的报告文件。正确编制和分析成本报表是企业成本会计工作的重要内容。成本是综合反映企业生产技术和经营管理工作水平的一项重要质量指标，而成本报表可以有针对性地综合反映企业生产水平、技术水平、经营管理水平情况，对考核评价各项费用计划的执行情况，分析成本变动趋势和规律，提高经济效益有十分重要的意义。其主要是为了满足企业内部经营管理的需要。其报表使用者主要是企业管理者，所以成本报表属于对内会计报表。

##### (二) 成本报表的特点

1. 内向性

成本报表提供的信息主要是为企业内部管理服务的。成本报表无须对外报送，企业管理者通过成本报表了解、分析企业的经营过程，并据此展望未来的发展趋势。成本报表所提供的信息能否满足企业管理者经营管理的需要，是衡量成本会计工作质量的重要标准之一，为企业提供完整的生产业务信息是成本报表的主要功能。

2. 灵活性

既然成本报表是为企业内部管理服务的，那么成本报表的种类、格式、内容及编制时间，应以满足企业经营管理需要为目标。成本报表的种类、格式、时期及编制方法随着企业经营管理的变化而变化，整齐划一、统一一致的成本报表是不必要的。因此，企业可以根据自身的特点及管理要求灵活设计成本报表体系,但是在一般情况未发生重大变化时,企业的成本报表应该保持稳定,便于进行历史比较。

3. 综合性

成本报表提供的信息要同时满足财会部门、管理部门和各级生产技术部门等对成本管理和分析的需要,并且对于这些部门不仅要提供事后分析资料,还要提供事前计划、事中控制所需要的大量信息。因此,成本报表需要设置多种核算指标,不仅包括会计核算提供的指标,还要包括业务核算、统计核算提供的指标。这些指标可以将会计核算资料与技术经济资料有机结合起来,综合反映企业经营管理水平。因此,其具有综合性的特点。

4. 多样性

成本报表是企业在特定的生产环境下,根据自身的特点及管理要求编制的。不同的企业的生产特点和管理要求不同,就决定了成本报表的种类、格式、编制方法及指标项目必然有所不同,因而呈现多样性。

## 二、成本报表的种类及编制要求

### (一) 成本报表的种类

成本报表主要是为企业内部经营管理服务的。因此,成本报表的种类、格式及编制时间一般是根据企业的生产经营特点和管理要求而定的。目前,工业企业编制的成本报表按其反映的内容分为以下两种。

1. 反映成本情况的报表

这类报表侧重于揭示企业为生产一定产品所花费的成本是否达到预定的目标,通过分析比较实际成本水平与计划成本水平、历史成本水平以及同行业成本水平,以反映成本管理的效果,并且找出差距,为进一步采取措施降低成本提供有用的资料。这类报表主要有产品成本报表、主要产品单位成本报表。

2. 反映费用情况的报表

这类报表侧重于反映企业在一定期间内某些费用支出的总额及其构成情况。通过此类报表,企业可以将实际水平与计划水平、历史水平对比,以反映和分析费用支出的合理程度及变化趋势,从而有利于企业正确制定费用预算,考核费用预算的实际完成情况,以明确有关部门和人员的经济责任。这类成本报表主要有制造费用明细表、销售费用明细表、管理费用明细表、财务费用明细表等。

此外,成本报表按照编制的范围还可以分为全厂成本报表、车间成本报表、班组成本报表及个人成本报表等;按照编制的时间可以分为定期成本报表和不定期成本报表。并且,各企业还可以根据自身的生产特点和管理要求编制必要的其他种类的成本报表。

### (二) 成本报表的编制要求

1. 成本报表编制的质量要求

成本报表应当以实际发生的成本和费用为依据,如实反映企业的成本情况。这是对成本会计工作的基本要求,如果成本信息不能真实反映企业的实际情况,成本会计工作就失去了存在的意义,甚至会误导信息使用者,导致经济决策的失误。

成本报表中数字要准确,是指各项数据必须真实可靠,不能任意篡改数据、弄虚作假。

成本报表中数据计算要客观正确,是指成本报表中存在大量的数据计算,要求在编制过程中对于表内的数据计算要认真仔细、全面严谨,不漏记错记,做到准确、真实。

2. 成本报表编制的内容要求

成本报表内容要完整。主要的报表种类要齐全,报表内需要填列的各项指标及文字说明必须全面,表内项目和表外补充资料无论根据账簿信息直接填列,还是通过分析计算填列,都应当完整无缺、不得任意取舍。同时,还要保证成本报表中内容的相对稳定性,计算口径、计算方法要一致,如有变动应在附注中说明。

3. 成本报表编制的时间要求

成本报表报送要及时。成本报表无论是定期编制还是不定期编制,都要求及时编制、及时报送。在规定的期限内报送,以便有关部门和人员利用成本资料信息及时地对企业成本的执行情况进行考核、分析,从中发现问题,以便及时采取相应的措施加以解决,充分发挥成本报表应有的作用。

### 三、成本报表的编制

成本报表的种类、格式可以根据企业的生产过程特点及经营管理要求自行决定。下面以工业企业为例,阐述几种主要成本报表的编制。

#### (一)产品成本报表的编制

产品成本报表是反映企业在报告期内生产的全部产品的总成本和各种主要产品单位成本和总成本的报表。根据产品成本报表提供的信息,可以考核全部产品和主要产品成本计划的执行情况及产品成本节约或超支情况,还可以考核可比产品成本降低计划的执行结果,计算各种因素对计划执行情况的影响程度,以便找出不利因素,提出降低产品成本的途径。

产品成本报表按报表的结构和作用不同,分为按成本项目编制的成本报表和按产品种类编制的成本报表,下面分别介绍这两种报表。

1. 按成本项目编制的产品成本报表

该报表汇总反映企业在报告期发生的全部生产费用(按成本项目反映)和全部产品总成本。其由生产费用和产品成本两部分构成,如表8-1所示。

表8-1 产品生产成本表(按成本项目反映)

单位名称:龙达公司　　　　　2022年11月　　　　　　　　　　单位:元

| 项目 | 上年实际数 | 本年计划数 | 本年实际数 | 本年累计实际数 |
| --- | --- | --- | --- | --- |
| 生产费用 | | | | |
| 直接材料 | 134 590 | 132 061 | 9 490 | 136 770 |
| 直接人工 | 62 416 | 63 158 | 4 036 | 61 110 |
| 制造费用 | 91 023 | 91 871 | 6 623 | 93 120 |
| 生产费用合计 | 288 019 | 287 090 | 20 149 | 291 000 |
| 加:在产品、自制半成品期初余额 | 17 926 | 14 610 | 2 980 | 19 340 |

(续表)

| 项目 | 上年实际数 | 本年计划数 | 本年实际数 | 本年累计实际数 |
|---|---|---|---|---|
| 减:在产品、自制半成品期末余额 | 14 527 | 12 150 | 2 160 | 17 160 |
| 产品生产成本合计 | 291 428 | 289 550 | 20 969 | 293 180 |

该报表中生产费用部分按成本项目反映;产品生产成本合计部分是在生产费用合计数的基础上,加减期初、期末在产品和自制半成品余额计算的产品成本合计数。生产费用和产品成本可以按上年实际数、本年计划数、本年实际数和本年累计实际数分栏反映,以便于分析利用。

报表内各项目的填列方法:表中上年实际数,应根据上年12月份本表的本年累计实际数填制;表中本年计划数,应根据成本计划有关资料填制;表中本年月实际数,应根据各有关产成品成本明细账有关栏目内容填制;表中本年累计实际数,应根据本月实际与上月份本表的本年累计实际数合计填制。期初、期末在产品和自制半成品余额,应根据各种产品成本明细账的期初、期末在产品成本和各种自制半成品明细账的期初、期末余额,分别汇总填列。以生产费用合计数加、减在产品、自制半成品期初、期末余额,即可计算出产品成本合计数。

通过该报表本年累计实际生产费用与本年计划数和上年实际数相比较,企业可以分析和考核年度生产费用计划的执行情况,以及本年生产费用与上年相比的升降情况等;并且,通过该报表企业还可以为报告期内全部产品生产费用的支出情况和各种费用的构成情况作出评价。

【工作实例 8-1】龙达公司生产甲、乙两种产品基本生产成本明细账相关资料如表8-2、表8-3所示。

表 8-2 产成品基本生产成本明细账

单位名称:龙达公司　　　　　产品名称:甲产品　　　　　单位:元

| 2022 年 | | 凭证号 | 摘要 | 成本项目 | | | | 合计 |
|---|---|---|---|---|---|---|---|---|
| 月 | 日 | | | 直接材料 | 直接人工 | 燃料及动力 | 制造费用 | |
| 12 | 1 | | 月初在产品本 | 29 100 | 2 250 | 10 000 | 9 000 | 50 350 |
| 12 | 31 | | 分配原材料费用表 | 173 460 | | | | 173 460 |
| | | | 分配燃料费用表 | | | 63 933 | | 63 933 |
| | | | 分配动力费用表 | | | 22 150 | | 22 150 |
| | | | 分配职工薪酬表 | | 14 948.59 | | | 14 948.59 |
| | | | 分配制造费用表 | | | | 58 225.08 | 58 225.08 |
| | | | 本月生产费用合计 | 173 460 | 14 948.59 | 86 083 | 58 225.08 | 332 716.67 |
| | | | 生产费用累计 | 202 560 | 17 198.59 | 96 083 | 67 225.08 | 383 066.67 |
| | | | 完工产品总成本(250件) | 171 485 | 13 898.59 | 85 083 | 57 325.08 | 327 791.67 |
| | | | 月末在产品成本 | 31 075 | 3 300 | 11 000 | 9 900 | 55 275 |

### 表 8-3 产成品基本生产成本明细账

单位名称:龙达公司　　　　　产品名称:乙产品　　　　　　　　　　　　单位:元

| 2022年 | | 凭证号 | 摘要 | 成本项目 | | | | 合计 |
|---|---|---|---|---|---|---|---|---|
| 月 | 日 | | | 直接材料 | 直接人工 | 燃料及动力 | 制造费用 | |
| 12 | 1 | | 月初在产品成本 | 32 800 | 4 400 | 21 500 | 17 750 | 76 450 |
| 12 | 31 | | 分配原材料费用表 | 63 700 | | | | 63 700 |
| | | | 分配燃料费用表 | | | 26 462 | | 26 462 |
| | | | 分配动力费用表 | | | 15 850 | | 15 850 |
| | | | 分配职工薪酬表 | | 10 696.85 | | | 10 696.85 |
| | | | 分配制造费用表 | | | | 41 664.42 | 41 664.42 |
| | | | 本月生产费用合计 | 63 700 | 10 696.85 | 42 312 | 41 664.42 | 158 373.27 |
| | | | 生产费用累计 | 96 500 | 15 096.85 | 63 812 | 59 414.42 | 234 823.27 |
| | | | 完工产品总成本(300件) | 76 184.22 | 13 320.75 | 56 304.70 | 52 424.49 | 198 234.16 |
| | | | 月末在产品成本 | 20 315.78 | 1 776.10 | 7 507.30 | 6 989.93 | 36 589.11 |

**要求**:根据相关资料,按成本项目编制产品生产成本报表。

操作步骤如下:

**第一步:计算生产费用合计数**。根据甲、乙两种产品基本生产成本明细账,填列生产费用合计数计算表,如表 8-4 所示。

### 表 8-4　生产费用合计数计算表

单位:元

| 产品名称 | 产品成本明细账本月生产费用合计 | | | | |
|---|---|---|---|---|---|
| | 直接材料 | 直接人工 | 燃料及动力 | 制造费用 | 合计 |
| 甲产品 | 173 460 | 14 948.59 | 86 083 | 58 225.08 | 332 716.67 |
| 乙产品 | 63 700 | 10 696.85 | 42 312 | 41 664.42 | 158 373.27 |
| 全部产品合计 | 237 160 | 25 645.44 | 128 395 | 99 889.50 | 491 089.94 |

**第二步:计算期初在产品、自制半成品余额**。根据甲、乙两种产品基本生产成本明细账中月初、月末在产品资料,汇总填列**在产品成本月余额**计算表,如表 8-5 所示。

### 表 8-5　在产品成本月余额计算表

单位:元

| 产品名称 | 在产品成本月余额合计 | |
|---|---|---|
| | 期初 | 期末 |
| 甲产品 | 50 350 | 55 275 |
| 乙产品 | 76 450 | 36 589.11 |
| 全部产品合计 | 126 800 | 91 864.11 |

**第三步:按成本项目编制产品生产成本表**。将表 8-4、表 8-5 的数据分别填入表 8-6 相应项目的"本月实际数"栏,即可完成表 8-6 中本月实际数的填列。

表 8-6  产品生产成本表(按成本项目编制)

单位名称:龙达公司　　　　　　2022 年 12 月　　　　　　　　　　　　单位:元

| 项目 | 上年实际数 | 本年计划数 | 本月实际数 | 本年累计实际数 |
|---|---|---|---|---|
| 生产费用 | | | | |
| 直接材料费用 | 2 831 095 | 2 814 475 | 237 160 | 2 052 681 |
| 直接人工费用 | 300 280 | 295 975 | 25 645.44 | 221 190 |
| 燃料及动力费用 | 1 691 315 | 1 599 306 | 128 395 | 1 154 565 |
| 制造费用 | 1 173 930 | 1 115 100 | 99 889.50 | 1 016 531 |
| 生产费用合计 | 5 996 620 | 5 824 856 | 491 089.94 | 4 444 967 |
| 加:在产品、自制半成品期初余额 | 181 740 | 171 000 | 126 800 | 168 782 |
| 减:在产品、自制半成品期末余额 | 106 115 | 99 115 | 91 864.11 | 91 864.11 |
| 产品生产成本合计 | 6 072 245 | 5 896 741 | 526 025.83 | 4 521 884.89 |

表 8-6 中产品生产成本合计数计算公式如下:

期初在产品、自制半成品余额＋本期生产费用
＝本期完工产品生产费用＋期末在产品、自制半成品余额

本期完工产品生产费用
＝期初在产品、自制半成品余额＋本期生产费用－期末在产品、自制半成品余额

上述公式中,本期完工产品生产费用即为表 8-6 中产品生产成本合计数。

2. 按产品种类编制的产品成本报表

该报表是按产品种类汇总反映企业在报告期所生产全部产品的总成本和各种主要产品(含可比产品和不可比产品)单位成本及总成本。其一般由实际产量、单位成本、本年总成本构成,如表 8-7 所示。

按产品种类编制产品成本报表

表 8-7  产品成本表(按产品种类反映)

单位名称:龙达公司　　　　　　2022 年 10 月　　　　　　　　　　　金额单位:元

| 产品名称 | 数量单位 | 实际产量 | 单位成本 | | | 总成本 | | |
|---|---|---|---|---|---|---|---|---|
| | | | 上年实际平均 | 本年计划 | 本年实际 | 按上年实际平均单位成本计算 | 按本年计划单位成本计算 | 本期实际成本 |
| | | ① | ② | ③ | ④＝⑦÷① | ⑤＝①×② | ⑥＝①×③ | ⑦ |
| 可比产品合计 | | | | | | | | 5 413 |
| 甲 | 件 | 15 | 200 | 210 | 204 | 3 000 | 3 150 | 3 060 |
| 乙 | 件 | 13 | 178 | 190 | 181 | 2 314 | 2 470 | 2 353 |
| 不可比产品 | | | | | | | | |
| 丙 | 件 | 10 | | 70 | 67 | | 700 | 670 |
| 全部产品合计 | | | | | | | 6 320 | 6 083 |
| 补充资料:<br>1.可比产品成本降低额　2.可比产品成本降低率 | | | | | | | | |

该报表基本部分可按可比产品和不可比产品分别填列。可比产品是指企业过去曾经正式生产过,有完整的成本资料可以进行比较的产品;不可比产品是指企业本期初次生产的新产品,或虽非初次生产,但以前仅属试制而未正式投产的产品,缺乏可比的成本资料。在成本计划中,对于不可比产品只规定有本年计划成本,而对于可比产品不仅规定有计划成本指标,而且规定有成本降低的计划指标,即本年度可比产品计划成本比上年度实际成本的降低额和降低率,在补充资料中列示。

报表基本部分各栏数字填列方法:表中有关项目的本年数,应根据本年产成品成本明细账中的有关栏目填制;表中上年实际平均单位成本,应根据上年度本报表全年累计实际平均单位成本填制;表中本年计划单位成本,应根据本年度成本计划填制;表中其他项目,均按表中各有关项目计算数额填制。

报表补充资料部分各项目的计算方法如下:

(1)可比产品成本降低额,指可比产品实际总成本比按上年实际平均单位成本计算的总成本降低的数额,超支额用负数表示。其计算公式如下:

可比产品成本降低额＝可比产品按上年实际平均单位成本计算的总成本－本期实际总成本

(2)可比产品成本降低率,指可比产品实际总成本比按上年实际平均单位成本计算的总成本降低的比率,超支率用负数表示。其计算公式如下:

可比产品成本降低率＝可比产品成本降低额÷可比产品按上年实际平均单位成本计算的总成本×100%

通过该报表,企业可以分析和考核产品本年成本计划的执行情况,对其节约或超支情况进行评价;也可以分析和考核可比产品本年成本变动情况;还可以分析和考核可比产品成本降低计划的执行情况,为进行产品单位成本分析奠定基础。

【做中学 8-1】假定龙达公司 2022 年 11 月产品成本表(按产品种类反映)格式及有关资料如表 8-8 所示。

表 8-8 产品成本表(按产品种类反映)

单位名称:龙达公司　　　　2022 年 11 月　　　　金额单位:元

| 产品名称 | 数量单位 | 实际产量 | 单位成本 | | | 总成本 | | |
|---|---|---|---|---|---|---|---|---|
| | | | 上年实际平均 | 本年计划 | 本年实际 | 按上年实际平均单位成本计算 | 按本年计划单位成本计算 | 本期实际成本 |
| | | ① | ② | ③ | ④=⑦÷① | ⑤=①×② | ⑥=①×③ | ⑦ |
| 可比产品合计 | | | | | | | | 79 320 |
| 甲 | 件 | 8 | 2 500 | 2 450 | | | | 19 800 |
| 乙 | 件 | 15 | 4 000 | 3 980 | | | | 59 520 |
| 不可比产品 | | | | | | | | |
| 丙 | 件 | 3 | | 2 800 | | | | 8 100 |
| 全部产品合计 | | | | | | | | 87 420 |

补充资料:
1.可比产品成本降低额　2.可比产品成本降低率

根据表 8-8 中已知数据计算得出其余相关数据(见表 8-9)及补充资料数据如下：

表 8-9　产品成本表(按产品种类反映)

单位名称：龙达公司　　　　　　2022 年 11 月　　　　　　金额单位：元

| 产品名称 | 数量单位 | 实际产量 | 单位成本 | | | 总成本 | | |
|---|---|---|---|---|---|---|---|---|
| | | | 上年实际平均 | 本年计划 | 本年实际 | 按上年实际平均单位成本计算 | 按本年计划单位成本计算 | 本期实际成本 |
| | | ① | ② | ③ | ④=⑦÷① | ⑤=①×② | ⑥=①×③ | ⑦ |
| 可比产品合计 | | | | | | 80 000 | 79 300 | 79 320 |
| 甲 | 件 | 8 | 2 500 | 2 450 | 2 475 | 20 000 | 19 600 | 19 800 |
| 乙 | 件 | 15 | 4 000 | 3 980 | 3 968 | 60 000 | 59 700 | 59 520 |
| 不可比产品 | | | | | | | | |
| 丙 | 件 | 3 | | 2 800 | 2 700 | | 8 400 | 8 100 |
| 全部产品合计 | | | | | | | 87 700 | 87 420 |

补充资料：
1. 可比产品成本降低额　2. 可比产品成本降低率

可比产品成本降低额＝80 000－79 320＝680(元)

可比产品成本降低率＝680÷80 000×100%＝0.85%

### (二) 主要产品单位成本报表的编制

主要产品单位成本表是反映企业在一定期间内各种主要产品单位成本构成情况及变动情况的报表。该报表按主要产品分别编制，是对按产品种类反映的产品生产成本表所列的某些主要产品的补充说明。该报表的格式一般可分设产量、单位成本和主要技术经济指标三个部分，如表 8-10 所示。

表 8-10　主要产品单位成本表

产品名称：甲　　　　　　　　　　　　　　　　　　2022 年 9 月
产品规格：××　　　　　　　　　　　　　　　　　本月计划产量：　件
金额单位：元　　　　　　　　　　　　　　　　　　本月实际产量：　件

| 成本项目 | | 历史先进水平(20××年) | 上年实际平均 | 本年计划 | 本月实际 |
|---|---|---|---|---|---|
| 直接材料 | | 385 | 383 | 390 | 380 |
| 燃料及动力 | | 32 | 41 | 38 | 31 |
| 直接人工 | | 60 | 64 | 66 | 68 |
| 制造费用 | | 138 | 149 | 142 | 140 |
| 产品单位成本 | | 615 | 637 | 636 | 619 |
| 主要技术经济指标 | 数量单位 | 耗用量 | 耗用量 | 耗用量 | 耗用量 |
| A 材料 | 千克 | 43 | 50 | 45 | 44 |
| B 材料 | 千克 | 24 | 30 | 25 | 27 |

该报表的填制方法如下:

(1) 表头有关项目的填制。单价,应根据产品定价表填制;本月计划产量,应根据本月成本计划填制;本月实际产量,应根据产品成本明细账或产成品汇总表填制。

(2) 表体有关项目的填制。表中历史先进水平,应根据历史上该种产品成本最低年度本报表实际平均单位成本填制;表中上年实际平均,应根据上年度本报表实际平均单位成本填制;表中本年计划,应根据本年度成本计划填列;表中本月实际,应根据该种产品成本明细账或产成品成本汇总表填制;表中主要技术经济指标,应根据上级或企业有关业务技术核算资料填制。

利用该报表,企业可以按成本项目分析和考核主要产品单位成本计划的执行情况;可以按成本项目将本月实际与历史先进水平、上年实际平均对比,了解主要产品单位成本变动情况;可以分析和考核各主要产品主要技术经济指标的执行情况,进而查明主要产品单位成本升降的具体原因。

**【工作实例8-2】** 龙达公司2022年10月基本生产成本明细账资料如表8-11所示;其他补充资料如表8-12所示。

表8-11 基本生产成本明细账

企业:　　　　　　　　　　　产品名称:　　　　　　　　　　　单位:元

| 2022年 | | 摘要 | 成本项目 | | | | 合计 |
|---|---|---|---|---|---|---|---|
| 月 | 日 | | 直接材料 | 燃料及动力 | 直接人工 | 制造费用 | |
| 10 | 1 | 月初在产品成本 | 46 800 | 20 175 | 4 200 | 18 900 | 90 075 |
| 10 | 31 | 分配原材料费用 | 260 820 | | | | |
| | 31 | 分配燃料费用 | | 87 096 | | | |
| | 31 | 分配动力费用 | | 31 854 | | | |
| | 31 | 分配工资费用 | | | 24 510 | | |
| | 31 | 计提职工福利 | | | 3 431.40 | | |
| | 31 | 结转分配制造费用 | | | | 88 476 | |
| | 31 | 本月发生生产费用合计 | 260 820 | 118 950 | 27 941.40 | 88 476 | 496 187.40 |
| | 31 | 生产费用累计 | 307 620 | 139 125 | 32 141.40 | 107 376 | 586 262.40 |
| | 31 | 月末在产品成本 | 73 215 | 32 482 | 4 650 | 33 927 | 144 274 |

表8-12 补充资料

金额单位:元

| 项目 | 产量(件) | 直接材料 | 燃料及动力 | 直接人工 | 制造费用 | 合计 |
|---|---|---|---|---|---|---|
| 历史先进水平单位成本(1—10月) | 950 | 2 348 | 1 068 | 276 | 738 | 4 430 |
| 上年实际平均单位成本 | 95 | 2 346 | 1 067 | 275 | 735 | 4 423 |
| 本年计划单位成本(1—10月) | 1 000 | 2 340 | 1 062 | 176 | 738 | 4 316 |
| 完工入库产品总成本(1—10月) | | 2 385 480 | 1 086 480 | 284 820 | 750 150 | 4 506 930 |
| 本年1—9月入库产品成品数量 | 920 | — | — | — | — | — |

要求：根据上述资料编制主要产品单位成本表。

操作步骤如下：

**第一步**：根据表8-12中的历史先进水平、上年实际平均、本年计划栏中的数值，按各成本项目分别填在表8-13的相应栏中。

**第二步**：根据表8-11算出本月完工产品成本，进而算出本月实际单位成本。

根据表8-11计算本月完工产品成本分项目列示如下：

直接材料：307 620－73 215＝234 405（元）

燃料及动力：139 125－32 482＝106 643（元）

直接人工：32 141.40－4 650＝27 491.40（元）

制造费用：107 376－33 927＝73 449（元）

本月实际单位成本＝本月完工产品各成本项目÷本月实际量

直接材料本月实际单位成本：234 405÷100＝2 344.05（元/件）

燃料及动力实际单位成本：106 643÷100＝1 066.43（元/件）

直接人工实际单位成本：27 491.40÷100＝274.91（元/件）

制造费用实际单位成本：73 449÷100＝734.49（元/件）

**第三步**：用表8-12中完工入库产品总成本（1～10月）除以本年累计实际产量算出本年累计平均实际单位成本。

直接材料本年累计平均实际单位成本：2 385 480÷1 020＝2 338.71（元/件）

燃料及动力本年累计平均实际单位成本：1 086 480÷1 020＝1 065.18（元/件）

直接人工本年累计平均实际单位成本：284 820÷1 020＝279.24（元/件）

制造费用本年累计平均实际单位成本：750 150÷1 020＝735.44（元/件）

**第四步**：编制主要产品单位成本表，如表8-13所示。

表8-13 主要产品单位成本表

单位名称：龙达公司　　　　2022年10月　　　　本月实际产量：100件
产品名称：　规格：　　　　单位：元　　　　　　本年累计实际产量：1 020件

| 产品项目 | 历史先进水平 | 上年实际平均 | 本年计划 | 本月实际 | 本年累计平均实际 |
| --- | --- | --- | --- | --- | --- |
| 直接材料 | 2 348 | 2 346 | 2 340 | 2 344.05 | 2 338.71 |
| 燃料及动力 | 1 068 | 1 067 | 1 062 | 1 066.43 | 1 065.18 |
| 直接人工 | 276 | 275 | 176 | 274.91 | 279.24 |
| 制造费用 | 738 | 735 | 738 | 734.49 | 735.44 |
| 生产成本 | 4 430 | 4 423 | 4 316 | 4 419.88 | 4 418.57 |
| 主要技术经济指标 | 耗用量 | 耗用量 | 耗用量 | 耗用量 | 耗用量 |
| 1. 主要材料 | 20 千克 | 21.50 千克 | 20 千克 | 19.50 千克 | 20.50 千克 |
| 2. | | | | | |

### （三）制造费用明细表的编制

制造费用明细表是反映企业一定时期内发生的基本生产车间制造费用及其构成情况的报表。该报表中费用明细项目分别按上年实际、本年计划、本年实际填列反映，如

表 8-14 所示。

**表 8-14　制造费用明细表**

2022 年度　　　　　　　　　　　　　　　　　　　　　　　单位：元

| 项目 | 上年实际 | 本年计划 | 本年实际 |
|---|---|---|---|
| 工资 | 6 840 | 6 470 | 6 630 |
| 职工福利费 | 678 | 693 | 684 |
| 折旧费 | 7 670 | 7 780 | 7 800 |
| 办公费 | 680 | 630 | 620 |
| 水电费 | 1 730 | 1 760 | 1 780 |
| 机物料消耗 | 2 500 | 2 550 | 2 540 |
| 低值易耗品摊销 | 580 | 562 | 536 |
| 劳动保护费 | 676 | 686 | 659 |
| 租赁费 | 381 | 447 | 412 |
| 保险费 | 454 | 476 | 474 |
| 在产品盘亏和毁损(减盘盈) | 485 | 50 | 380 |
| 其他 | 335 | 556 | 430 |
| 制造费用合计 | 23 009 | 22 660 | 22 945 |

该报表的填制方法如下：

表中上年实际，应根据上年同期制造费用明细表实际数填列；表中本年计划，应根据本年度企业财务计划、费用预算的有关项目数字填制；表中本年实际，应根据制造费用明细账本年实际发生数汇总计算填制。利用该报表，企业可以考核制造费用计划或预算的执行结果，分析各生产单位为组织管理生产发生的各项费用构成及增减变动情况与原因，为节约支出降低产品成本服务。

**（四）销售费用明细表的编制**

产品销售费用明细表是按照销售费用明细项目反映企业报告期产品销售费用及其构成情况的报表。该报表中销售费用的明细项目分别按上年实际、本年计划、本年实际反映填列，如表 8-15 所示。表中本年实际数与本年计划数、上年实际数可进行比较。

**表 8-15　销售费用明细表**

2022 年度　　　　　　　　　　　　　　　　　　　　　　　单位：元

| 项目 | 上年实际 | 本年计划 | 本年实际 |
|---|---|---|---|
| 工资 | 3 900 | 4 150 | 4 180 |
| 职工福利费 | 432 | 467 | 474 |
| 业务费 | 1 600 | 1 684 | 1 745 |
| 运输费 | 2 500 | 2 800 | 2 905 |

(续表)

| 项目 | 上年实际 | 本年计划 | 本年实际 |
|---|---|---|---|
| 装卸费 | 800 | 830 | 916 |
| 包装费 | 2 180 | 2 220 | 2 344 |
| 保险费 | 800 | 870 | 874 |
| 展览费 | 764 | 800 | 881 |
| 广告费 | 1 786 | 2 500 | 3 180 |
| 差旅费 | 1 200 | 1 230 | 1 450 |
| 低值易耗品摊销 | 600 | 500 | 670 |
| 租赁费 | 450 | 400 | 382 |
| 办公费 | 550 | 500 | 467 |
| 折旧费 | 780 | 700 | 763 |
| 其他 | 300 | 250 | 212 |
| 销售费用合计 | 18 642 | 19 901 | 21 443 |

该报表的填制方法如下：

表中上年实际，根据上年产品销售费用明细表的本年实际数填列；表中本年计划，按批准实施的本年计划资料填列；表中本年实际，按产品销售费用明细账各明细项目本年累计发生额填列。通过产品销售费用明细表，企业可以考核产品销售费用计划或预算的执行情况，分析销售费用各项的构成及其增减变化的原因，以便节约开支，提高企业经济效益。

### (五) 管理费用明细表的编制

管理费用明细表是反映企业一定时期内发生的企业管理费用及其构成情况的报表。该报表一般根据企业内部管理要求按年度编制。管理费用明细表中费用明细项目，分别按上年实际、本年计划、本年实际反映填列，如表 8-16 所示。

表 8-16　管理费用明细表

2022 年度　　　　　　　　　　　　　　　　　　　　　　　　　　单位：元

| 项目 | 上年实际 | 本年计划 | 本年实际 |
|---|---|---|---|
| 工资 | 7 750 | 8 500 | 8 850 |
| 职工福利费 | 2 225 | 2 330 | 2 379 |
| 折旧费 | 1 285 | 1 331 | 1 537 |
| 修理费 | 2 980 | 3 276 | 3 450 |
| 办公费 | 3 270 | 3 332 | 3 460 |
| 水电费 | 1 640 | 1 800 | 1 877 |
| 保险费 | 5 620 | 5 590 | 5 860 |

(续表)

| 项目 | 上年实际 | 本年计划 | 本年实际 |
|---|---|---|---|
| 差旅费 | 300 | 380 | 400 |
| 咨询费 | 2 260 | 2 400 | 1 920 |
| 租赁费 | 800 | 860 | 260 |
| 排污费 | 320 | 300 | 350 |
| 低值易耗品摊销 | 508 | 600 | 598 |
| 税金 | 360 | 420 | 390 |
| 其他 | 223 | 310 | 298 |
| 管理费用合计 | 29 541 | 31 429 | 31 629 |

该报表的填制方法如下：

表中上年实际，根据上年产品管理费用明细表的本年实际数填列；表中本年计划，按批准实施的本年计划资料填列；表中本年实际，按产品管理费用明细账各明细项目本年累计发生额填列。管理费用明细表可以反映企业行政管理部门为管理和组织经营活动所产生的各项费用构成和增减变动情况，通过该报表，企业可以分析各项费用变动的原因，以便节约开支、增加企业盈利。

**（六）财务费用明细表的编制**

财务费用明细表是反映企业一定时期内发生的企业财务费用及其构成情况的报表。该报表中费用明细项目分别按上年实际、本年计划、本年实际反映填列，如表 8-17 所示。

表 8-17　财务费用明细表

2022 年度　　　　　　　　　　　　　　　　　　　　单位：元

| 项目 | 上年实际 | 本年计划 | 本年实际 |
|---|---|---|---|
| 利息支出（减利息收入） | 7 890 | 8 120 | 8 230 |
| 汇兑损失（减汇兑收益） | 3 456 | 3 190 | 2 980 |
| 调剂外汇手续费 | 780 | 769 | 800 |
| 金融机构手续费 | 230 | 283 | 300 |
| 其他筹资费用 | 0 | 0 | 0 |
| 财务费用合计 | 12 356 | 12 362 | 12 310 |

该报表的填制方法如下：

表中上年实际，根据上年产品财务费用明细表的本年实际数填列；表中本年计划，按批准实施的本年计划资料填列；表中本年实际，按产品财务费用明细账各明细项目本年累计发生额填列。该报表可以反映财务费用计划的执行情况，通过该报表，企业可以分析财务费用各项目增减变动的原因，以及由此对当期损益的影响，以便查明原因，制定降低财务费用的措施，提高企业的经济效益。

综上所述，三大期间费用明细表的填制方法基本相似。其主要编制方法是：各期间费用表上年实际数据根据上年产品各期间费用明细表的本年实际数填列；表中本年计划数按批准实施的本年计划资料填列；表中本年实际数据按产品各期间费用明细账各明细项目本年累计发生额填列。

### (七) 岗位分析

#### 1. 岗位简介

成本报表是按照成本管理的各种需要，根据成本核算资料和其他有关经营管理费用等资料编制的。编报成本报表可以检查企业成本计划的执行情况，考核企业成本工作绩效，对企业成本工作进行评价，以揭示影响产品成本指标和费用项目变动的因素和原因，可以满足企业、车间和部门加强日常成本、费用管理的需要。成本报表编制岗位的工作就是编制成本报表。

#### 2. 工作流程

成本报表编制岗位的工作流程如图 8-1 所示。

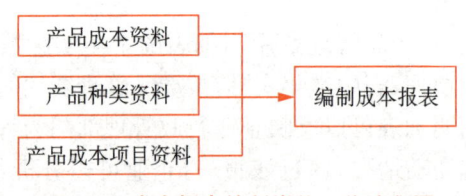

图 8-1　成本报表编制岗位工作流程图

#### 3. 说明

此岗位的工作程序较简单，主要就是根据产品成本资料、产品种类及产品成本项目资料，编制成本报表。

##  任务实施

### 一、活动思考

问题：如何计算可比产品成本降低额、可比产品成本降低率？

_____
_____
_____
_____

### 二、活动提升

习近平总书记指出，"事实是真理的依据，实干是成就事业的必由之路"，"我们过去取得的一切成就都是靠实事求是"。据此在完成工作任务时，你主要考虑哪些因素？

### 三、活动实施

活动实施情况如表 8-18 所示。

表 8-18　活动实施情况

| 活动步骤 | 活动要求 | 活动安排 | 活动记录 |
|---|---|---|---|
| 步骤1 职业沟通练习 | 在实际工作中,成本会计人员要具备扎实的专业能力,也要有良好的沟通能力等。以小组为单位分配角色,通过角色扮演、小组讨论,练习人与人之间的沟通能力 | 具体活动1:角色选择 | 附表8-1 |
| | | 具体活动2:角色扮演 | 附表8-1 |
| | | 具体活动3:模拟评价 | 附表8-2 |
| 步骤2 知识准备 | 按产品种类编制产品成本报表 | 学习微课 | 梳理知识点 |
| 步骤3 编制成本差异表 | 产品成本差异表编制 | 实训平台 | 附表8-3 |

附表 8-1　工作记录单

| 角色 | 学生姓名 | 沟通内容等 |
|---|---|---|
| 成本会计 | | |
| 财务经理 | | |
| 仓储人员 | | |

组长签字:

附表 8-2　模拟评价表

| 组号 | 参加展示人数 | 评价 | | 小组排序 |
|---|---|---|---|---|
| | | 语言表达最好的学生 | 模拟最好的学生 | |
| | | | | |
| | | | | |
| | | | | |
| | | | | |
| | | | | |

附表 8-3(a)　产品成本差异表编制

产品编号:1　产品名称:单人床单　规格:纯棉贡缎/220*280厘米(1.35米床)

数量单位:条　2022 年 1 月　金额单位:元

| 序号 | 成本项目 | 实际产量 | 单位产品实际成本 | 单位产品标准成本 | 单位产品成本差异 | 实际成本 | 标准成本 | 价格差异(或工资率差异或分配率差异) | 用量差异(或效率差异) | 开支差异 | 生产能力利用差异 | 成本差异 |
|---|---|---|---|---|---|---|---|---|---|---|---|---|
| 1 | 直接材料成本 | | | | | | | | | | | |
| 2 | 直接人工成本 | | | | | | | | | | | |
| 3 | 变动制造费用 | | | | | | | | | | | |
| 4 | 固定制造费用 | | | | | | | | | | | |
| 5 | 产品成本 | | | | | | | | | | | |

### 附表 8-3(b)　产品成本差异表编制

产品编号：2　产品名称：双人床单　规格：纯棉贡缎/260 * 280 厘米(1.8 米床)
数量单位：条　2022 年 1 月　金额单位：元

| 序号 | 成本项目 | 实际产量 | 单位产品实际成本 | 单位产品标准成本 | 单位产品成本差异 | 实际成本 | 标准成本 | 价格差异（或工资率差异或分配率差异） | 用量差异（或效率差异） | 开支差异 | 生产能力利用差异 | 成本差异 |
|---|---|---|---|---|---|---|---|---|---|---|---|---|
| 1 | 直接材料成本 | | | | | | | | | | | |
| 2 | 直接人工成本 | | | | | | | | | | | |
| 3 | 变动制造费用 | | | | | | | | | | | |
| 4 | 固定制造费用 | | | | | | | | | | | |
| 5 | 产品成本 | | | | | | | | | | | |

任务评价

任务评价表如表 8-19 所示。

表 8-19　任务评价表

| 一级指标 | 二级指标 | 评价内容 | 分值 | 自评 | 互评 | 教师 | 企业导师 |
|---|---|---|---|---|---|---|---|
| 职业能力<br>(30分) | 思维能力 | 能够从不同的角度提出问题，分析问题并解决问题 | 1 | | | | |
| | 自学能力 | 能够通过自己已有的知识经验来独立地获取新的知识和信息 | 2 | | | | |
| | 实践操作能力 | 能够根据自己获取的知识正确地完成工作任务 | 10 | | | | |
| | 创新能力 | 在小组讨论中能够与他人交流自己的想法，敢于标新立异 | 5 | | | | |
| | | 能够跳出固有的知识，提出自己的见解，培养自己的创新性 | 5 | | | | |
| | 表达能力 | 能够正确地组织和撰写分析报告等 | 5 | | | | |
| | 合作能力 | 能够为小组提供信息，质疑、归类和总结，提出方法，阐明观点 | 2 | | | | |
| 学习策略<br>(20分) | 学习方法 | 根据本次任务实际情况对自己的学习方法进行调整 | 10 | | | | |
| | | 能够根据本次任务正确地使用学习方法 | 4 | | | | |
| | 自我调控 | 能够利用学习资源等正确地整合各种学习方法 | 6 | | | | |

(续表)

| 一级指标 | 二级指标 | 评价内容 | 分值 | 自评 | 互评 | 教师 | 企业导师 |
|---|---|---|---|---|---|---|---|
| 职业标准<br>（50分） | 职业岗位能力 | 负责定期编制相关成本、统计等报表 | 20 | | | | |
| | | 负责成本报表的编制、审核、打印及上报工作，审核公司各项成本的支出，及时向部门领导汇报工作完成情况 | 30 | | | | |

## 任务总结

学生根据任务评价表填写，总结三维目标的达成度，如表8-20所示。

表8-20　任务总结

| 项目 | | 总结 |
|---|---|---|
| 素质提升 | 提升 | |
| | 欠缺 | |
| 知识掌握 | 掌握 | |
| | 欠缺 | |
| 能力达成 | 达成 | |
| | 欠缺 | |
| 改进措施 | | |

工程成本会计报表的编制

## 任务二　成本报表的分析

任务情境

编制两种产品的产品成本构成情况分析表。

### 一、成本分析的含义及作用

#### (一)成本分析的含义

成本分析是指利用成本核算提供的资料以及有关计划、定额的其他相关资料,运用科学的分析方法,对影响成本水平的各项指标之间的相互关系及变动情况进行分析,从而全面了解成本水平与构成的变动情况,系统研究影响产品成本升降变动的原因,为降低成本提出改进措施,提高企业经济效益。

成本分析是企业不断提高经济效益的一项成本管理工作,也是成本会计的重要组成部分,它贯穿成本管理过程始终。广义的成本分析主要包括事前成本分析、事中成本分析和事后成本分析。事前成本分析包括成本预测分析和成本决策分析,目的是实现成本目标,跟踪分析费用预算和定额执行情况及产生差异的原因,以便采取措施防止继续发生;事中成本分析也称成本控制分析,目的是发现成本形成过程中的不利偏差和原因,以便及时采取控制措施,保证预定成本目标的实现;事后成本分析主要是对生产过程结果的分析,即对成本报表的分析,这是成本分析的重要形式。狭义的成本分析,一般是指事后成本分析。本部分的成本报表分析、主要产品单位成本表分析、制造费用表等分析均属于事后分析。

#### (二)成本分析的作用

1. 检查成本计划完成情况,全面评价企业成本管理的水平

成本分析是成本管理的重要组成部分。事前成本分析通过对成本进行预测和决策分析,从源头分析成本预算及计划的制定的合理性和效率性;事中成本分析通过对成本的实际发生情况,实时分析原因及差异,做到对成本的过程控制;事后成本分析通过分析成本

计划的完成情况,揭露矛盾,总结经验教训,指导未来。因此,成本分析贯穿成本会计的全过程,全面评价企业成本管理的水平。

2. 掌握成本信息,为经营管理服务

成本分析运用一定的科学分析方法对成本报表资料和其他有关的计划、统计、业务技术资料进行必要的审核和整理,去粗取精、去伪存真,深入调查研究,相互联系地研究企业内部条件和外部环境的变化,生产技术、生产组织和经营管理等方面的情况,查明成本的计划执行及完成情况,为企业提供大量的成本管理信息,不断改善经营管理水平。

3. 揭示影响成本指标变动的因素和原因,为提高生产能力提供依据

通过成本分析,正确认识和把握产品成本变动的规律,对成本计划的执行情况进行客观评价,揭示生产经营中存在的弊端,了解成本变化发展的趋势,揭露矛盾,找出差距,了解生产经营活动中哪个部门、哪个环节作出了哪些成绩或存在哪些问题,从而可以采取相应的措施,寻找进一步降低成本的具体途径和具体方法,为企业提高生产能力提供依据,实现成本管理的最终目的。

## 二、成本报表分析的方法

成本报表分析的方法有很多,正确选择成本报表分析方法要根据分析对象的特点、分析的要求以及掌握资料的情况来决定。下面主要介绍几种常用的分析方法,包括比较分析法、因素分析法和比率分析法等。

### (一)比较分析法

比较分析法,也称对比分析法,它主要是通过相互关联的经济指标的比较,从数量上确定差异的一种分析方法。它可以对相同事物的经济指标在时间和空间上进行对比,以揭示成本差异,发现问题,为进一步分析指出方向,以便采取措施,降低成本。它是成本报表分析最基本的方法,也是最常用的方法。在实践中,比较分析法常用以下几类经济指标进行比较分析:

(1)实际指标与计划指标或定额指标比较分析。对该类指标的比较分析,可以反映计划或定额的完成情况,揭示实际指标与计划指标或定额指标的差异,为进一步分析指明方向。

(2)本期实际与前期(上期、上年同期或历史先进水平)实际指标的比较分析。对该类指标的比较分析,可以反映成本的变动情况和发展趋势,揭示本期实际指标与前期成本指标的差距,从中总结历史经验改进成本管理工作。

(3)本期实际指标与国内外同行业先进指标的比较分析。对该类指标的比较分析,可以反映企业成本水平在国内外同行业中所处的地位,揭示企业成本指标与国内外先进成本指标间的差距,促进企业赶超先进,提高综合生产能力。

采用比较分析法,要考虑指标的可比性,也就是必须具备进行比较的基础,如指标的内容、计价标准、时间长度和计算方法的可比性。

### (二)因素分析法

因素分析法是将某一综合指标分解为若干相互联系的因素,并分别计算、分析各因素对分析指标影响程度的一种分析方法。因素分析法是在比较分析法的基础上发展起来

的，是对比较分析法、比率分析法的补充方法。因素分析法按计算程序不同可分为连环替代法和差额计算法两种。

1. 连环替代法

连环替代法是把构成成本指标的各个因素进行分解，并分别测定各个因素变动对成本指标变动影响的程度的一种分析方法。单纯的比较分析法或比率分析法只能揭示实际数与基数之间的差异，并不能揭示产生差异的因素和各因素的影响程度，而只有把成本指标分解为若干个构成因素加以分析，才能查明成本指标变动的原因，采用连环替代法可以解决这一问题。

连环替代法的计算程序为：①根据指标的计算公式确定影响指标变动的各项因素；②排列各项因素的顺序；③按排定的因素顺序和各因素的基数进行计算；④顺序将前面一项因素的基数替换为实际数，将每次替换以后的计算结果与其前一次替换以后的计算结果进行对比，顺序算出每项因素的影响程度，有几项因素就替换几次；⑤将各项因素的影响程度的代数和与指标变动的差异总额核对。

连环替代法计算表如表8-21所示。

表8-21 连环替代法计算表

| 替换次数 | 因素 | | | 乘积编号 | 每次替换的差异 | 产生差异的因素 |
| --- | --- | --- | --- | --- | --- | --- |
| | 第一项 | 第二项 | 第三项 | | | |
| 基数 | 基数 | 基数 | 基数 | ① | | |
| 第一次 | 实际数 | 基数 | 基数 | ② | ②－① | 第一项因素 |
| 第二次 | 实际数 | 实际数 | 基数 | ③ | ③－② | 第二项因素 |
| 第三次 | 实际数 | 实际数 | 实际数 | ④ | ④－③ | 第三项因素 |
| | 各因素影响程度合计 | | | | 差异总额 | 各项因素 |

【做中学8-2】龙达公司本期生产甲产品，其有关资料如表8-22所示。

表8-22 甲产品直接材料费用　　　　　　　　　　　　　　　　金额单位：元

| 项目 | 产品数量 | 单位产品材料消耗量 | 材料单价 | 材料费用 |
| --- | --- | --- | --- | --- |
| 计划 | 150 | 10 | 8 | 12 000 |
| 实际 | 200 | 8 | 10 | 16 000 |
| 差异 | ＋50 | －2 | ＋2 | 4 000 |

采用连环替代法计算产品数量、单位产品材料消耗量和材料单价三项因素，以及对产品直接材料费用超支的影响程度如下：

(1) 根据表8-22中连环替代法的计算原理进行分析，如表8-23所示。

表 8-23　连环替代法计算表　　　　　　　　　　　金额单位:元

| 替换次数 | 因素 | | | 乘积编号 | | 每次替换的差异 | | 产生差异的因素 |
|---|---|---|---|---|---|---|---|---|
| | 产品数量 | 单位产品材料消耗量 | 材料单价 | 金额 | 编号 | 复式 | 金额 | |
| 基数 | 150 | 10 | 8 | 12 000 | ① | | | |
| 第一次 | 200 | 10 | 8 | 16 000 | ② | ②-① | +4 000 | 产品数量 |
| 第二次 | 200 | 8 | 8 | 12 800 | ③ | ③-② | -3 200 | 单位产品材料消耗量 |
| 第三次 | 200 | 8 | 10 | 16 000 | ④ | ④-③ | +3 200 | 材料单价 |
| | 各因素影响程度合计 | | | | | 差异总额 | +4 000 | 各项因素 |

(2)根据计算结果,分析各因素的影响程度。

从以上分析我们可以看出,甲产品直接材料费用超支 4 000 元,主要是由于产品数量的增加,影响程度为 4 000 元;其次是材料单价提高,影响程度为 3 200 元;在单位产品材料消耗方面则不仅没有超支,还节约了 3 200 元。企业应该在以上分析计算的基础上,进一步查明产品数量增加、材料单价提高及单位产品材料消耗节约的具体原因,以便采取具体措施降低产品的直接材料费用。

从以上分析我们可以看出,连环替代法具有以下特点:①计算程序的连环性,除第一次替换外,每个因素的替换都是在前一个因素替换的基础上进行。②因素替换的顺序性,因为只有在分析相同因素时都按照相同替换顺序进行,计算的结果才能有可比性。替换顺序应遵循的一般原则是:如果既有数量因素又有质量因素,先计算数量因素变动的影响,后计算质量因素变动的影响;如果既有实物数量因素又有价值数量因素,先计算实物数量因素变动的影响,后计算价值数量因素变动的影响;如果有几个数量因素或质量因素,还应区分主要因素和次要因素,先计算主要因素变动的影响,后计算次要因素变动的影响。③计算结果的假定性,采用这种方法分析某一因素变动产生的影响,都是以其他因素假定不变为条件。

2. 差额计算法

差额计算法是根据各项因素的实际数与基数的差额,依据各因素的排列顺序,来计算各项因素影响程度的方法,它是连环替代法的一种简化形式,应用原理与连环替代法是一致的,其特点是先计算各项因素的实际数与基数之间的差额,然后按照连环替代法相同的顺序依次求出各因素变动对总指标的影响程度。

上述连环替代法的计算原理,可用下列公式表示:

$$\begin{aligned}\text{第一项因素的影响程度} &= \left(\text{第一项因素实际数} \times \text{第二项因素基数} \times \text{第三项因素基数}\right) - \left(\text{第一项因素基数} \times \text{第二项因素基数} \times \text{第三项因素基数}\right) \\ &= \left(\text{第一项因素实际数} - \text{第一项因素基数}\right) \times \text{第二项因素基数} \times \text{第三项因素基数}\end{aligned}$$

$$\begin{aligned}\text{第二项因素的} \\ \text{影响程度}\end{aligned} = \left(\begin{aligned}\text{第一项因素} \\ \text{实际数}\end{aligned} \times \begin{aligned}\text{第二项因素} \\ \text{实际数}\end{aligned} \times \begin{aligned}\text{第三项因素} \\ \text{基数}\end{aligned}\right) - \left(\begin{aligned}\text{第一项因素} \\ \text{实际数}\end{aligned} \times \begin{aligned}\text{第二项因素} \\ \text{基数}\end{aligned} \times \begin{aligned}\text{第三项因素} \\ \text{基数}\end{aligned}\right)$$

$$= \begin{aligned}\text{第一项因素} \\ \text{实际数}\end{aligned} \times \left(\begin{aligned}\text{第二项因素} \\ \text{实际数}\end{aligned} - \begin{aligned}\text{第二项因素} \\ \text{基数}\end{aligned}\right) \times \begin{aligned}\text{第三项因素} \\ \text{基数}\end{aligned}$$

$$\begin{aligned}\text{第三项因素的} \\ \text{影响程度}\end{aligned} = \left(\begin{aligned}\text{第一项因素} \\ \text{实际数}\end{aligned} \times \begin{aligned}\text{第二项因素} \\ \text{实际数}\end{aligned} \times \begin{aligned}\text{第三项因素} \\ \text{实际数}\end{aligned}\right) - \left(\begin{aligned}\text{第一项因素} \\ \text{实际数}\end{aligned} \times \begin{aligned}\text{第二项因素} \\ \text{实际数}\end{aligned} \times \begin{aligned}\text{第三项因素} \\ \text{基数}\end{aligned}\right)$$

$$= \begin{aligned}\text{第一项因素} \\ \text{实际数}\end{aligned} \times \begin{aligned}\text{第二项因素} \\ \text{实际数}\end{aligned} \times \left(\begin{aligned}\text{第三项因素} \\ \text{实际数}\end{aligned} - \begin{aligned}\text{第三项因素} \\ \text{基数}\end{aligned}\right)$$

在上列各项计算公式中,第二个等号后面的计算公式就是差额计算法的计算公式。这种分析法与连环替代法的因素排列顺序如果相同,则计算结果完全相同。差额计算法计算方法简便,应用比较广泛,特别是在影响因素只有两项的情况下更为适用。

**【做中学 8-3】** 沿用【做中学 8-2】的资料,运用差额计算法的计算公式对甲产品直接材料费用的影响因素进行分析。

(1) 根据差额计算法的计算原理分析:

产品数量变动的影响 = (200-150)×10×8 = +4 000(元)

单位产品材料消耗量变动的影响 = 200×(8-10)×8 = -3 200(元)

材料单价变动的影响 = 200×8×(10-8) = +3 200(元)

(2) 结果分析:计算结果表明,差额计算法的计算结果与连环替代分析法的计算结果完全相同。差额计算法的计算方法更为简便。

### (三) 比率分析法

比率分析法是通过计算和对比各项指标的比率,以评价企业成本状况和经营中存在的问题的一种数量分析方法。比率分析法根据分析的不同内容和不同要求,具体分为相关比率分析法、构成比率分析法和趋势比率分析法等。

#### 1. 相关比率分析法

相关比率分析法是计算两个性质不相同但又相关联的指标的比率进行数量分析的方法,如产值成本率、销售成本率和成本利润率等。其中:

产值成本率 = 产品成本 ÷ 商品产值 × 100%

销售成本率 = 产品成本 ÷ 产品销售收入 × 100%

成本利润率 = 产品销售利润 ÷ 产品成本 × 100%

在分析时,还应将各种比率的本期实际数与计划数或前期实际数进行对比,揭示其变动的差异,为进一步进行差异分析指出方向。

#### 2. 构成比率分析法

构成比率分析法是计算某项经济指标的各个组成部分占总体的比重以掌握该项经济活动的特点和变化的一种数量分析方法。例如,将构成产品成本的各项费用分别与产品成本总额相比,计算产品成本的构成比率。因此,比率分析法也称比重分析法。这种分析可以反映各个成本或费用的构成是否合理以及未来的发展趋势。其中:

直接材料费用比率 = 直接材料费用 ÷ 产品成本 × 100%

直接人工费用比率 = 直接人工费用 ÷ 产品成本 × 100%

制造费用比率＝制造费用÷产品成本×100％

计算和分析上述成本构成比率,可以反映产品成本的构成是否合理。将其实际数与计划数进行比较,可以揭示其与计划数之间的差异;将不同时期同一成本项目构成比率相比较,可以观察产品成本构成的变动,了解企业改进生产技术和经营管理对产品成本的影响。

3. 趋势比率分析法

趋势比率分析法是根据企业连续几个时期的同类指标数据进行对比以求出比率,分析各指标前后各期的增减方向和幅度,分析成本变化及发展趋势的一种数量分析方法。例如,已知龙达公司5年间某产品的单位成本,若以第一年为基期,以该年单位成本89元为基数,规定单位成本比率为100％,可以计算其他各年的单位成本与之相比的比率,如表8-24所示。

表8-24 趋势比率分析表

| 指标 | 第一年 | 第二年 | 第三年 | 第四年 | 第五年 |
| --- | --- | --- | --- | --- | --- |
| 产品单位成本(元/吨) | 89 | 90 | 92 | 94 | 95 |
| 基期比率 | 100％ | 101％ | 103％ | 106％ | 107％ |

从上述计算我们可以看出,该种产品的单位成本都是逐年递增的,但各年递增的程度不同。

## 三、产品成本报表的分析

产品成本报表分析是利用产品成本表资料,分析企业成本计划的完成情况。产品成本报表分析主要包括全部产品成本计划完成情况分析和可比产品成本降低计划完成情况分析等。前面已经讲述产品成本报表按报表的结构和作用不同分为两大类:一类是按成本项目编制的产品成本报表;另一类是按产品种类编制的产品成本报表。下面以按产品种类编制的产品成本报表分析为例。

### (一)全部产品成本计划完成情况分析

全部产品包括可比产品和不可比产品。全部产品成本计划完成情况分析是一种总括性的分析,应当是全部产品的计划总成本和实际总成本对比,确定实际成本比计划成本的降低额和降低率。由于产品成本表中的计划总成本是按实际产量计算的,进行对比的产品计划总成本应当剔除产量变动和产品结构变动对总成本的影响。其计算公式如下:

全部产品成本降低额 ＝ ∑(实际产量×实际单位成本) − ∑(实际产量×计划单位成本)

全部产品成本降低率 ＝ 全部产品成本降低额 ÷ ∑(实际产量×计划单位成本)×100％

全部产品成本计划完成情况分析

【做中学8-4】沿用【做中学8-1】的资料,根据表8-9中提供的相应数据,完成表8-25。

表 8-25　产品成本汇总表　　　　　　　　　　　　　　　金额单位:元

| 产品名称 | 计划总成本 | 实际总成本 | 降低额 | 降低率 |
| --- | --- | --- | --- | --- |
| 可比产品 | | | | |
| 甲 | 19 600 | 19 800 | | |
| 乙 | 59 700 | 59 520 | | |
| 可比产品合计 | 79 300 | 79 320 | | |
| 不可比产品 | | | | |
| 丙 | 8 400 | 8 100 | | |
| 全部产品合计 | 87 700 | 87 420 | | |

根据表 8-25 中已知数据编制产品成本降低额和降低率计算表,如表 8-26 所示。

表 8-26　产品成本降低额和降低率计算表　　　　　　　　金额单位:元

| 产品名称 | 计划总成本 | 实际总成本 | 降低额 | 降低率 |
| --- | --- | --- | --- | --- |
| 可比产品 | | | | |
| 甲 | 19 600 | 19 800 | 200 | 1.02% |
| 乙 | 59 700 | 59 520 | −180 | −0.30% |
| 可比产品合计 | 79 300 | 79 320 | 20 | 0.03% |
| 不可比产品 | | | | |
| 丙 | 8 400 | 8 100 | −300 | −3.57% |
| 全部产品合计 | 87 700 | 87 420 | −280 | −0.32% |

分析全部产品成本计划完成情况:

从上述数据我们可以看出,全部产品总成本实际比计划降低 280 元或 0.32%,超额完成计划,情况较好。但分别从可比产品和不可比产品来看,计划完成的程度不同。总的降低额 280 元中,不可比产品成本降低 300 元,而可比产品成本却升高 20 元,其中又主要是甲产品升高 200 元。企业应查明甲产品成本升高、乙产品成本降低和丙产品成本降低的原因。

### (二) 可比产品成本降低计划完成情况分析

1. 可比产品成本降低额

可比产品成本降低额是指可比产品实际总成本比按上年实际平均单位成本计算的总成本降低的数额,超支额用负数表示。其计算公式如下:

可比产品成本降低额 = 可比产品按上年实际平均单位成本计算的总成本 − 本期实际总成本

2. 可比产品成本降低率

可比产品成本降低率是指可比产品实际总成本比按上年实际平均单位成本计算的总成本降低的比率,超支率用负数表示。其计算公式如下:

可比产品成本降低率＝可比产品成本降低额÷可比产品按上年实际平均单位成本计算的总成本×100％

通过上述公式，企业可以分析和考核可比产品本年成本变动情况；分析和考核可比产品成本降低计划的执行情况，为进行产品单位成本分析奠定基础。

**【做中学8-5】** 根据【做中学8-1】表8-9中提供的可比产品实际产量数据，及企业可比产品计划产量分析可比产品成本计划完成情况，如表8-27、表8-28所示。

表8-27　可比产品成本降低计划表　　　　　　　　　　　金额单位：元

| 可比产品 | 计划产量（件） | 单位成本 | | 总成本 | | 计划降低任务 | |
|---|---|---|---|---|---|---|---|
| | | 上年实际平均 | 本年计划 | 按上年实际平均单位成本计算 | 按本年计划单位成本计算 | 降低额 | 降低率 |
| 甲 | 10 | 2 500 | 2 450 | 25 000 | 24 500 | | |
| 乙 | 10 | 4 000 | 3 980 | 40 000 | 39 800 | | |
| 合计 | | | | 65 000 | 64 300 | | |

表8-28　可比产品成本降低计划完成情况　　　　　　　　金额单位：元

| 可比产品 | 计划产量（件） | 单位成本 | | 总成本 | | 计划降低任务 | |
|---|---|---|---|---|---|---|---|
| | | 上年实际平均 | 本年实际 | 按上年实际平均单位成本计算 | 本年实际 | 降低额 | 降低率 |
| 甲 | 8 | 2 500 | 2 475 | 20 000 | 19 800 | | |
| 乙 | 15 | 4 000 | 3 968 | 60 000 | 59 520 | | |
| 合计 | | | | 80 000 | 79 320 | | |

计算分析如下：

（1）根据表8-27、表8-28中已知数据计算得出其余相关数据，如表8-29、表8-30所示。

表8-29　可比产品成本降低计划表　　　　　　　　　　　金额单位：元

| 可比产品 | 计划产量（件） | 单位成本 | | 总成本 | | 计划降低任务 | |
|---|---|---|---|---|---|---|---|
| | | 上年实际平均 | 本年计划 | 按上年实际平均单位成本计算 | 按本年计划单位成本计算 | 降低额 | 降低率 |
| 甲 | 10 | 2 500 | 2 450 | 25 000 | 24 500 | 500 | 2％ |
| 乙 | 10 | 4 000 | 3 980 | 40 000 | 39 800 | 200 | 0.50％ |
| 合计 | | | | 65 000 | 64 300 | 700 | 1.08％ |

表 8-30　可比产品成本降低计划完成情况　　　　　　　　　　　金额单位:元

| 可比产品 | 实际产量（件） | 单位成本 | | 总成本 | | 计划降低任务 | |
|---|---|---|---|---|---|---|---|
| | | 上年实际平均 | 本年实际 | 按上年实际平均单位成本计算 | 本年实际 | 降低额 | 降低率 |
| 甲 | 8 | 2 500 | 2 475 | 20 000 | 19 800 | 200 | 1% |
| 乙 | 15 | 4 000 | 3 968 | 60 000 | 59 520 | 480 | 0.80% |
| 合计 | | | | 80 000 | 79 320 | 680 | 0.85% |

(2) 分析可比产品成本降低计划完成情况:

根据表 8-29、表 8-30,将实际完成情况与计划相比较。计划降低额为 700 元,计划降低率为 1.08%;实际降低额为 680 元,实际降低率为 0.85%。

实际脱离计划差异如下:

降低额:680－700＝－20(元)

降低率:0.85%－1.08%＝－0.23%

本期可比产品成本降低额和降低率都未完成计划。

**【工作实例 8-3】** 沿用**【工作实例 8-1】**的资料,龙达公司生产甲、乙两种产品,2022 年 12 月的产品生产成本相关资料如表 8-31、表 8-32 所示。

表 8-31　产品生产成本表(按成本项目编制)

单位名称:龙达公司　　　　　2022 年 12 月　　　　　　　　　　　　　单位:元

| 项目 | 上年实际数 | 本年计划数 | 本月实际数 | 本年累计实际数 |
|---|---|---|---|---|
| 生产费用 | | | | |
| 直接材料费用 | 2 831 095 | 2 814 475 | 237 160 | 2 052 681 |
| 直接人工费用 | 300 280 | 295 975 | 25 645.44 | 221 190 |
| 燃料及动力费用 | 1 691 315 | 1 599 306 | 128 395 | 1 154 565 |
| 制造费用 | 1 173 930 | 1 115 100 | 99 889.50 | 1 016 531 |
| 生产费用合计 | 5 996 620 | 5 824 856 | 491 089.94 | 4 444 967 |
| 加:在产品、自制半成品期初余额 | 181 740 | 171 000 | 126 800 | 168 782 |
| 减:在产品、自制半成品期末余额 | 106 115 | 99 115 | 91 864.11 | 91 864.11 |
| 产品生产成本合计 | 6 072 245 | 5 896 741 | 526 025.83 | 4 521 884.89 |

表 8-32  产品生产成本表(按产品品种编制)

单位名称:龙达公司　　　　　　　　2022 年 12 月　　　　　　　　金额单位:元

| 产品名称 | 实际产量(件) | | 单位成本 | | | | 本月总成本 | | | 本年累计总成本 | | |
|---|---|---|---|---|---|---|---|---|---|---|---|---|
| | 本月 | 本年累计 | 上年实际平均 | 本年计划 | 本月实际 | 本年累计实际平均 | 按上年实际平均单位成本计算 | 按本年计划单位成本计算 | 本月实际 | 按上年实际平均单位成本计算 | 按本年计划单位成本计算 | 本年实际 |
| 可比产品合计 | | | | | | | 548 000 | 530 000 | 526 025.83 | 4 589 500 | 4 439 000 | 4 521 884.89 |
| 其中:甲 | 250 | 2 100 | 1 370 | 1 340 | 1 311.16 | 1 308.34 | 342 500 | 335 000 | 327 791.67 | 2 877 000 | 2 814 000 | 2 747 514 |
| 乙 | 300 | 2 500 | 685 | 650 | 660.78 | 709.75 | 205 500 | 195 000 | 198 234.16 | 1 712 500 | 1 625 000 | 1 774 370.89 |
| 不可比产品合计 | | | | | | | | | | | | |
| 其中:丙 | | | | | | | | | | | | |
| 丁 | | | | | | | | | | | | |
| 产品生产成本合计 | | | | | | | 548 000 | 530 000 | 526 025.83 | 4 589 500 | 4 439 000 | 4 521 884.89 |

要求:分析全部产品成本计划的完成情况。

操作步骤如下:

**第一步**:根据表 8-6、表 8-31 资料计算全部产品成本升降额和升降率,分析全部产品成本计划执行总体情况。

全部产品成本升(+)降(-)额

$= \sum$ [实际产量×(实际单位成本-计划单位成本)]

$= 4\ 521\ 884.89 - 4\ 439\ 000 = 82\ 884.89$(元)

全部产品成本升(+)降(-)率

$=$ 全部产品成本升(+)降(-)额 $\div \sum$(实际产量×计划单位成本)×100%

$= 82\ 884.89 \div 4\ 439\ 000 \times 100\% = 1.87\%$

**第二步**:全部产品成本计划执行情况评价。

计算结果表明,在实际产量基础上,本年累计实际产品生产成本比本年计划数上升了 82 884.89 元,其上升率为 1.87%。结合前述表 8-6 分析,在表 8-6 中,本年累计实际产品生产成本低于本年计划数(是以计划产量为基础)。因此,表 8-6 的计算分析结果表明,在产品生产成本上升的主要原因在于产品单位的变化,或者说是产品结构的改变,应该进一步分析单位成本的变化。

**第三步**:计算每种产品成本升降额和升降率,按产品品种分析各种产品的成本计划执行情况。

甲产品成本升(+)降(-)额 $= 2\ 747\ 514 - 2\ 814\ 000 = -66\ 486$(元)

甲产品成本升(+)降(-)率 $= -66\ 486 \div 2\ 814\ 000 \times 100\% = -2.36\%$

乙产品成本升(+)降(-)额 $= 1\ 774\ 370.89 - 1\ 625\ 000 = 149\ 370.89$(元)

乙产品成本升(+)降(-)率＝149 370.89÷1 625 000×100%＝9.19%

计算结果表明,在全部产品中,甲产品成本计划完成得比较好,产品成本降低了66 486元,降低率为2.36%;但乙产品超支严重,产品成本上升了149 370.89元,上升率为9.19%。

**第四步:甲、乙产品成本升降对全部产品成本的影响。**

根据分析资料,可进一步分析甲、乙产品成本升降对全部产品成本的影响。其计算分析如下:

甲产品成本升降对全部产品成本影响＝－66 486÷4 439 000×100%＝－1.50%

乙产品成本升降对全部产品成本影响＝149 370.89÷4 439 000×100%＝3.36%

甲、乙两种产品共同影响的结果是全部产品成本上升了1.87%。

**第五步:产品的成本计划执行情况评价。**

通过上述计算分析,企业应该结合相关资料进一步分析产品成本未能完成计划的原因。表8-32资料表明,龙达公司甲、乙两种产品为可比产品。根据表中资料可知,本年累计实际总成本比按本年累计实际产量乘以上年实际平均单位成本计算的总成本下降了67 615.11元(4 521 884.89－4 589 500),其中甲产品下降了129 486元(2 747 514－2 877 000),乙产品上升了61 870.89元(1 774 370.89－1 712 500);在表中,本月实际总成本比按本月实际产量乘以上年实际平均单位成本计算的总成本下降了21 974.17元(526 025.83－548 000),其中甲产品下降了14 708.33元(327 791.67－342 500),乙产品下降了7 265.84元(198 234.16－205 500)。从两部分数据可知,可比产品成本也下降了。另外,就个别产品而言,甲产品成本完成得较好,乙产品是超支的,企业应该进一步查明原因,抓好乙产品的成本管理工作。

### (三) 岗位分析

#### 1. 岗位简介

成本分析是对一定时期企业成本完成情况的全面评价,旨在揭示和测定影响成本变动的主要因素及这些因素对成本变动的影响过程,寻找降低成本途径,提高企业经济效益。成本分析是成本核算工作的继续,贯穿成本管理工作的全过程,是企业成本管理的重要组成部分,包括事前分析、事中分析和事后分析。分析的目的在于评价成本计划的完成情况,并通过研究各项指标的数量变动和指标之间的相互关系,揭示影响成本指标变动的因素和原因,从而对企业一定时期的成本工作获得比较全面、本质的认识,为改进生产经营管理、节约生产耗费、编制下期成本计划和作出新的经营决策提供依据。

#### 2. 工作流程

成本分析岗位工作流程如图8-2所示。

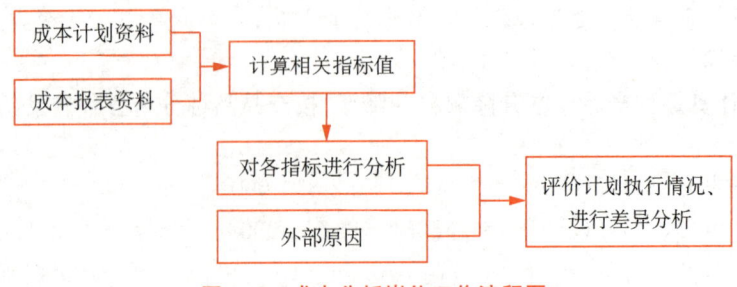

**图8-2 成本分析岗位工作流程图**

3. 说明

先根据成本计划及编制的成本报表计算相关指标的值,根据计算结果对相关指标进行分析,然后根据分析结果结合外部原因对计划执行情况进行评价,并进行差异分析。

## 四、主要产品单位成本报表的分析

对企业全部产品成本的计划完成情况进行分析,仅仅只是总括地评价企业全部产品和可比产品成本的计划执行情况。为了揭示产品成本升降的具体原因,寻求降低产品成本的具体途径和方法,需要对主要产品单位成本的计划完成情况进行深入细致的分析。主要产品单位成本报表分析主要有主要产品单位成本计划完成情况及其原因分析。

### (一) 主要产品单位成本变动情况的分析

主要产品单位成本变动情况分析,主要采用比较分析法,以本月实际单位成本与计划单位成本、上年实际、全年累计实际平均、历史先进水平进行对比,确定单位成本升高或降低的幅度。在此基础上再按成本项目分别进行比较分析。

分析时一般按照以下程序进行:首先,从多种产品中找出主要产品进行单位成本分析。所谓主要产品,是指在企业总产品中,产品成本所占的比重较大,能代表企业生产经营状况、体现企业生产管理水平的产品。其次,依据"主要产品单位成本表"及有关核算资料,编制相应分析表。以表8-10主要产品(甲产品)单位成本表为资料,编制分析表,如表8-33所示。

表 8-33　甲产品单位成本分析表　　　　　　　　　　　单位:元

| 成本项目 | 历史先进水平 | 上年实际平均 | 本年计划 | 本月实际 | 差异 | | |
|---|---|---|---|---|---|---|---|
| | | | | | 比历史先进水平 | 比上年实际平均 | 比本年计划 |
| 直接材料 | 385 | 383 | 390 | 380 | -5 | -3 | -10 |
| 燃料及动力 | 32 | 41 | 38 | 31 | -1 | -10 | -7 |
| 直接人工 | 60 | 64 | 66 | 68 | 8 | 4 | 2 |
| 制造费用 | 138 | 149 | 142 | 140 | 2 | -9 | -2 |
| 产品单位成本 | 615 | 637 | 636 | 619 | 4 | -18 | -17 |

表内计算表明,本月甲产品实际单位成本比上年实际平均、比本年计划都降低了,虽然与历史先进水平相比还有一定差距,但总的情况是好的。从成本项目对比中我们可以看出,单位成本降低主要是原材料、燃料及动力和制造费用的节约造成的,说明企业在降低甲产品原材料、燃料及动力消耗和改进甲产品的生产组织方面采取了措施,取得了成绩。但工资及福利费项目本月实际却比计划超支了,说明在劳动组织工作中还存在薄弱环节。

### (二) 主要产品单位成本项目的分析

仍以甲产品为例,具体说明几个主要成本项目分析的一般方法。甲产品单位成本对比计划变动情况分析,如表8-33所示。

主要产品单位成本项目的分析

1. 直接材料成本项目分析

单位产品成本材料费用＝单位产品消耗的材料数量×材料单价

因此,影响直接材料成本项目实际成本脱离计划成本的因素主要是材料消耗量和材料单价。在分析过程中,应首先确定分析对象,即实际单位产品成本材料费用与计划单位产品成本材料费用之间的差异;然后进行因素分析,其变动影响的计算公式如下：

材料耗用量变动的影响＝(实际单位耗用量－计划单位耗用量)×材料计划单价

材料单价变动的影响＝(材料实际单价－材料计划单价)×材料实际耗用量

甲产品消耗的有关材料数量和价格资料如表 8-34 所示。

表 8-34  甲产品直接材料成本对比计划变动情况分析表

| 材料名称 | 耗用量(千克) | | 单价(元) | | 直接材料费用(元) | | |
|---|---|---|---|---|---|---|---|
| | 计划 | 实际 | 计划 | 实际 | 计划 | 实际 | 差异 |
| A 材料 | 48 | 50 | 5 | 5.50 | 240 | 275 | 35 |
| B 材料 | 14 | 12 | 4 | 4.50 | 56 | 54 | －2 |
| 合计 | | | | | 296 | 329 | 33 |

由表 8-34 中的分析我们可以看出,甲产品的直接材料费用实际超计划 33 元。其中:

消耗量变动的影响计算如下：

A 材料:(50－48)×5＝10(元)

B 材料:(12－14)×4＝－8(元)

合计＝10－8＝2(元)

价格变动的影响计算如下：

A 材料:(5.50－5)×50＝25(元)

B 材料:(4.50－4)×12＝6(元)

合计＝25＋6＝31(元)

上述两个因素中,材料单价变动一般属于客观因素,企业自身无法控制,而单位产品消耗数量变动属于主观因素,企业应进一步分析,寻找降低材料费用的方法。

【工作实例 8-4】 龙达公司甲产品有关资料,如表 8-35 所示。

表 8-35  直接材料费用资料表

| 项目 | 单位产品消耗(件) | 单价(元) | 直接材料费用(元) |
|---|---|---|---|
| 本年计划数 | 10 | 70.10 | 701 |
| 本年累计实际平均 | 12 | 57 | 684 |
| 差异 | | | －17 |

要求:分析单位产品直接材料成本项目。

操作步骤如下：

**第一步:计算直接材料成本项目的变动及影响因素的影响程度。**

从表 8-35 中可知,甲产品的单位产品直接材料成本本年累计实际平均值比本年计划

数节约了17元。其影响因素分析为:
直接材料单位产品消耗变动的影响＝(12－10)×70.10＝140.20(元)
直接材料单价变动的影响＝12×(57－70.10)＝－157.20(元)
两个因素共同影响＝140.20－157.20＝－17(元)

**第二步:直接材料项目影响因素分析评价。**

计算结果表明,甲产品直接材料费用节约了17元,但是单耗和单价的影响程度不同,其中单耗上升,使单位产品直接材料费用超支了140.20元,而材料单价的下降,则使单位产品直接材料费用节约了157.20元,两者相抵,最终直接材料费用还是下降了17元。这表明单价变动所节约的直接材料费用,大部分被单耗变动所超支的直接材料费用抵消。对于单耗,其一般受操作方法、操作熟练程度、产品设计和工艺技术、选料、下料、废品、成本管理工作的受重视程度等因素的影响,而单价则受国家调价、市场供求状况、供货渠道、方式等因素的影响。在本例中,材料单位产品消耗量上升,则应结合相关资料进一步分析其原因,以便采取措施加以改进,降低耗费。

## 2. 直接人工成本项目分析

由于每个企业的工资制度和工资费用计入产品成本的具体方法不同,分析直接人工成本项目的变动时应结合企业的具体情况而定。在计件工资制度下,只要计件单价不变,单位产品成本中的工资费用也不会发生变化。在计时工资制度下,若企业生产多种产品,单位产品成本的工资费用要按工时比例分配计入产品成本中,而产品单位成本中工资费用的多少则取决于生产单位产品的工时消耗和工资分配率两个因素的变动情况。

$$单位产品直接人工成本＝单位产品工时消耗量×工资分配率$$

分析时,应首先确定分析对象为实际单位产品直接人工成本减去计划单位产品直接人工成本,然后分析两个因素变动的影响。其中:

单位产品工时消耗量变动的影响
＝(实际单位产品工时消耗量－计划单位产品工时消耗量)×计划工资分配率

工资分配率变动的影响
＝(实际工资分配率－计划工资分配率)×实际单位产品工时消耗量

甲产品消耗的有关工时数量和工资分配率资料如表8-36所示。

表8-36 甲产品消耗的有关工时数量和工资分配率资料表

| 项目 | 消耗量(工时) | | 工资分配率(元/小时) | | 直接人工成本(元) | | |
| --- | --- | --- | --- | --- | --- | --- | --- |
| | 计划 | 实际 | 计划 | 实际 | 计划 | 实际 | 差异 |
| 生产工时 | 50 | 42 | 2.2 | 2.5 | 110 | 105 | －5 |

由表8-36可知,甲产品单位直接人工成本比计划成本实际节约5元。其中:
工时消耗量变动的影响计算如下:

$$工时消耗量变动的影响＝(42－50)×2.2＝－17.6(元)$$

工资分配率变动的影响计算如下:

工资分配率变动的影响＝(2.5－2.2)×42＝12.6(元)

因此,生产单位产品工时消耗量越少,产品成本中分摊的工资费用也越少。但是,工资分配率的提高则是产品单位成本中工资费用增加的因素,所以对产品单位成本中工资费用的分析应结合劳动生产率、劳动组织等方面的情况进行,重点是分析单位产品工时变动。

**【工作实例 8-5】** 龙达公司甲产品有关直接人工资料如表 8-37 所示。

表 8-37　直接人工费用资料表

| 项目 | 单位产品耗用(工时) | 小时工资率(元/小时) | 直接人工(元) |
| --- | --- | --- | --- |
| 本年计划数 | 40 | 1.30 | 52 |
| 本年累计实际平均数 | 36 | 1.50 | 54 |
| 差异 |  |  | ＋2 |

要求:分析单位产品直接人工成本项目。

操作步骤如下:

**第一步:计算直接人工成本项目的变动及影响因素的影响程度。**

由表 8-37 可知,甲产品单位成本中的直接人工费用本年累计实际平均数比本年计划数增加了 2 元,其影响因素分析为:

单位产品耗用工时变动的影响＝(36－40)×1.3＝－5.20(元)
小时工资率变动的影响＝36×(1.50－1.30)＝7.20(元)
两个因素的共同影响＝－5.20＋7.20＝2(元)

**第二步:直接人工项目影响因素分析评价。**

计算表明,甲产品单位成本中直接人工费用超支了 2 元,但是,单位产品所耗工时与小时工资率的变动情况不同。单位产品所耗工时下降,使单位产品直接人工费用下降了 5.20 元,但由于小时工资率上升,单位产品直接人工费用上升了 7.20 元,两者相抵,仍然使单位产品直接人工费用超支 2 元。通常,影响单位产品所耗工时的原因较多,而影响小时工资率的因素是直接人工成本总额和生产工时总数两方面。前者主要由生产工人总数、工资标准、工作总额变动引起,后者主要取决于生产工人的出勤状况和工时利用状况。在本例中,甲产品本年累计实际平均小时工资率比计划数提高,企业应结合具体情况查明原因,促使企业提高工时利用率,降低小时工资率,从而降低产品成本。

3. 制造费用成本项目分析

产品的制造费用是车间间接费用的归集,要按照一定的分配标准分配到各类产品成本中。

在分析制造费用成本项目时,分析的主要因素是工时消耗和制造费用分配率。甲产品消耗的有关工时数量和制造费用分配率资料如表 8-38 所示。

表 8-38　甲产品制造费用对比计划变动情况分析表

| 项目 | 消耗量(工时) | | 制造费用分配率(元/小时) | | 制造费用成本(元) | | |
| --- | --- | --- | --- | --- | --- | --- | --- |
|  | 计划 | 实际 | 计划 | 实际 | 计划 | 实际 | 差异 |
| 制造费用 | 50 | 42 | 1.70 | 2.30 | 85 | 96.60 | 11.60 |

由表 8-38 可知,甲产品的制造费用实际超过计划 11.60 元。其中:
工时消耗量变动的影响计算如下:
工时消耗量变动的影响=(42－50)×1.70＝－13.60(元)
制造费用分配率变动的影响计算如下:
制造费用分配率变动的影响=(2.30－1.70)×42＝25.20(元)

【工作实例 8-6】龙达公司甲产品有关制造费用资料如表 8-39 所示。

表 8-39　制造费用资料表

| 项目 | 单位产品耗用<br>(小时) | 小时制造费用分配率<br>(元/小时) | 制造费用<br>(元) |
| --- | --- | --- | --- |
| 本年计划数 | 40 | 3.75 | 150 |
| 本年累计实际平均数 | 50 | 3 | 150 |
| 差异 | | | |

要求:分析单位产品制造费用成本项目。
操作步骤如下:

**第一步:计算制造费用成本项目的变动及影响因素的影响程度。**

由表 8-39 可知,甲产品单位成本中的制造费用本年累计实际平均数与本年计划数相比没有发生变化,其影响因素分析为:
单位产品耗用工时变动的影响=(50－40)×3.75＝37.50(元)
小时制造费用分配率变动的影响=50×(3－3.75)＝－37.50(元)
两个因素的共同影响=－37.50＋37.50＝0(元)

**第二步:制造费用项目影响因素分析评价。**

计算表明,甲产品单位成本中制造费用没有发生变化,但是,单位产品所耗工时与小时制造费用分配率的变动情况不同。单位产品所耗工时上升,使单位产品制造费用上升了 37.50 元,但由于小时制造费用分配率下降,单位产品制造费用下降了 37.50 元,两者相抵,仍然使单位产品制造费用没有发生变化。通常,影响单位产品所耗工时的原因较多,而影响小时制造费用分配率的因素是制造费用总额和产品生产所耗工时总数两方面。前者主要由企业的各项间接费用、未单独设项目的直接费用变动引起,后者主要取决于生产工人的出勤状况和工时利用状况。企业应尽可能压缩不必要的开支,减少制造费用支出,从而降低制造费用分配率,降低产品成本。

4. 燃料及动力项目分析

燃料及动力费用在分析时可以比照直接材料费用分析方法进行。

## 五、制造费用明细表分析

采用比较分析法和构成比率分析法分析制造费用明细表。

分析各种费用计划的执行情况,主要是依据各种费用明细表所提供的资料,以本年实际数与本年计划数相比较,确定实际脱离计划的差异,然后结合有关资料分析差异的原因。制造费用分析表如表 8-40 所示。

表 8-40　制造费用分析表　　　　　　　　　　　　　　　　单位：元

| 项目 | 本年计划 | 本年实际 | 实际比计划升降额 |
| --- | --- | --- | --- |
| 工资 | 1 200 | 1 293 | +93 |
| 职工福利费 | 320 | 346 | +26 |
| 折旧费 | 7 680 | 7 693 | +13 |
| 办公费 | 760 | 750 | −10 |
| 水电费 | 987 | 1 047 | +60 |
| 机物料消耗 | 3 520 | 3 508 | −12 |
| 低值易耗品摊销 | 436 | 400 | −36 |
| 其他 | 649 | 504 | −145 |
| 制造费用合计 | 15 552 | 15 541 | −11 |

从表 8-40 中的分析我们可以看出，本年度制造费用总额实际比计划降低 11 元，基本符合计划。

采用构成比率分析法，计算分析各制造费用项目的构成比率，考核企业制造费用构成是否合理。同时，可以分别计算上年同期实际数构成比率、本年计划数构成比率、本月实际数构成比率和本年累计实际数构成比率，借以分析企业制造费用构成的变动趋势。在评价制造费用构成的合理性时，应结合企业的生产、技术特点的变化，不能简单地以数字评价，否则达不到分析的目的。

### 六、期间费用明细表分析

期间费用明细表的分析方法一般也采用比较分析法和构成比率分析法。其具体分析方法与制造费用明细表的分析方法相同，不再重述。

任务实施

任务实施
视频

### 一、活动思考

问题：全部产品成本计划完成情况及主要产品单位成本项目如何分析？

_____

_____

_____

### 二、活动提升

习近平总书记指出，青年在成长和奋斗中，会收获成功和喜悦，也会面临困难和压力。要正确对待一时的成败得失，处优而不养尊，受挫而不短志，使顺境逆境都成为人生的财富而不是人生的包袱。根据这两句话，在完成工作任务时，你主要考虑哪些因素？

## 三、活动实施

活动实施情况如表 8-41 所示。

表 8-41　活动实施情况

| 活动步骤 | 活动要求 | 活动安排 | 活动记录 |
| --- | --- | --- | --- |
| 步骤 1<br>职业沟通练习 | 在实际工作中，成本会计人员要具备扎实的专业能力，也要有良好的沟通能力等。以小组为单位分配角色，通过角色扮演、小组讨论，练习人与人之间的沟通能力 | 具体活动 1：角色选择 | 附表 8-4 |
| | | 具体活动 2：角色扮演 | 附表 8-4 |
| | | 具体活动 3：模拟评价 | 附表 8-5 |
| 步骤 2<br>知识准备 | 全部产品成本计划完成情况分析、主要产品单位成本项目分析 | 学习微课 | 梳理知识点 |
| 步骤 3<br>成本分析表 | 产品成本构成情况分析表 | 实训平台 | 附表 8-6 |

附表 8-4　工作记录单

| 角色 | 学生姓名 | 沟通内容等 |
| --- | --- | --- |
| 成本会计 | | |
| 财务经理 | | |
| 生产部 | | |
| 组长签字： | | |

附表 8-5　模拟评价表

| 组号 | 参加展示人数 | 评价 | | 小组排序 |
| --- | --- | --- | --- | --- |
| | | 语言表达最好的学生 | 模拟最好的学生 | |
| | | | | |
| | | | | |
| | | | | |
| | | | | |
| | | | | |

附表 8-6(a)　产品成本构成情况分析表

产品编号:1　产品名称:单人床单　规格:纯棉贡缎/220＊280 厘米(1.35 米床)

数量单位:条　2022 年 1 月　金额单位:元

| 序号 | 成本项目 | 本月实际成本 | 本月实际成本构成比率 | 本月标准成本 | 本月标准成本构成比率 | 历史先进水平产品单位实际产量 | 历史先进水平产品单位实际成本 | 历史先进水平实际成本 | 历史先进水平实际成本构成比率 | 差异 ||
|---|---|---|---|---|---|---|---|---|---|---|---|
| | | | | | | | | | | 与本月标准成本构成比率比较 | 与历史先进水平实际成本构成比率比较 |
| 1 | 直接材料成本 | | | | | | | | | | |
| 2 | 直接人工成本 | | | | | | | | | | |
| 3 | 变动制造费用 | | | | | | | | | | |
| 4 | 固定制造费用 | | | | | | | | | | |
| 5 | 产品成本 | | | | | | | | | | |

附表 8-6(b)　产品成本构成情况分析表

产品编号:2　产品名称:双人床单　规格:纯棉贡缎/260＊280 厘米(1.8 米床)

数量单位:条　2022 年 1 月　金额单位:元

| 序号 | 成本项目 | 本月实际成本 | 本月实际成本构成比率 | 本月标准成本 | 本月标准成本构成比率 | 历史先进水平产品单位实际产量 | 历史先进水平产品单位实际成本 | 历史先进水平实际成本 | 历史先进水平实际成本构成比率 | 差异 ||
|---|---|---|---|---|---|---|---|---|---|---|---|
| | | | | | | | | | | 与本月标准成本构成比率比较 | 与历史先进水平实际成本构成比率比较 |
| 1 | 直接材料成本 | | | | | | | | | | |
| 2 | 直接人工成本 | | | | | | | | | | |
| 3 | 变动制造费用 | | | | | | | | | | |
| 4 | 固定制造费用 | | | | | | | | | | |
| 5 | 产品成本 | | | | | | | | | | |

任务评价

任务评价表如表 8-42 所示。

表 8-42　任务评价表

| 一级指标 | 二级指标 | 评价内容 | 分值 | 自评 | 互评 | 教师 | 企业导师 |
|---|---|---|---|---|---|---|---|
| 职业能力<br>(30分) | 思维能力 | 能够从不同的角度提出问题,分析问题并解决问题 | 1 | | | | |
| | 自学能力 | 能够通过自己已有的知识经验来独立地获取新的知识和信息 | 2 | | | | |
| | 实践操作能力 | 能够根据自己获取的知识正确地完成工作任务 | 10 | | | | |
| | 创新能力 | 在小组讨论中能够与他人交流自己的想法,敢于标新立异 | 5 | | | | |
| | | 能够跳出固有的知识,提出自己的见解,培养自己的创新性 | 5 | | | | |
| | 表达能力 | 能够正确地组织和撰写分析报告等 | 5 | | | | |
| | 合作能力 | 能够为小组提供信息、质疑、归类和总结,提出方法,阐明观点 | 2 | | | | |
| 学习策略<br>(20分) | 学习方法 | 根据本次任务实际情况对自己的学习方法进行调整 | 10 | | | | |
| | 自我调控 | 能够根据本次任务正确地使用学习方法 | 4 | | | | |
| | | 能够利用学习资源等正确地整合各种学习方法 | 6 | | | | |
| 职业标准<br>(50分) | 职业岗位能力 | 定期出具成本明细表、成本分析报告给管理层,对异常情况进行判断和处理,提出降低成本的措施 | 20 | | | | |
| | | 进行成本核算、费用管理、成本分析,定期编制成本分析报表,及时向部门领导汇报工作完成情况 | 30 | | | | |

## 任务总结

学生根据任务评价表填写,总结三维目标的达成度,如表 8-43 所示。

表 8-43　任务总结

| 项目 | | 总结 |
|---|---|---|
| 素质提升 | 提升 | |
| | 欠缺 | |
| 知识掌握 | 掌握 | |
| | 欠缺 | |

(续表)

| 项目 | | 总结 |
|---|---|---|
| 能力达成 | 达成 | |
| | 欠缺 | |
| 改进措施 | | |

 任务拓展

如何设计成本分析表（报价单）

 知识巩固

知识巩固

 技能提升

技能提升

# 项目九

# 辅助生产成本

思政园地

 **素养目标**

1. 培养追求卓越、绿色环保、可持续发展意识
2. 培养质量安全风险意识
3. 培养创新精神、工匠精神、诚信精神

 **知识目标**

1. 掌握废品损失和停工损失的归集与分配
2. 掌握辅助生产费用的归集与分配方法
3. 掌握外购燃料及动力费用的归集与分配
4. 掌握累计折旧的归集与分配

 **能力目标**

1. 能够正确核算废品损失和停工损失并进行账务处理
2. 能够正确归集辅助生产费用
3. 能够采用各种辅助生产费用分配方法分配辅助生产费用
4. 能够正确归集与分配外购燃料、动力费及累计折旧

 **知识导图**

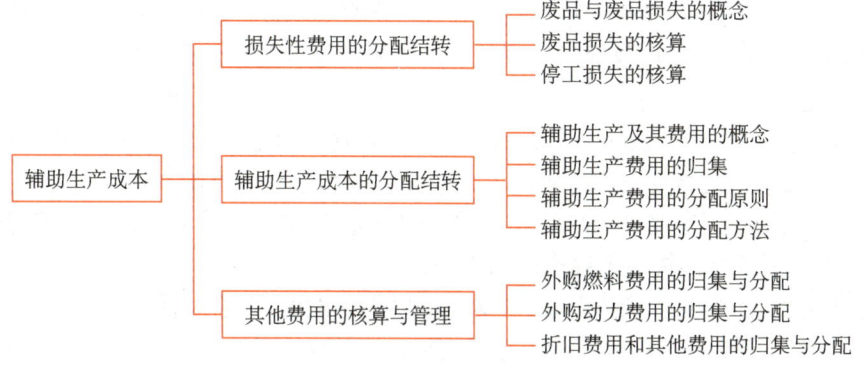

## 任务一 损失性费用的分配结转

### 任务情境

任务情境

### 任务要求

计算可修复废品、不可修复废品的生产成本、废品净损失,编制相关的会计分录。

### 任务准备

损失性费用的分配结转

#### 一、废品与废品损失的概念

##### (一)废品的概念

废品是指在生产过程中发生的、质量不符合规定的技术标准、不能按原定用途使用的,或需要加工修理后才能使用的在产品、半成品和产成品,而不论它们是在生产中被发现的,还是在入库后被发现的,都应被包括在内。

废品按其产生的原因,分为工废品和料废品。工废品是指因加工工人的过失(如操作违反规程、看错或绘错图纸等)而造成的废品;料废品是指由于原料不符合质量要求而造成的不合格品。

废品按修复的可能性和经济性,分为可修复废品和不可修复废品。可修复废品是指在技术上可修复,而且所花费的修复费用在经济上合算的废品;不可修复废品是指在技术上不可修复,或虽然可以修复但所花费的修理费用在经济上不合算的废品。

##### (二)废品损失的概念

废品损失是指在生产过程中发生的和入库后发现的超定额的不可修复废品的生产成本,以及可修复废品的修复费用,扣除回收的废品残料价值和应收赔款以后的损失。正确组织废品损失的核算,对于改进生产技术、提高产品质量、降低产品成本,都有着重要意义。

但以下各项发生的损失不属于废品损失:

(1) 经质量检验部门鉴定不需要返修、可以降价出售的不合格品。

(2) 产品入库后由于保管不善等原因而损坏变质的产品。

(3) 实行"三包"企业在产品出售后发现的废品。

## 二、废品损失的核算

为单独核算废品损失,企业应增设"废品损失"账户,在成本项目中增设"废品损失"项目。"废品损失"账户的借方登记不可修复废品的生产成本和可修复废品的修复成本,贷方登记废品残料收回价值、责任人赔款及分配转出的废品损失,分配后该账户无余额。"废品损失"按生产车间分户设置明细账,进行明细分类核算。

废品损失也可不单独核算,相应费用等体现在"生产成本——基本生产成本""原材料"等账户中。辅助生产一般不单独核算废品损失。

### (一) 不可修复废品损失的核算

不可修复废品损失的生产成本,可按废品所耗实际费用计算,也可按废品所耗定额费用计算。废品损失采用按废品所耗实际费用计算时,要将废品报废前与合格品在一起计算的各项费用,采用适当的分配方法(参见生产费用在完工产品和在产品之间的分配)在合格品与废品之间进行分配,计算出废品的实际成本,从"生产成本——基本生产成本"账户贷方转入"废品损失"账户借方。如果废品是在完工以后被发现的,单位废品负担的各项生产费用应与单位合格产品完全相同,可按合格品产量和废品的数量比例分配各项生产费用,计算废品的实际成本。

按成本项目分别计算不可修复废品的实际成本的公式如下:

废品应负担的材料费用 = 某产品直接材料成本总额 ÷ (合格品数量 + 废品约当量) × 废品约当量

废品应负担的工资费用 = 某产品直接人工成本总额 ÷ (合格品数量 + 废品约当量) × 废品约当量

废品应负担的制造费用 = 某产品制造费用总额 ÷ (合格品数量 + 废品约当量) × 废品约当量

在计算不可修复废品成本时,应注意到不可修复废品是发生在制造过程的中途还是最后阶段,这对于废品数量的确定及其费用分配都有着直接的关系。

【做中学 9-1】龙达公司生产甲产品 1 000 件,其中 100 件为不可修复废品,废品残值 20 元,无赔偿。这种产品的成本资料如下:直接材料(一次投料)5 100 元,直接人工 2 280 元,制造费用 1 500 元,合计 8 880 元。

(1) 假设 100 件不可修复废品是在生产的最终阶段发生的,按成本项目分别计算应负担的废品成本为:

废品应负担的材料费用 = 5 100 ÷ 1 000 × 100 = 510(元)

废品应负担的工资费用 = 2 280 ÷ 1 000 × 100 = 228(元)

废品应负担的制造费用 = 1 500 ÷ 1 000 × 100 = 150(元)

废品应负担的废品成本 = 510 + 228 + 150 = 888(元)

废品损失 = 888 − 20(残值) = 868(元)

① 归集废品所负担的费用:

借:废品损失 888
  贷:原材料 510
    应付职工薪酬 228
    制造费用 150

② 收回废品残料价值:

借:原材料 20
  贷:废品损失 20

(2) 假设100件不可修复废品是在加工60%时发生,按成本项目分别计算应负担的废品成本为:

废品应负担的工资费用=2 280÷(900+100×60%)×100×60%=142.50(元)
废品应负担的制造费用=1 500÷(900+100×60%)×100×60%=93.75(元)
废品应负担的废品成本=510+142.50+93.75=746.25(元)
废品损失=746.25-20(残值)=726.25(元)

废品损失采用按废品所耗定额费用计算不可修复废品成本时,废品的生产成本是按废品数量和各项费用定额计算的,不需要考虑废品实际发生的生产费用。

**【做中学9-2】** 龙达公司本月在齿轮生产过程中发现不可修复废品8件,按所耗定额费用计算不可修复废品的生产成本。单件原材料费用定额为50元,已完成的定额工时共计120小时,每小时的费用定额为:燃料和动力1.50元,工资和福利费2元,制造费用1.20元。不可修复废品的残料作价90元以辅助材料入库,应由过失人赔偿30元。废品净损失由当月同种产品成本负担。

不可修复废品成本=50×8+120×(1.50+2+1.20)=964(元)

根据有关凭证,编制会计分录如下:

(1) 结转废品成本:

借:废品损失　　　　　　　　　　　　　　　　　　　　　964
　　贷:生产成本——基本生产成本——齿轮(直接材料)　　　400
　　　　　　　　　　　　　　　　——齿轮(燃料和动力)　　180
　　　　　　　　　　　　　　　　——齿轮(直接人工)　　　240
　　　　　　　　　　　　　　　　——齿轮(制造费用)　　　144

(2) 收回废品残料价值:

借:原材料　　　　　　　　　　　　　　　　　　　　　　90
　　贷:废品损失　　　　　　　　　　　　　　　　　　　　90

(3) 应收过失人赔款:

借:其他应收款　　　　　　　　　　　　　　　　　　　　30
　　贷:废品损失　　　　　　　　　　　　　　　　　　　　30

(4) 结转废品净损失:

借:生产成本——基本生产成本——齿轮——废品损失　　　844
　　贷:废品损失　　　　　　　　　　　　　　　　　　　　844

### (二) 可修复废品损失的核算

可修复废品返修以前发生的生产费用,不是废品损失,不需要计算其生产成本,而应留在"生产成本——基本生产成本"账户和所属有关产品成本明细账中,不需要转出。返修发生的各种费用,应根据各种费用分配表,记入"废品损失"账户的借方。其回收的残料价值和应收的赔款,应从"废品损失"账户贷方分别转入"原材料"和"其他应收款"账户的借方。结转后"废品损失"账户的借方余额反映的是归集的可修复损失成本,应转入"生产成本——基本生产成本"账户的借方。

**【做中学9-3】** 龙达公司在生产轴承过程中,产生5件可修复废品。在返修过程中共发生原材料费用300元,耗用工时20小时,工资率为4元/小时,费用率为2元/小时。应由过失人赔偿 20 元。

根据以上资料,编制会计分录如下:

(1) 发生修理费用:

应付职工薪酬＝20×4＝80(元)

制造费用＝20×2＝40(元)

借:废品损失　　　　　　　　　　　　　　　　　　　420
　　贷:原材料　　　　　　　　　　　　　　　　　　300
　　　　应付职工薪酬　　　　　　　　　　　　　　　80
　　　　制造费用　　　　　　　　　　　　　　　　　40

(2) 应收过失人赔款:

借:其他应收款　　　　　　　　　　　　　　　　　　20
　　贷:废品损失　　　　　　　　　　　　　　　　　20

### (三) 废品损失计算表的编制

#### 1. 废品通知单的认知

废品通知单是计算废品损失的主要原始凭证。它由企业质检部门在发现废品时填制,也可由产生废品的单位(分厂、车间或班组)填制。"废品通知单"应包括的内容有:①废品的种类和数量;②产生废品的原因和过失人责任以及废品的生产工时;③可修复废品的修复费用;④不可修复废品的生产成本。

该单一式三联:一联由生产单位存查,一联交质检部门,一联交财会部门核算废品损失。只有审核无误的"废品通知单",才能作为核算废品损失的原始凭证。废品通知单如表 9-1 所示。

表 9-1　废品通知单

| 产品名称 | | | | 批次数量 | | 来料批次 | | |
|---|---|---|---|---|---|---|---|---|
| 产品图号 | | | | 废品数量 | | 废品单号 | | |
| 质量特性值 | | | | 实测值 | | 差值 | 说明 | |
| 产生废品原因 | 操作工粗心大意 | 图纸工艺不合理 | 原材料不合格 | 设备故障 | 版本更新 | 调试报废 | 其他 | 责任评定:<br><br>责任者签字: |
| | | | | | | | | |
| 注:一式三联:质检部一联(白)　车间主任一联(红)　仓库一联(黄) | | | | | | | | |
| 检验员 | | | | | | 质检部 | 厂部 | |

#### 2. 废品损失计算表的编制

【工作实例 9-1】龙达公司第二车间本月生产甲产品 800 件,经检验发现不可修复废品 20 件;合格品的生产工时为 23 600 小时,废品工时为 400 小时,全部生产工时为 24 000 小时。甲产品成本计算单所列合格品和废品的全部生产费用为:原材料

40 000元,燃料及动力费23 760元,直接人工费用36 000元,制造费用60 000元,共计159 760元。废品残料回收价值240元,原材料是生产开工时一次投入,原材料按合格品数量和废品数量的比例分配;其他费用按生产工时比例分配。假设废品报废后应收过失人赔款600元。

要求:根据资料进行账务处理。

操作步骤如下:

**第一步:** 编制废品损失计算表,如表9-2所示。

**表9-2 废品损失计算表** 金额单位:元

| 车间名称:第二车间 | | | 20××年×月 | | | 产品名称:甲产品 | |
|---|---|---|---|---|---|---|---|
| 项目 | 数量(件) | 原材料 | 生产工时(小时) | 燃料及动力费 | 直接人工费用 | 制造费用 | 成本合计 |
| 费用总额 | 800 | 40 000 | 24 000 | 23 760 | 36 000 | 60 000 | 159 760 |
| 费用分配率 | | 50 | | 0.99 | 1.5 | 2.5 | |
| 废品成本 | 20 | 1 000 | 400 | 396 | 600 | 1 000 | 2 996 |
| 减:废品残料 | | 240 | | | | | 240 |
| 废品损失 | | 760 | | 396 | 600 | 1 000 | 2 756 |
| 减:过失人赔款 | | | | | 600 | | 600 |
| 废品净损失 | | 760 | | 396 | 0 | 1 000 | 2 156 |

**第二步:** 编制记账凭证,如表9-3至表9-5所示。

**表9-3 记账凭证**

20××年×月×日 记字第0901号

| 摘要 | 总账科目 | 明细科目 | 借方金额 | 贷方金额 | 记账 |
|---|---|---|---|---|---|
| 废品损失归集 | 废品损失 | 甲产品 | 2 996 | | |
| | 生产成本 | 基本生产成本 | | 2 996 | |
| 合计 | | | 2 996 | 2 996 | |

财务主管:张海    记账:王静    出纳:    审核:王明    制单:沈丹丹

**表9-4 记账凭证**

20××年×月×日 记字第0902号

| 摘要 | 总账科目 | 明细科目 | 借方金额 | 贷方金额 | 记账 |
|---|---|---|---|---|---|
| 结转残料及赔偿 | 原材料 | | 240 | | |
| | 其他应收款 | | 600 | | |
| | 废品损失 | 甲产品 | | 840 | |
| 合计 | | | 840 | 840 | |

财务主管:张海    记账:王静    出纳:    审核:王明    制单:沈丹丹

表 9-5 记 账 凭 证

20××年×月×日　　　　　　　　　　　　　　　　　　记字第 0903 号

| 摘要 | 总账科目 | 明细科目 | 借方金额 | 贷方金额 | 记账 |
|---|---|---|---|---|---|
| 废品损失分配 | 生产成本 | 基本生产成本 | 2 156 | | |
| | 废品损失 | 甲产品 | | 2 156 | |
| 合计 | | | 2 156 | 2 156 | |

财务主管:张海　　　记账:王静　　　出纳:　　　审核:王明　　　制单:沈丹丹

**第三步**:登记有关明细账。

根据上述资料登记"废品损失明细账",如表 9-6 所示;月末登记"生产成本——基本生产成本——甲产品"明细账,如表 9-7 所示。

表 9-6 废品损失明细账

车间名称:第二车间　产品名称:甲产品　20××年×月　　　　　　　　　　单位:元

| 年 | | 凭证号 | 摘要 | 直接材料 | 燃料及动力费 | 直接人工 | 制造费用 | 合计 |
|---|---|---|---|---|---|---|---|---|
| 月 | 日 | | | | | | | |
| | | | 转入不可修复废品的成本 | 1 000 | 396 | 600 | 1 000 | 2 996 |
| | | | 减:残值 | 240 | | | | 240 |
| | | | 过失人赔款 | | | 600 | | 600 |
| | | | 合计 | 760 | 396 | 600 | 1 000 | |
| | | | 结转废品净损失 | 760 | 396 | 600 | 1 000 | 2 156 |

表 9-7 基本生产成本明细账

产品名称:甲产品　　　　　　　20××年×月　　　　　　　　　　　　　单位:元

| 年 | | 凭证号 | 摘要 | 直接材料 | 燃料及动力费 | 直接人工 | 制造费用 | 废品损失 | 合计 |
|---|---|---|---|---|---|---|---|---|---|
| 月 | 日 | | | | | | | | |
| | | | 合格品和废品生产费用合计 | 40 000 | 23 760 | 36 000 | 60 000 | | 159 760 |
| | | | 转出不可修复废品的成本 | 1 000 | 396 | 600 | 1 000 | | 2 996 |
| | | | 转入废品净损失 | | | | | 2 156 | 2 156 |
| | | | 合格品生产费用合计 | 39 000 | 23 364 | 35 400 | 59 000 | 2 156 | 158 920 |

## 三、停工损失的核算

停工损失是指生产车间或车间内某个班组在停工期间发生的各项生产费用,包括停工期间发生的原材料费用、人工费用和制造费用等。应由过失单位或保险公司负担的赔款,应从停工损失中扣除。不满 1 个工作日的停工,一般不计算停工损失。

企业的停工根据产生的原因可以分为正常停工和非正常停工。正常停工包括季节性停工、正常生产周期内的修理期间的停工、计划内减产停工等;非正常停工包括原材料或工具等短缺停工、设备故障停工、电力中断停工、自然灾害停工等。季节性停工、修理期间的正常停工费用在产品成本核算范围内,应计入产品成本。非正常停工费用应计入企业当期损益。

单独核算停工损失的企业,应增设"停工损失"账户,并在成本项目中增设"停工损失"项目。发生停工损失时,根据停工报告单和各种费用分配表、分配汇总表等有关凭证,将停工期内发生、应列作停工损失的费用记入"停工损失"账户的借方进行归集;应由过失单位及过失人员或保险公司负担的赔款,应从该账户的贷方转入"其他应收款"等账户的借方。期末,将停工净损失从"停工损失"账户贷方转出,属于自然灾害部分转入"营业外支出"账户的借方;应由本月产品成本负担的部分,则转入"生产成本——基本生产成本"账户的借方,在停工的车间生产多种产品时,还要采用合理的分配标准,分配记入该车间各产品成本明细账"停工损失"成本项目。分配结转后"停工损失"账户月末无余额。

不单独核算停工损失的企业,不设置"停工损失"账户,将其直接反映在"制造费用"或"营业外支出"等账户中。辅助生产一般不单独核算停工损失。

季节性生产企业在停工期间发生的制造费用,应当在开工期间进行合理分摊,连同开工期间发生的制造费用,一并计入产品的生产成本。

 任务实施

任务实施
视频

### 一、活动思考

问题:如何计算可修复废品损失、不可修复废品损失、废品净损失?

_____

_____

_____

### 二、活动提升

"做事先做人,做人先立德。"从这句话中,你是如何理解会计职业道德的?在进行成本核算时,你应如何遵循会计职业道德?

### 三、活动实施

活动实施情况如表 9-8 所示。

表 9-8　活动实施情况

| 活动步骤 | 活动要求 | 活动安排 | 活动记录 |
|---|---|---|---|
| 步骤 1<br>职业沟通练习 | 在实际工作中,成本会计人员要具备扎实的专业能力,也要有良好的沟通能力等。以小组为单位分配角色,通过角色扮演、小组讨论,练习人与人之间的沟通能力 | 具体活动 1:角色选择 | 附表 9-1 |
| | | 具体活动 2:角色扮演 | 附表 9-1 |
| | | 具体活动 3:模拟评价 | 附表 9-2 |
| 步骤 2<br>知识准备 | 损失性费用的分配结转 | 学习微课 | 梳理知识点 |
| 步骤 3<br>废品损失计算 | 可修复废品、不可修复废品、废品净损失计算及账务处理 | 计算结果 | 附表 9-3 |

附表 9-1　工作记录单

| 角色 | 学生姓名 | 沟通内容等 |
|---|---|---|
| 成本会计 | | |
| 财务经理 | | |
| 仓储人员 | | |

组长签字：

附表 9-2　模拟评价表

| 组号 | 参加展示人数 | 评价 | | 小组排序 |
|---|---|---|---|---|
| | | 语言表达最好的学生 | 模拟最好的学生 | |
| | | | | |
| | | | | |
| | | | | |
| | | | | |
| | | | | |

附表 9-3　计算结果表

| 可修复废品的生产成本 | |
|---|---|
| 不可修复废品的生产成本 | |
| 废品净损失 | |
| 会计处理 | |

## 任务评价

任务评价表如表 9-9 所示。

表 9-9　任务评价表

| 一级指标 | 二级指标 | 评价内容 | 分值 | 自评 | 互评 | 教师 | 企业导师 |
|---|---|---|---|---|---|---|---|
| 职业能力（30分） | 思维能力 | 能够从不同的角度提出问题，分析问题并解决问题 | 1 | | | | |
| | 自学能力 | 能够通过自己已有的知识经验来独立地获取新的知识和信息 | 2 | | | | |
| | 实践操作能力 | 能够根据自己获取的知识正确地完成工作任务 | 10 | | | | |
| | 创新能力 | 在小组讨论中能够与他人交流自己的想法，敢于标新立异 | 5 | | | | |
| | | 能够跳出固有的知识，提出自己的见解，培养自己的创新性 | 5 | | | | |
| | 表达能力 | 能够正确地组织和撰写分析报告等 | 5 | | | | |
| | 合作能力 | 能够为小组提供信息，质疑、归类和总结，提出方法，阐明观点 | 2 | | | | |
| 学习策略（20分） | 学习方法 | 根据本次任务实际情况对自己的学习方法进行调整 | 10 | | | | |
| | 自我调控 | 能够根据本次任务正确地使用学习方法 | 4 | | | | |
| | | 能够利用学习资源等正确地整合各种学习方法 | 6 | | | | |
| 职业标准（50分） | 职业岗位能力 | 正确计算企业废品损失并进行账务处理，提出改进生产技术，减少废品的建议 | 30 | | | | |
| | | 严格审核和控制各项费用支出，减少废品率，努力节约开支，不断降低成本 | 20 | | | | |

## 任务总结

学生根据任务评价表填写，总结三维目标的达成度，如表 9-10 所示。

表 9-10　任务总结

| 项目 | | 总结 |
|---|---|---|
| 素质提升 | 提升 | |
| | 欠缺 | |
| 知识掌握 | 掌握 | |
| | 欠缺 | |

(续表)

| 项目 | | 总结 |
|---|---|---|
| 能力达成 | 达成 | |
| | 欠缺 | |
| 改进措施 | | |

**任务拓展**

企业生产事故造成的损失如何处理

## 任务二　辅助生产成本的分配结转

**任务情境**

任务情境

**任务要求**

应用直接分配法、计划成本分配法填制分配表。

**任务准备**

### 一、辅助生产及其费用的概念

辅助生产是指在工业企业为基本生产车间、行政管理部门等单位提供服务而进行的产品生产和劳务供应。其有时也对外销售和服务。企业为保证生产经营管理活动的正常进行,一般会设置辅助生产车间,如机修车间、运输车间以及供水、供电、供气等车间。

辅助生产成本的分配结转

辅助生产车间按生产产品或提供劳务的不同分为两种类型：一种是只生产一种产品或只提供一种劳务，如供电、供水、供气、供暖等辅助生产车间；另一种是生产多种产品或提供多种劳务，如从事工具、模具、修理用备件的制造及机器设备维修等辅助生产车间。

辅助生产费用是指辅助生产车间为生产产品或提供劳务而发生的各种耗费。辅助生产费用按费用发生时能否确定费用的实际数额可以分为以下两种情况：

（1）费用发生时能确定其实际数额的费用。这部分费用有：辅助生产耗用的各种要素费用，如原材料、燃料、外购动力、低值易耗品、折旧、工资、福利费、修理费等费用；待摊费用和预提费用等。这些费用能根据各种费用分配表被及时地归集到"辅助生产成本"账户中。

（2）费用发生时不能确定其实际数额的费用。这部分费用主要是辅助生产车间耗用其他辅助生产车间的产品或劳务而应负担的费用。

## 二、辅助生产费用的归集

### （一）辅助生产费用的账户设置

企业应设置"辅助生产成本"或"生产成本——辅助生产成本"账户来归集所发生的辅助生产费用，按辅助生产车间及其生产的产品、提供的劳务的种类进行明细核算（辅助生产费用明细账）。辅助生产车间在日常活动中发生的各种辅助生产费用，归集到"生产成本——辅助生产成本"账户的借方，月末分配结转至生产成本和期间费用账户。

辅助生产车间是否设置"制造费用"账户，不做统一要求。在实际工作中，企业可根据辅助生产部门规模的大小、制造费用的多少等因素来确定是否设置该账户。如果企业的辅助生产规模较大、制造费用较多，或者对外提供产品、劳务，则可设置"制造费用"账户来归集辅助生产过程中发生的制造费用；如果企业的辅助生产规模较小、制造费用较少，又不对外提供产品、劳务，则可不单设"制造费用"账户，而将辅助生产过程中发生的制造费用直接计入辅助生产成本。

### （二）辅助生产费用的账务处理

在提供单一产品或劳务的辅助生产部门，其所发生的费用都属于直接费用，因而在发生时可直接计入该产品或劳务的有关成本项目。因此，其成本归集程序比较简单。

在提供多品种产品或劳务的辅助生产部门，所发生的费用需由两个或两个以上的产品或劳务负担，需将共同费用在不同的受益对象之间进行分配。这种情况下的成本归集程序相对比较复杂。

（1）如果辅助生产车间单设"制造费用"账户，则辅助生产车间发生的直接材料、直接人工根据"材料费用分配表""职工薪酬分配表"和有关凭证归集到"生产成本——辅助生产成本"账户的有关明细账或专栏的借方。辅助生产车间为组织或管理生产发生的间接费用和房屋、机器设备的折旧费用，应先归集到"制造费用——辅助生产车间"账户的有关明细账或专栏的借方。月末，可采用与基本生产车间分配制造费用相同的方法，将"制造费用——辅助生产车间"账户的借方发生额直接转入或分配转入"生产成本——辅助生产成本"及其明细账户。

（2）如果辅助生产车间不设"制造费用"账户，则将辅助生产车间发生的全部费用直接归集到"生产成本——辅助生产成本"二级账户有关费用明细账或专栏。

**【做中学9-4】** 龙达公司月末对各项要素费用进行分配,已经全部归集在"辅助生产成本"总账的借方及所属明细账的有关项目。供电和供水车间的辅助生产成本明细账的格式分别如表9-11、表9-12所示。

表9-11 辅助生产成本明细账

辅助车间:供电车间　　　　　　　　　　20××年×月　　　　　　　　　　　　　单位:元

| 摘要 | 原材料 | 动力 | 工资及福利费 | 折旧费 | 修理费 | 保险费 | 其他 | 合计 | 转出 |
|---|---|---|---|---|---|---|---|---|---|
| 原材料费用分配表 | 4 500 | | | | | | | 4 500 | |
| 动力费用分配表 | | 15 000 | | | | | | 15 000 | |
| 工资福利费分配表 | | | 4 560 | | | | | 4 560 | |
| 折旧费用分配表 | | | | 12 000 | | | | 12 000 | |
| 待摊费用分配表 | | | | | | 650 | | 650 | |
| 其他费用分配表 | | | | | 5 400 | | 5 290 | 10 690 | |
| 辅助生产成本分配表 | | | | | | | | | 47 400 |
| 合计 | 4 500 | 15 000 | 4 560 | 12 000 | 5 400 | 650 | 5 290 | 47 400 | 47 400 |

表9-12 辅助生产成本明细账

辅助车间:供水车间　　　　　　　　　　20××年×月　　　　　　　　　　　　　单位:元

| 摘要 | 原材料 | 动力 | 工资及福利费 | 折旧费 | 修理费 | 保险费 | 其他 | 合计 | 转出 |
|---|---|---|---|---|---|---|---|---|---|
| 原材料费用分配表 | 6 500 | | | | | | | 6 500 | |
| 动力费用分配表 | | 6 000 | | | | | | 6 000 | |
| 工资福利费分配表 | | | 2 280 | | | | | 2 280 | |
| 折旧费用分配表 | | | | 2 000 | | | | 2 000 | |
| 待摊费用分配表 | | | | | | 600 | | 600 | |
| 其他费用分配表 | | | | | 1 600 | | 1 670 | 3 270 | |
| 辅助生产成本分配表 | | | | | | | | | 20 650 |
| 合计 | 6 500 | 6 000 | 2 280 | 2 000 | 1 600 | 600 | 1 670 | 20 650 | 20 650 |

## 三、辅助生产费用的分配原则

辅助生产费用的分配是指在将生产辅助产品和提供劳务过程中发生的辅助生产费用,归集到"生产成本——基本生产成本"账户及其明细账中后,采用一定的方法,分配给各受益对象。

辅助生产费用的分配应遵循以下原则:

(1) 辅助生产车间生产的是可以入库的产品。如果辅助生产车间加工的是自制材料、自制工具、模具和修理用备件等辅助产品,在产品完工时,应作为自制材料或工具入库,将辅助产品的生产成本从"生产成本——辅助生产成本"账户转入"原材料""周转材料——低值易耗品"等账户。当有关车间部门领用时,再从"原材料""周转材料——低值易耗品"等账户转到"生产成本——基本生产成本""制造费用""销售费用""管理费用"等账户中。

(2)辅助生产车间生产、提供的是不能入库的产品或劳务。如果辅助生产车间生产水、电、汽等产品或提供运输、修理等劳务,则应按照一定的标准和方法在各受益对象之间进行分配。分配时,将辅助生产费用从"生产成本——辅助生产成本"账户贷方分别转入"生产成本——基本生产成本""管理费用""销售费用""制造费用"等账户的借方。

(3)企业内部各辅助生产车间相互提供产品或劳务。辅助生产车间主要为基本生产车间和企业管理等部门服务,但在实际工作中,可能存在企业内部各辅助生产车间之间相互提供产品或劳务的情况。为正确计算各辅助生产车间的产品或劳务成本,还需要在各辅助生产车间之间交互分配辅助生产费用后,再将各辅助生产车间的辅助生产费用分配给各受益对象。

【做中学 9-5】龙达公司设有一个锅炉车间,该车间 2022 年 12 月只对基本生产车间和办公楼供暖。月度终了,该锅炉车间发生本月生产费用共计 376 550 元,基本生产车间和办公楼分配暖气费分别为 345 000 元和 31 550 元。

根据以上资料,编制会计分录如下:

借:制造费用——基本生产车间　　　　　　　　　　　　　　　345 000
　　管理费用　　　　　　　　　　　　　　　　　　　　　　　 31 550
　　贷:生产成本——辅助生产成本　　　　　　　　　　　　　　376 550

## 四、辅助生产费用的分配方法

辅助生产费用的分配方法主要有直接分配法、交互分配法、计划成本分配法、顺序分配法和代数分配法等。

### (一)直接分配法

**1. 直接分配法的工作原理**

直接分配法是指将各辅助生产车间发生(归集)的费用,直接分配给各辅助生产车间以外的各受益单位,辅助生产车间相互提供的劳务忽略不计,各辅助生产车间之间不相互分配费用。

**2. 直接分配法计算公式**

辅助生产费用分配率=该辅助生产车间待分配费用总额÷辅助生产车间以外各受益单位耗用产品或劳务的总额

某受益单位应分配的辅助生产费用=该收益单位耗用产品或劳务的总量×辅助生产费用分配率

**3. 适用范围**

在直接分配法下,各辅助生产车间只对辅助生产车间以外的受益单位分配一次费用,所以采用这种方法计算较为方便,但由于各辅助生产车间的分配费用不完整,因而分配结果不很准确。企业各辅助生产车间相互提供劳务不多,不进行交互分配对辅助生产成本和企业产品成本准确性影响不大时采用此分配方法。

【做中学 9-6】龙达公司有一个基本生产车间,生产甲产品,并设有供水和供电两个辅助生产车间,其中供水车间成本总额为 20 650 元,供电车间成本总额为 47 400 元。产品、劳务供应情况如表 9-13 所示。用直接分配法分配辅助生产费用。

表 9-13　产品、劳务供应情况

| 供应对象 | | 供水数量(立方米) | 供电数量(千瓦小时) |
|---|---|---|---|
| 基本生产——甲产品 | | | 103 000 |
| 基本生产车间 | | 205 000 | 80 000 |
| 辅助生产车间 | 供电车间 | 100 000 | |
| | 供水车间 | | 30 000 |
| 行政管理部门 | | 80 000 | 12 000 |
| 专设销售机构 | | 28 000 | 5 000 |
| 合计 | | 413 000 | 230 000 |

分配过程及结果如下：
(1) 计算费用分配率：
供水车间费用分配率＝20 650÷(413 000－100 000)＝0.066(元/立方米)
供电车间费用分配率＝47 400÷(230 000－30 000)＝0.237(元/千瓦小时)
(2) 用直接分配法分配：
基本生产车间应承担水费 205 000×0.066＝13 530(元)
行政管理部门应承担水费＝80 000×0.066＝5 280(元)
专设销售机构应承担水费＝20 650－13 530－5 280＝1 840(元)
基本生产甲产品应承担电费＝103 000×0.237＝24 411(元)
基本生产车间应承担电费＝80 000×0.237＝18 960(元)
行政管理部门应承担电费＝12 000×0.237＝2 844(元)
专设销售机构应承担电费＝5 000×0.237＝1 185(元)

### 4. 岗位分析

1) 岗位简介

辅助生产费用分配岗位，主要从事辅助车间所归集费用的分配工作。辅助生产费用虽然不是三个主要成本项目之一，但其在产品成本中同样占有很重要的地位，对其分配的正确与否直接影响到产品成本的准确性。

2) 工作流程

辅助生产车间成本费用的核算分两种情况：一种是直接对辅助生产车间以外的部门提供产品或劳务；另一种是生产工具、模具等的辅助生产车间。

(1) 直接对外提供产品或劳务的辅助生产费用分配流程如图 9-1 所示。

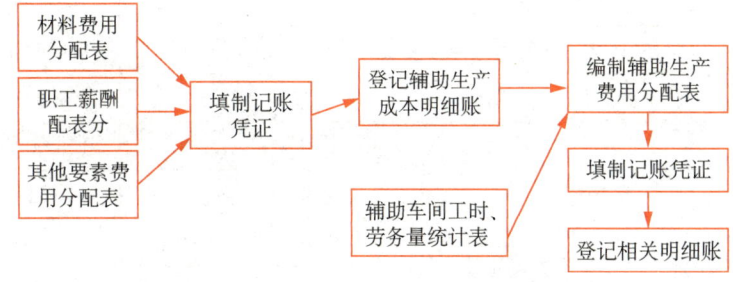

图 9-1　辅助生产费用分配流程图

分配流程如下：先根据材料费用分配表及职工薪酬分配表等填制记账凭证并将辅助生产车间的费用登记到辅助生产成本明细账上，然后根据辅助生产成本明细账归集的数据以及辅助车间提供劳务及工时等的数据编制辅助生产费用分配表，并填制记账凭证，登记相关明细账。

（2）生产工具、模具的辅助生产车间费用分配流程如图9-2所示。

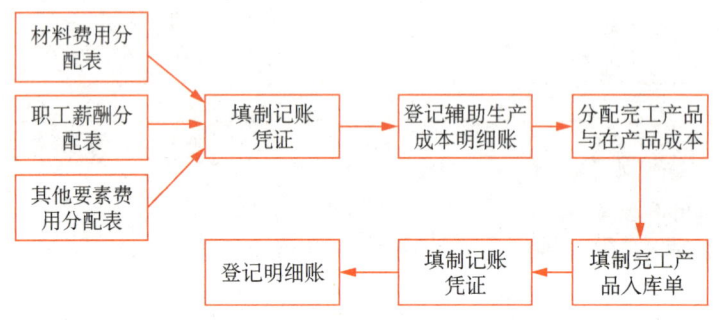

图9-2 辅助生产车间费用分配流程图

分配流程如下：先根据材料费用分配表及职工薪酬分配表等填制记账凭证并将辅助生产车间的费用登记到辅助生产成本明细账上，月末根据辅助生产车间归集的费用及产品数量分配完工产品与在产品成本，填制完工产品入库单，并填制凭证登记明细账。

【提示】后面所学交互分配法、计划成本分配法、顺序分配法、代数分配法岗位设置相同。

5．直接分配法下辅助生产费用分配表的编制及账务处理

在实际工作中，辅助生产费用分配是通过编制辅助生产费用分配表进行的。

【工作实例9-2】沿用【做中学9-6】的资料。

要求：采用直接分配法编制辅助生产费用分配表。

操作步骤如下：

**第一步**：编制辅助生产费用分配表，如表9-14所示。

表9-14 辅助生产费用分配表（直接分配法）

20××年×月  金额单位：元

| 辅助生产车间名称 | | | 供水车间 | 供电车间 | 金额合计 |
|---|---|---|---|---|---|
| 待分配费用 | | | 20 650 | 47 400 | 68 050 |
| 辅助生产车间以外单位受益劳务量 | | | 313 000 | 200 000 | — |
| 费用分配率（单位成本） | | | 0.066 | 0.237 | — |
| 基本生产甲产品耗用 | 应借"基本生产成本" | 数量 | | 103 000 | — |
| | | 金额 | | 24 411 | 24 411 |
| 基本生产车间耗用 | 应借"制造费用" | 数量 | 205 000 | 80 000 | — |
| | | 金额 | 13 530 | 18 960 | 32 490 |

(续表)

| 辅助生产车间名称 | | | 供水车间 | 供电车间 | 金额合计 |
|---|---|---|---|---|---|
| 行政管理部门耗用 | 应借"管理费用" | 数量 | 80 000 | 12 000 | — |
| | | 金额 | 5 280 | 2 844 | 8 124 |
| 专设销售机构耗用 | 应借"销售费用" | 数量 | 28 000 | 5 000 | — |
| | | 金额 | 1 840 | 1 185 | 3 025 |
| 分配金额合计 | | | 20 650 | 47 400 | 68 050 |

**第二步**：编制记账凭证，如表 9-15 所示。

表 9-15 记 账 凭 证

20××年×月×日　　　　　　　　　记　字第0904号

| 摘要 | 总账科目 | 明细科目 | 借方金额 | 贷方金额 | 记账 |
|---|---|---|---|---|---|
| 辅助生产费用分配 | 生产成本 | 甲产品 | 24 411 | | |
| | 制造费用 | 基本生产车间 | 32 490 | | |
| | 管理费用 | | 8 124 | | |
| | 销售费用 | | 3 025 | | |
| | 辅助生产成本 | 供水车间 | | 20 650 | |
| | | 供电车间 | | 47 400 | |
| 合计 | | | 68 050 | 68 050 | |

财务主管：王明　　　记账：陈静　　　出纳：　　　审核：王海　　　制单：张杰

### (二) 交互分配法

**1. 交互分配法的工作原理**

交互分配法是先将辅助生产费用在各辅助生产车间之间进行一次分配，然后再将各辅助生产车间交互分配后的生产成本在辅助生产车间以外的各受益对象之间进行分配的方法。

1) 对内交互分配

仅在各辅助生产车间之间交互分配费用，暂不对其他受益对象分配费用，即将各辅助生产车间交互分配前的费用按其提供的产品或劳务总量计算出分配率，并以此为标准计算出应分配给其他收益辅助车间的费用。

某辅助生产车间费用交互分配率＝该辅助车间交互分配前的费用总额÷该辅助车间提供的产品或劳务总量

某辅助生产车间应负担的其他辅助生产车间费用＝该辅助生产车间受益的产品或劳务数量×其他辅助生产车间费用交互分配率

2) 对外分配

将各辅助生产车间交互分配后的费用（交互分配前的费用加上交互分配转入的费用，减去交互分配转出的费用）分配给除辅助生产车间外的各受益单位。

某辅助生产车间交互分配后的实际费用＝该辅助生产车间交互分配前的费用＋该车间交互分配转入的费用－该车间交互分配转出的费用

某辅助生产车间交互分配后对外分配费用的分配率＝该辅助生产车间交互分配后的实际费用÷辅助生产车间以外受益单位耗用产品或劳务的总量

某受益对象应负担的费用＝该受益对象耗用的产品(劳务)量×交互分配后对外分配的分配率

**【做中学9-7】** 沿用【做中学9-6】的资料，运用交互分配法分配如下：

(1) 对内交互分配：

① 对内交互分配率的计算：

供水车间交互分配率＝20 650÷413 000＝0.05(元/立方米)

供电车间交互分配率＝47 400÷230 000＝0.21(元/千瓦小时)

② 对内交互分配额的计算：

供电车间向供水车间的交互分配额＝30 000×0.21＝6 300(元)

供水车间向供电车间的交互分配额＝100 000×0.05＝5 000(元)

③ 交互分配后各辅助生产车间费用额的计算：

供水车间交互分配后的费用额＝20 650＋6 300－5 000＝21 950(元)

供电车间交互分配后的费用额＝47 400＋5 000－6 300＝46 100(元)

(2) 对外分配：

① 对外分配率的计算：

供水车间对外分配率＝21 950÷(413 000－100 000)＝0.070 1(元/立方米)

供电车间对外分配率＝46 100÷(230 000－30 000)＝0.230 5(元/千瓦小时)

② 供水车间对外分配额的计算：

基本生产车间应承担水费＝205 000×0.070 1＝14 370.50(元)

行政管理部门应承担水费＝80 000×0.070 1＝5 608(元)

专设销售机构应承担水费＝21 950－14 370.50－5 608＝1 971.50(元)

③ 供电车间对外分配额的计算：

基本生产甲产品＝103 000×0.230 5＝23 741.50(元)

基本生产车间应承担电费＝80 000×0.230 5＝18 440(元)

行政管理部门应承担电费＝12 000×0.230 5＝2 766(元)

专设销售机构应承担电费＝5 000×0.230 5＝1 152.50(元)

2. 适用范围

采用交互分配法，在辅助生产车间内部先进行了交互分配，因而弥补了直接分配法的不足，提高了辅助生产费用分配的准确性。但由于采用交互分配法需计算两次分配率，进行两次分配，分配计算的工作量有所增加。因此，交互分配法适用于各辅助生产车间之间相互提供产品或劳务较多的企业。

3. 编制辅助生产费用分配表

在实际工作中，辅助生产费用分配是通过编制辅助生产费用分配表进行的。

**【工作实例9-3】** 沿用【做中学9-6】的资料。

要求：采用交互分配法编制辅助生产费用分配表。

操作步骤如下：

**第一步**：进行对内分配。

(1) 编制对内辅助生产费用分配表，如表 9-16 所示。

表 9-16　对内辅助生产费用分配表（交互分配法）

20××年×月　　　　　　　　　　　　　　　　　　　　　　　　　金额单位：元

| 项目 | | | 交互分配 | | | 对外分配 | | |
|---|---|---|---|---|---|---|---|---|
| 辅助生产车间 | | | 供水车间 | 供电车间 | 合计 | 供水车间 | 供电车间 | 合计 |
| 待分配费用 | | | 20 650 | 47 400 | | | | |
| 劳务数量 | | | 413 000 | 230 000 | | | | |
| 费用分配率 | | | 0.05 | 0.21 | | | | |
| 辅助生产费用 | 供水车间 | 数量 | | 30 000 | | | | |
| | | 金额 | | 6 300 | | | | |
| | 供电车间 | 数量 | 100 000 | | | | | |
| | | 金额 | 5 000 | | | | | |
| | 金额小计 | | 21 950 | 46 100 | 68 050 | | | |
| 甲产品 | 数量 | | | | | | | |
| | 金额 | | | | | | | |
| 一车间 | 数量 | | | | | | | |
| | 金额 | | | | | | | |
| 销售部门 | 数量 | | | | | | | |
| | 金额 | | | | | | | |
| 行政管理部门 | 数量 | | | | | | | |
| | 金额 | | | | | | | |
| 分配金额合计 | | | | | | | | |

(2) 编制对内分配记账凭证，如表 9-17 所示。

表 9-17　记 账 凭 证

20××年×月×日　　　　　　　　　　　　　　　　　　　　　　　记字第 0905 号

| 摘要 | 总账科目 | 明细科目 | 借方金额 | 贷方金额 | 记账 |
|---|---|---|---|---|---|
| 对内分配 | 辅助生产成本 | 供水车间 | 6 300 | | |
| | | 供电车间 | 5 000 | | |
| | 辅助生产成本 | 供水车间 | | 5 000 | |
| | | 供电车间 | | 6 300 | |
| | | | | | |
| 合计 | | | 11 300 | 11 300 | |

财务主管：王明　　　记账：陈静　　　出纳：　　　审核：王海　　　制单：张杰

**第二步**:进行对外分配。

(1) 编制对外辅助生产费用分配表,如表 9-18 所示。

表 9-18 对外辅助生产费用分配表(交互分配法)

20××年×月　　　　　　　　　　　　　　　　　　　　金额单位:元

| 项目 | | | 交互分配 | | | 对外分配 | | |
|---|---|---|---|---|---|---|---|---|
| 辅助生产车间 | | | 供水车间 | 供电车间 | 合计 | 供水车间 | 供电车间 | 合计 |
| 待分配费用 | | | 20 650 | 47 400 | 68 050 | 21 950 | 46 100 | |
| 劳务数量 | | | 413 000 | 230 000 | | 313 000 | 200 000 | |
| 费用分配率 | | | 0.05 | 0.21 | | 0.070 1 | 0.230 5 | |
| 辅助生产费用 | 供水车间 | 数量 | | 30 000 | | | | |
| | | 金额 | | 6 300 | | | | |
| | 供电车间 | 数量 | 100 000 | | | | | |
| | | 金额 | 5 000 | | | | | |
| | 金额小计 | | 5 000 | 6 300 | 11 300 | | | |
| 基本生产甲产品耗用 | 数量 | | | | | | 103 000 | |
| | 金额 | | | | | | 23 741.50 | |
| 基本生产车间耗用 | 数量 | | | | | 205 000 | 80 000 | |
| | 金额 | | | | | 14 370.50 | 18 440 | |
| 行政管理部门耗用 | 数量 | | | | | 80 000 | 12 000 | |
| | 金额 | | | | | 5 608 | 2 766 | |
| 专设销售机构耗用 | 数量 | | | | | 28 000 | 5 000 | |
| | 金额 | | | | | 1 971.50 | 1 152.50 | |
| 分配金额合计 | | | | | | | | 68 050 |

(2) 编制对外分配记账凭证,如表 9-19 所示。

表 9-19 记 账 凭 证

20××年×月×日　　　　　　　　　　　　　　　　　　记字第 0906 号

| 摘要 | 总账科目 | 明细科目 | 借方金额 | 贷方金额 | 记账 |
|---|---|---|---|---|---|
| 对外分配 | 生产成本 | 甲产品 | 23 741.50 | | |
| | 制造费用 | 基本生产车间 | 32 810.50 | | |
| | 管理费用 | | 8 374 | | |
| | 销售费用 | | 3 124 | | |
| | 辅助生产成本 | 供水车间 | | 21 950 | |
| | | 供电车间 | | 46 100 | |

(续表)

| 摘要 | 总账科目 | 明细科目 | 借方金额 | 贷方金额 | 记账 |
|------|---------|---------|---------|---------|------|
|  |  |  |  |  |  |
| 合计 |  |  | 68 050 | 68 050 |  |

财务主管：王明　　　记账：陈静　　　出纳：　　　审核：王海　　　制单：张杰

### (三) 计划成本分配法

**1. 计划成本分配法的分配原理**

计划成本分配法是指企业在分配辅助生产费用的时候，按照预先确定的计划单位成本和各受益单位耗用的产品或劳务数量，将辅助生产费用分配给各受益单位的方法。

在计划成本分配法下，辅助生产车间的费用是按照产品或劳务的计划单位成本分配的，具体来说，计划成本分配法的操作步骤如下：

**第一步**：按照各车间（包括辅助生产车间）、部门耗用的某一辅助生产车间的产品或劳务数量，分别乘以预先确定的计划单位成本，计算各车间、部门应分配的辅助生产费用。

**第二步**：根据各单位接受产品或劳务的数量，分别乘以计划单位成本，计算分配各受益单位的分配金额。

各受益单位应分配的辅助生产费用＝该受益单位耗用的产品或劳务数量×辅助生产车间产品或劳务的计划单位成本

**第三步**：计算各辅助生产车间实际发生的费用与按照计划单位成本分配转出的费用之间的差额，将该差额追加分配给辅助生产以外的各受益单位（差额较大时）或全部计入管理费用（差额较小时）。

　　某辅助生产车间按照计划单位成本分配转出的费用总额
＝该辅助生产车间提供的产品或劳务总量×该辅助生产车间产品或劳务的计划单位成本
　　某辅助生产车间实际发生的费用总额
＝该辅助生产车间待分配费用＋按计划单位成本从其他辅助生产车间转入的费用
　　某辅助生产车间提供劳务的成本差异
＝该辅助生产车间实际发生的费用总额－该辅助生产车间按计划成本分配的费用额

**【做中学 9-8】** 沿用【做中学 9-6】的资料，假设每度电的计划单位成本为 0.21 元，每立方米水的计划单位成本为 0.07 元。

运用计划成本分配法进行分配计算如下：

**第一步**：按计划单位成本，计算分配各受益单位的分配金额。

(1) 电费分配金额计算如下：甲产品应分配的电费＝103 000×0.21＝21 630(元)

基本生产车间应分配的电费＝80 000×0.21＝16 800(元)

供水车间应分配的电费＝30 000×0.21＝6 300(元)

管理部门应分配的电费＝12 000×0.21＝2 520(元)

销售部门应分配的电费＝5 000×0.21＝1 050(元)

电费分配金额合计＝48 300(元)

(2) 水费分配金额计算如下：

基本生产车间应分配的水费＝205 000×0.07＝14 350(元)

供电车间应分配的水费＝100 000×0.07＝7 000(元)
管理部门应分配的水费＝80 000×0.07＝5 600(元)
销售部门应分配的水费＝28 000×0.07＝1 960(元)
水费分配金额合计＝28 910(元)

**第二步**：计算辅助成本差异。

(1) 辅助生产实际成本计算如下：

供电实际成本＝47 400＋7 000＝54 400(元)
供水实际成本＝20 650＋6 300＝26 950(元)

(2) 辅助生产成本差异计算如下：

供电成本差异＝54 400－48 300＝6 100(元)
供水成本差异＝26 950－28 910＝－1 960(元)

2. 适用范围

采用本方法对辅助生产费用进行分配，因为是按照事先确定的计划单位成本进行，不需要再单独去计算费用分配率，所以大大简化了计算分配工作量。但是，采用计划成本法时，必须注意计划单位成本的准确性，其结果是否准确，主要取决于计划单位成本的准确程度。计划成本分配法一般只适用于制定的计划单位成本比较准确的企业。

3. 编制辅助生产费用分配表

在实际工作中，辅助生产费用分配是通过编制辅助生产费用分配表进行的。

**【工作实例9-4】** 沿用【做中学9-6】的资料，采用计划成本分配法进行费用的分配。

要求：编制辅助生产费用分配表。

操作步骤如下：

**第一步**：编制辅助生产费用分配表，如表9-20所示。

表9-20 辅助生产费用分配表(计划成本分配法)

20××年×月 金额单位：元

| 辅助生产车间名称 | | | | 供电车间 | 供水车间 | 合 计 |
|---|---|---|---|---|---|---|
| 待分配辅助生产费用 | | | | 47 400 | 20 650 | 68 050 |
| 劳务供应数量(供水:立方米;供电:千瓦小时) | | | | 230 000 | 413 000 | |
| 计划单位成本 | | | | 0.21 | 0.07 | |
| 辅助生产车间耗用 | 借记"辅助生产成本" | 供电车间 | 耗用数量 | | 100 000 | |
| | | | 分配金额 | | 7 000 | 7 000 |
| | | 供水车间 | 耗用数量 | 30 000 | | |
| | | | 分配金额 | 6 300 | | 6 300 |
| 基本生产甲产品耗用 | 借记"基本生产成本" | | 耗用数量 | 103 000 | | |
| | | | 分配金额 | 21 630 | | 21 630 |
| 基本生产车间耗用 | 借记"制造费用" | | 耗用数量 | 80 000 | 205 000 | |
| | | | 分配金额 | 16 800 | 14 350 | 31 150 |

(续表)

| 辅助生产车间名称 | | | 供电车间 | 供水车间 | 合　计 |
|---|---|---|---|---|---|
| 行政管理部门耗用 | 借记"管理费用" | 耗用数量 | 12 000 | 80 000 | |
| | | 分配金额 | 2 520 | 5 600 | 8 120 |
| 专设销售机构耗用 | 借记"销售费用" | 耗用数量 | 5 000 | 28 000 | |
| | | 分配金额 | 1 050 | 1 960 | 3 010 |
| 按计划成本分配金额合计 | | | 48 300 | 28 910 | 77 210 |
| 辅助生产实际成本 | | | 54 400 | 26 950 | 81 350 |
| 辅助生产成本差异 | | | 6 100 | −1 960 | 4 140 |

**第二步**：编制记账凭证，如表 9-21、表 9-22 所示。

表 9-21　记 账 凭 证

20××年×月×日　　　　　　　　　　　　　　　　　　记字第 0907 号

| 摘要 | 总账科目 | 明细科目 | 借方金额 | 贷方金额 | 记账 |
|---|---|---|---|---|---|
| 对外分配 | 辅助生产成本 | 供电车间 | 7 000 | | |
| | | 供水车间 | 6 300 | | |
| | 生产成本 | 甲产品 | 21 630 | | |
| | 制造费用 | 基本生产车间 | 31 150 | | |
| | 管理费用 | | 8 120 | | |
| | 销售费用 | | 3 010 | | |
| | 辅助生产成本 | 供电车间 | | 48 300 | |
| | | 供水车间 | | 28 910 | |
| 合计 | | | 77 210 | 77 210 | |

财务主管：王明　　　记账：陈静　　　出纳：　　　审核：王海　　　制单：张杰

表 9-22　记 账 凭 证

20××年×月×日　　　　　　　　　　　　　　　　　　记字第 0908 号

| 摘要 | 总账科目 | 明细科目 | 借方金额 | 贷方金额 | 记账 |
|---|---|---|---|---|---|
| 对外分配 | 管理费用 | | 4 140 | | |
| | 辅助生产成本 | 供电车间 | | 6 100 | |
| | | 供水车间 | | −1 960 | |
| 合计 | | | 4 140 | 4 140 | |

财务主管：王明　　　记账：陈静　　　出纳：　　　审核：王海　　　制单：张杰

### (四) 顺序分配法

#### 1. 顺序分配法的基本原理

顺序分配法是企业针对辅助生产车间之间交互服务量的多少存在一定次序的情况所采用的一种方法。在设置多个辅助生产车间且相互提供产品或劳务的企业,按照各辅助生产车间相互提供产品或劳务价值量的多少,依次将辅助生产费用分配给其他辅助生产车间、基本生产车间和管理部门。

排序方法是按各辅助生产车间相互之间受益的多少确定,受益少的排在前面,先将费用分配出去,受益多的排在后面,后将费用分配出去。每个辅助生产车间的费用只对排在其后的辅助生产车间及其他受益单位进行分配,而不考虑排列在前面的各辅助生产车间相互耗用劳务的因素。例如,供电、供水和供气车间中,供电车间耗用水和气都较少,供水车间耗气较少而耗电较高,供气车间耗电和耗水都比较高。这样就可以按照供电、供水、供气的顺序对辅助生产费用进行分配。所以,这种分配方法应在各辅助生产车间相互之间耗用劳务的多少有明显顺序的情况下采用。但应注意,按受益多少排列顺序,并不是指受益数量的多少,而是指受益金额的大小。

#### 2. 编制辅助生产费用分配表

在实际工作中,辅助生产费用分配是通过编制辅助生产费用分配表进行的。

**【工作实例 9-5】** 沿用【做中学 9-6】的资料,运用顺序分配法分配如下:供电和供水两个辅助生产车间,供电车间耗水 100 000 立方米,供水车间耗电 30 000 千瓦小时。

从耗用数量看,似乎供电车间受益多,供水车间受益少。但是,水和电的计量单位不同,两者不能相比。由于水的单位成本大大低于电的单位成本,实际上供电车间受益少,供水车间受益多。供电车间应排列在前先分配,供水车间排列在后分配。

要求:进行辅助生产费用的分配。分配率保留三位小数,尾差计入管理费用。

操作步骤如下:

**第一步**:计算分配率。

供电车间分配率 = 47 400 ÷ 230 000 = 0.206(元/千瓦小时)

供水车间分配率 = (20 650 + 6 180) ÷ (413 000 - 100 000) = 0.086(元/立方米)

**第二步**:按照顺序分配法进行辅助生产费用分配。

辅助生产费用分配表如表 9-23 所示。

表 9-23 辅助生产费用分配表(顺序分配法)

20××年×月　　金额单位:元

| 供应部门 | 待分配费用 | 供应量(供水:立方米;供电:千瓦小时) | 分配率 | 受益部门 | | | | | | | | | | | | 分配金额合计 |
|---|---|---|---|---|---|---|---|---|---|---|---|---|---|---|---|---|
| | | | | 供电车间 | | 供水车间 | | 甲产品 | | 基本生产车间 | | 行政管理部门 | | 专设销售机构 | | |
| | | | | 受益量 | 金额 | 受益量 | 金额 | 受益量 | 金额 | 受益量 | 金额 | 受益量 | 金额 | 受益量 | 金额 | |
| 供电车间 | 47 400 | 230 000 | 0.206 | | | 30 000 | 6 180 | 103 000 | 21 218 | 80 000 | 16 480 | 12 000 | 2 472 | 5 000 | 1 050 | 47 400 |
| 供水车间 | 26 830 | 313 000 | 0.086 | | | | | 205 000 | 17 630 | 80 000 | 6 880 | 28 000 | 2 320 | | | 26 830 |
| 合计 | | | | | | | | | | | | | | | | 74 230 |

**第三步**：编制会计分录。

(1) 分配电费：

| | |
|---|---|
| 借：辅助生产成本——供水车间 | 6 180 |
| 　　基本生产成本——甲产品 | 21 218 |
| 　　制造费用 | 16 480 |
| 　　管理费用 | 2 472 |
| 　　销售费用 | 1 050 |
| 　　贷：辅助生产成本——供电车间 | 47 400 |

(2) 分配水费：

| | |
|---|---|
| 借：制造费用 | 17 630 |
| 　　管理费用 | 6 880 |
| 　　销售费用 | 2 320 |
| 　　贷：辅助生产成本——供水车间 | 26 830 |

## (五) 代数分配法

代数分配法是按照数学中解联立方程的方法，计算辅助生产劳务的单位成本，然后根据各受益单位(包括辅助生产车间)耗用的数量和单位成本计算分配辅助生产费用的一种方法。代数分配法是计算程序如下：①将辅助生产车间产品或劳务的单位成本设为未知数，并根据各辅助生产车间相互提供的劳务数量，求解联立方程，计算出辅助生产车间产品或劳务的单位成本；②根据各受益单位(包括辅助生产车间)耗用的数量和单位成本进行分配。

**【工作实例 9-6】** 沿用【做中学 9-6】的资料，运用代数分配法进行分配。

要求：进行辅助生产费用的分配。

操作步骤如下：

**第一步**：建立联立方程式。

$$\begin{cases} 20\ 650 + 30\ 000Y = 413\ 000X & ① \\ 47\ 400 + 100\ 000X = 230\ 000Y & ② \end{cases}$$

(上列方程中，左方为各辅助生产明细账的借方发生额，右方为贷方发生额)

将①式移项：

$Y = (413\ 000X - 20\ 650) \div 30\ 000$　③

将 $Y$ 代入②式中：

$47\ 400 + 100\ 000X = 230\ 000 \times [(413\ 000X - 20\ 650) \div 30\ 000]$

$X = 0.067\ 1$(元/立方米)

将 $X$ 代入③式：

$Y = (413\ 000 \times 0.067\ 1 - 20\ 650) \div 30\ 000 = 0.235\ 41$(元/千瓦小时)

**第二步**：编制代数分配法的辅助生产费用分配表，如表 9-24 所示。

表 9-24　辅助生产费用分配表(代数分配法)

20××年×月　　　　　　　　　　　　　　　　　　　　　　　　　金额单位：元

| 辅助生产车间耗用 | | | | 供水车间 | 供电车间 | 金额合计 |
|---|---|---|---|---|---|---|
| 待分配费用 | | | | 20 650 | 47 400 | 68 050 |
| 劳务供应总量(供水：立方米；供电：千瓦小时) | | | | 413 000 | 230 000 | |
| 用代数算出的实际单位成本 | | | | 0.067 1 | 0.235 41 | |
| 辅助生产车间耗用 | 应借"辅助生产成本" | 供水车间 | 耗用数量 | | 30 000 | |
| | | | 分配金额 | | 7 062.30 | 7 062.30 |
| | | 供电车间 | 耗用数量 | 100 000 | | |
| | | | 分配金额 | 6 710 | | 6 710 |
| | | 分配金额小计 | | | | |
| 基本生产甲产品耗用 | 应借"基本生产成本" | 耗用数量 | | | 103 000 | |
| | | 分配金额 | | | 24 247.23 | 24 247.23 |
| 基本生产车间耗用 | 应借"制造费用" | 耗用数量 | | 205 000 | 80 000 | |
| | | 分配金额 | | 13 755.50 | 18 832.80 | 32 588.30 |
| 行政管理部门耗用 | 应借"管理费用" | 耗用数量 | | 80 000 | 12 000 | |
| | | 分配金额 | | 5 368 | 2 824.92 | 8 192.92 |
| 专设销售机构耗用 | 应借"销售费用" | 耗用数量 | | 28 000 | 5 000 | |
| | | 分配金额 | | 1 878.80 | 1 177.05 | 3 055.85 |
| 分配金额合计 | | | | 27 712.30 | 54 144.30 | 81 856.60 |

**第三步**：编制会计分录。

```
借：辅助生产成本——供电车间              6 710
            ——供水车间              7 062.30
    生产成本——基本生产成本——甲产品    24 247.23
    制造费用——基本生产车间           32 588.30
    管理费用                         8 192.92
    销售费用                         3 055.85
  贷：辅助生产成本——供水车间            27 712.30
              ——供电车间            54 144.30
```

任务实施

# 一、活动思考

问题：如何应用直接分配法、交互分配法、计划成本分配法填制分配表？

任务实施
视频

## 二、活动提升

辅助生产车间在企业生产过程中起到非常重要的作用,正所谓"一个篱笆三个桩,一个好汉三个帮"。作为成本会计人员,你如何去协助企业经营管理者降低经营风险,提高企业经营效率?

## 三、活动实施

活动实施情况如表 9-25 所示。

表 9-25　活动实施情况

| 活动步骤 | 活动要求 | 活动安排 | 活动记录 |
| --- | --- | --- | --- |
| 步骤 1<br>职业沟通练习 | 在实际工作中,成本会计人员要具备扎实的专业能力,也要有良好的沟通能力等。以小组为单位分配角色,通过角色扮演、小组讨论,练习人与人之间的沟通能力 | 具体活动 1:角色选择 | 附表 9-4 |
| | | 具体活动 2:角色扮演 | 附表 9-4 |
| | | 具体活动 3:模拟评价 | 附表 9-5 |
| 步骤 2<br>知识准备 | 辅助生产费用的归集分配 | 学习微课 | 梳理知识点 |
| 步骤 3<br>填制分配表 | 直接分配法、计划成本分配法的应用 | 分配表 | 附表 9-6、附表 9-7 |

附表 9-4　工作记录单

| 角色 | 学生姓名 | 沟通内容等 |
| --- | --- | --- |
| 成本会计 | | |
| 财务经理 | | |
| 仓储人员 | | |
| 组长签字: | | |

附表 9-5　模拟评价表

| 组号 | 参加展示人数 | 评价 | | 小组排序 |
| --- | --- | --- | --- | --- |
| | | 语言表达最好的学生 | 模拟最好的学生 | |
| | | | | |
| | | | | |
| | | | | |
| | | | | |
| | | | | |

附表 9-6　直接分配法　　　　　　　　　　　　　　　金额单位：元

| 耗用劳务单位 | | 供气车间（立方米） | 分配费用 | 供电车间（千瓦小时） | 分配费用 | 修理车间（小时） | 分配费用 |
|---|---|---|---|---|---|---|---|
| 供汽车间 | | — | | | | | |
| 供电车间 | | | | | | | |
| 修理车间 | | | | | | | |
| 直接发生费用 | | | | | | | |
| 费用分配率 | | | | | | | |
| 第一车间 | 产品耗用 | | | | | | |
| | 一般耗用 | | | | | | |
| 第二车间 | 产品耗用 | | | | | | |
| | 一般耗用 | | | | | | |
| 行政管理部门 | | | | | | | |
| 设备自建工程 | | | | | | | |
| 合计 | | | | | | | |

附表 9-7　计划分配法　　　　　　　　　　　　　　　金额单位：元

| 耗用劳务单位 | | 供气车间（立方米） | 分配费用 | 供电车间（千瓦小时） | 分配费用 | 修理车间（小时） | 分配费用 |
|---|---|---|---|---|---|---|---|
| 计划单位成本 | | | | | | | |
| 供汽车间 | | | | | | | |
| 供电车间 | | | | | | | |
| 修理车间 | | | | | | | |
| 第一车间 | 产品耗用 | | | | | | |
| | 一般耗用 | | | | | | |
| 第二车间 | 产品耗用 | | | | | | |
| | 一般耗用 | | | | | | |
| 行政管理部门 | | | | | | | |
| 设备自建工程 | | | | | | | |
| 合计 | | | | | | | |
| 待分配费用 | | | | | | | |
| 分配转入费用 | | | | | | | |
| 实际成本 | | | | | | | |
| 成本差异 | | | | | | | |

 任务评价

任务评价表如表 9-26 所示。

课堂测验

表 9-26　任务评价表

| 一级指标 | 二级指标 | 评价内容 | 分值 | 自评 | 互评 | 教师 | 企业导师 |
|---|---|---|---|---|---|---|---|
| 职业能力<br>（30 分） | 思维能力 | 能够从不同的角度提出问题，分析问题并解决问题 | 1 | | | | |
| | 自学能力 | 能够通过自己已有的知识经验来独立地获取新的知识和信息 | 2 | | | | |
| | 实践操作能力 | 能够根据自己获取的知识正确地完成工作任务 | 10 | | | | |
| | 创新能力 | 在小组讨论中能够与他人交流自己的想法，敢于标新立异 | 5 | | | | |
| | | 能够跳出固有的知识，提出自己的见解，培养自己的创新性 | 5 | | | | |
| | 表达能力 | 能够正确地组织和撰写分析报告等 | 5 | | | | |
| | 合作能力 | 能够为小组提供信息、质疑、归类和总结，提出方法，阐明观点 | 2 | | | | |
| 学习策略<br>（20 分） | 学习方法 | 根据本次任务实际情况对自己的学习方法进行调整 | 10 | | | | |
| | 自我调控 | 能够根据本次任务正确地使用学习方法 | 4 | | | | |
| | | 能够利用学习资源等正确地整合各种学习方法 | 6 | | | | |
| 职业标准<br>（50 分） | 职业岗位能力 | 能够根据企业生产经营特点选择合适的辅助生产成本分配方法，合理分配辅助生产成本，减少成本工作量 | 30 | | | | |
| | | 严格控制辅助生产成本，促进增产节约、增收节支，提高企业的经济效益 | 20 | | | | |

 任务总结

学生根据任务评价表填写，总结三维目标的达成度，如表 9-27 所示。

表 9-27 任务总结

| 项目 | | 总结 |
|---|---|---|
| 素质提升 | 提升 | |
| | 欠缺 | |
| 知识掌握 | 掌握 | |
| | 欠缺 | |
| 能力达成 | 达成 | |
| | 欠缺 | |
| 改进措施 | | |

辅助生产费
用分配方法
比较

## 任务三　其他费用的核算与管理

任务情境

填制外购动力费用分配表并编制会计分录。

## 任务准备

### 一、外购燃料费用的归集与分配

#### (一) 外购燃料费用分配的概念

企业外购燃料包括固体燃料、液体燃料和气体燃料。外购的燃料在生产过程中用途不同,其费用分配有所不同。生产部门直接用于生产的燃料,直接计入生产成本;在生产工艺过程中作为辅助性质使用的燃料,原则上也应直接计入产品成本;生产部门间接用于生产(如照明、取暖)的燃料,计入制造费用。如果燃料为几种产品共同耗用,应按适当的分配标准在各产品之间进行分配,如按定额耗用量比例、产品数量比例、产品加工工时比例等进行分配;对于各种产品共同耗用不同含热量的多种燃料,可按耗用标准量比例进行分配,将不同种类的燃料耗用量换算为相同标准燃料耗用量,再以各种产品耗用的标准燃料量的比例分配。

其他费用的核算与管理

#### (二) 燃料费用分配的核算

燃料实际上也是材料的一种,所以燃料费用的分配及账务处理与材料费用基本相同,具体处理分为以下几种情况:

(1) 如果企业燃料费用占产品成本比重比较大,为了加强管理,可以将其与动力费用一起,在基本生产成本明细账下单设"燃料及动力"成本项目,增设"燃料"一级账户。

(2) 直接用于产品生产的燃料费用,应记入"基本生产成本"总账和所属明细账借方的"燃料及动力"成本项目。

(3) 车间管理消耗的燃料费用、辅助生产消耗的燃料费用、厂部进行生产经营管理消耗的燃料费用、进行产品销售消耗的燃料费用等,应分别记入"制造费用(基本生产车间)""辅助生产成本""管理费用""销售费用"等账户的费用(或成本)项目。

(4) 已领用的燃料费用总额,应记入"燃料"账户的贷方。

**【做中学 9-9】** 龙达公司在生产过程中耗用燃料比较多,对购入的燃料单独设置"燃料"账户进行核算,基本生产成本明细账中单独设置"燃料及动力"成本项目。20××年9月生产的A、B两种产品共发生燃料费用80 000元,共生产A产品2 000件、B产品6 000件,A产品燃料费用定额为8元,B产品燃料费用定额为4元。

A、B产品应负担的燃料费用计算如下:

燃料费用分配率=80 000÷(2 000×8+6 000×4)=2(元/件)

A产品应分摊的燃料费用=2 000×8×2=32 000(元)

B产品应分摊的燃料费用=6 000×4×2=48 000(元)

编制会计分录如下:

借:基本生产成本——A产品　　　　　　　　　　　　　32 000
　　　　　　　　——B产品　　　　　　　　　　　　　48 000
　贷:燃料　　　　　　　　　　　　　　　　　　　　　80 000

## 二、外购动力费用的归集与分配

### (一) 外购动力费用的归集

外购动力费用是指企业为生产经营而耗用的从外单位购入的各种动力,包括外购的电力、蒸汽、热力等。企业应根据外购动力的使用数量,向供应单位支付款项。企业使用外购动力都由仪器仪表计量,在支付外购动力费用时,根据仪器仪表上记录的耗用数量,按规定的价格向提供动力的单位支付款项。以支付款项的凭证编制记账凭证,作为外购动力费用分配的依据。

外购动力费用的核算一般分为两种情况:

(1) 每月支付动力费用的日期基本固定,而且每月付款日到月末的应付动力费用相差不多,将每月支付的动力费用作为应付动力费用,在付款时直接借记各成本、费用账户,贷记"银行存款"账户。

(2) 通过"应付账款"账户核算,即在付款时先作为暂付款处理,借记"应付账款"账户,贷记"银行存款"账户,月末按照外购动力的用途分配费用时再借记各成本、费用账户,贷记"应付账款"账户,冲销原来记入"应付账款"账户借方的暂付款。

### (二) 外购动力费用的分配

在有仪表记录的情况下,外购动力费用的分配应根据仪表所示耗用动力的数量以及动力的单价计算;在没有仪表记录的情况下,可按生产工时比例、机器工时比例、定额耗电量比例分配。

外购动力费用的分配通过编制外购动力费用分配表进行。

(1) 基本生产车间直接用于产品生产的外购动力费用,应直接或分配记入"基本生产成本"总账科目及其所属产品成本明细账的"燃料和动力"成本项目中。

(2) 基本生产车间组织、管理生产的动力费用及用于产品生产但未专设成本项目的动力费用,应记入"制造费用"总账科目及其所属"制造费用"明细账的"水电费"费用项目中。

(3) 辅助生产车间的外购动力费用分配,原则上应比照基本生产车间进行处理;辅助生产车间的外购动力费用分配也可采用简化的办法,即全部记入"辅助生产成本"总账科目及其所属"辅助生产成本"明细账的"燃料和动力"费用项目中。

(4) 行政管理部门管理和组织生产经营活动的外购动力费用,应记入"管理费用"总账科目及"管理费用"明细账的"水电费"费用项目中。

(5) 销售部门的外购动力费用,应记入"销售费用"总账科目及其所属的"销售费用"明细账的"水电费"费用项目中。

(6) 除上述生产经营过程中使用的外购动力外,对于其他用途的外购动力,应根据其具体用途,分别记入"其他业务成本""在建工程"等相关的项目中。

【做中学 9-10】20××年 9 月,龙达公司耗电 40 000 度,每度电的价格为 0.8 元,应付电力费 32 000 元,款项未付。该企业基本生产车间耗电 33 000 度,其中车间照明用电 3 000 度,企业行政管理部门耗用 7 000 度。企业基本生产车间生产甲、乙两种产品,甲产品生产工时为 36 000 小时,乙产品生产工时为 24 000 小时。

按所耗电度数分配电力费用,甲、乙两种产品共同耗电按生产工时分配电费,计算如下：

基本生产车间电费＝33 000×0.8＝26 400(元)
基本生产车间生产用电费＝30 000×0.8＝24 000(元)
车间照明用电费＝3 000×0.8＝2 400(元)
甲产品电费＝24 000÷(36 000＋24 000)×36 000＝14 400(元)
乙产品电费＝24 000÷(36 000＋24 000)×24 000＝9 600(元)

编制分配电力费用的会计分录如下：

借：基本生产成本　　　　　　　　　　　　　　　　　　　24 000
　　制造费用　　　　　　　　　　　　　　　　　　　　　　2 400
　　管理费用　　　　　　　　　　　　　　　　　　　　　　5 600
　　贷：应付账款　　　　　　　　　　　　　　　　　　　　32 000

**【工作实例9-7】** 龙达公司20××年9月外购电费共计11 200元，其中：生产车间为生产A、B两种产品共同耗用8 000元，机修车间耗用1 200元，供水车间耗用400元，生产车间和行政管理部门一般照明等用电分别为600元和1 000元。A产品的生产工时为7 000小时，B产品的生产工时为9 000小时。电费以银行存款支付。

要求：根据以上资料进行账务处理。

操作步骤如下：

**第一步**：编制动力费用分配表，如表9-28所示。

表9-28　动力费用分配表

| 应借账户 | | 分配标准<br>(生产工时)(小时) | 分配率 | 分配金额(元) |
|---|---|---|---|---|
| 基本生产<br>成本 | A产品成本 | 7 000 | 0.5 | 3 500 |
| | B产品成本 | 9 000 | 0.5 | 4 500 |
| | 小计 | 16 000 | | 8 000 |
| 辅助生产<br>成本 | 机修车间 | — | | 1 200 |
| | 供水车间 | — | | 400 |
| | 小计 | — | | 1 600 |
| 制造费用 | | — | | 600 |
| 管理费用 | | — | | 1 000 |
| 合计 | | — | | 11 200 |

**第二步**：编制记账凭证，如表9-29所示。

表9-29　记 账 凭 证

20××年×月　　　　　　　　　　　　　　　　　　　记字第0909号

| 摘要 | 总账科目 | 明细科目 | 借方金额 | 贷方金额 | 记账 |
|---|---|---|---|---|---|
| 耗用动力 | 基本生产成本 | A产品 | 3 500 | | |
| | | B产品 | 4 500 | | |

(续表)

| 摘要 | 总账科目 | 明细科目 | 借方金额 | 贷方金额 | 记账 |
|---|---|---|---|---|---|
|  | 制造费用 | 基本车间 | 600 |  |  |
|  | 辅助生产成本 | 机修车间 | 1 200 |  |  |
|  |  | 供水车间 | 400 |  |  |
|  | 管理费用 | 水电费 | 1 000 |  |  |
|  | 应付账款 | 电费 |  | 11 200 |  |
|  | 合计 |  | 11 200 | 11 200 |  |

财务主管：张海　　　记账：王静　　　出纳：李丽　　　审核：王明　　　制单：沈丹丹

## 三、折旧费用和其他费用的归集与分配

### (一) 折旧费用的确定

计算固定资产折旧的方法主要有平均年限法、工作量法、双倍余额递减法和年数总和法。这些方法在财务会计课程中已经详细介绍，故不再赘述。

企业固定资产折旧一般按月计提，月折旧额按月初固定资产的原值和规定的折旧率计算。月份内开始使用的固定资产，当月不提折旧，从下月起计算折旧；月份内减少或停用的固定资产，当月仍计算折旧，从下月起停止计算折旧。通常以上月计提的折旧费为基础，加上或减去上月增、减变动的固定资产对本月折旧费的影响后计算出本月应计提的折旧费。

计提折旧的有关规定如下：

(1) 融资租入和以经营租赁方式租出的固定资产，计提折旧。
(2) 季节性停用、大修理停用的设备，计提折旧。
(3) 未提足折旧提前报废的固定资产，不再计提折旧。
(4) 未使用、不需用的机器设备，不再计提折旧。
(5) 以经营租赁方式租入的固定资产，不计提折旧。
(6) 在建工程项目交付使用以前的固定资产，不计提折旧。
(7) 国家规定不提折旧的其他固定资产，如土地等，不计提折旧。

### (二) 折旧费用的归集与分配

企业的各个车间生产的零部件或产品不同，各部门服务的对象和职责不同，其配备的机器设备等也是不相同的，折旧费用必须按车间、部门进行归集，以便分别计算车间、部门有关产品成本费用。

由于折旧费用在产品成本中所占的比重不大，一般都把它作为间接费用处理，按它的经济用途和使用地点计入有关的综合费用。比如，基本生产车间所使用的固定资产折旧费用，应记入制造费用明细账中的折旧费项目；辅助生产车间所使用的固定资产折旧费用，应记入辅助生产费用明细账有关项目；企业行政管理部门所使用的固定资产折旧费，应记入管理费用明细账中的折旧费项目；销售部门所使用的固定资产折旧费，应记入产品销售费用明细账中的有关项目。

【工作实例9-8】车间、部门折旧费用的归集,通常是采用折旧计算表的形式进行的。龙达公司20××年6月折旧费用分配表如表9-30所示。

表9-30 6月折旧费用分配表　　　　　　　　　　单位:元

| 应借账户 | 使用单位 | 月初固定资产原值 | 折旧额 |
| --- | --- | --- | --- |
| 辅助生产成本 | 锅炉车间 | 48 000 | 1 200 |
|  | 机修车间 | 72 000 | 1 800 |
|  | 小计 | 100 000 | 3 000 |
| 制造费用 | 基本生产车间 | 6 000 000 | 26 000 |
| 管理费用 | 行政管理部门 | 90 000 | 2 250 |
| 销售费用 | 销售部门 | 24 000 | 600 |
| 合计 |  | 6 214 000 | 31 850 |

要求:根据上述资料进行账务处理。

该公司账务处理如下:

根据折旧费用分配表,编制记账凭证,如表9-31所示。

表9-31 记账凭证

20××年6月30日　　　　　　　　　　　　　　　　记字第0910号

| 摘要 | 总账科目 | 明细科目 | 借方金额 | 贷方金额 | 记账 |
| --- | --- | --- | --- | --- | --- |
| 职工薪酬 | 辅助生产成本 | 锅炉车间 | 1 200 |  |  |
|  |  | 机修车间 | 1 800 |  |  |
|  | 制造费用 | 基本生产车间 | 26 000 |  |  |
|  | 管理费用 |  | 2 250 |  |  |
|  | 销售费用 |  | 600 |  |  |
|  | 累计折旧 |  |  | 31 850 |  |
| 合计 |  |  | 31 850 | 31 850 |  |

财务主管:张海　　记账:王静　　出纳:李丽　　审核:王明　　制单:沈丹丹

## (三)其他费用的归集与分配

广义的其他费用是指上述各项费用以外的费用,主要包括修理费、差旅费、邮电费、保险费、劳动保护费、运输费、水电费、技术转让费、业务招待费。这些费用中有些构成产品成本,有些则是作为期间费用来进行核算。

在核算原理上,这些费用发生时,根据有关付款凭证,按照费用的用途进行归类,分别记入"辅助生产成本""制造费用""管理费用""销售费用"等账户。

【做中学 9-11】龙达公司本月以存款支付各部门费用如下：供电车间 420 元，基本生产车间 720 元，企业管理部门 3 120 元，销售部门 600 元，应由以后月份负担的费用 6 000 元。

该公司账务处理如下：

借：生产成本——辅助生产成本——供电车间　　　　　　　420
　　制造费用　　　　　　　　　　　　　　　　　　　　　720
　　销售费用　　　　　　　　　　　　　　　　　　　　　600
　　管理费用　　　　　　　　　　　　　　　　　　　　3 120
　　待摊费用　　　　　　　　　　　　　　　　　　　　6 000
　　贷：银行存款　　　　　　　　　　　　　　　　　　10 860

任务实施

任务实施
视频

### 一、活动思考

问题：如何分配燃料及动力费用？
_____
_____
_____
_____

### 二、活动提升

作为成本会计人员，你在工作中如何践行"社会主义核心价值观"之敬业和法治理念，不断培养细心、责任、担当等职业素养和职业道德？

### 三、活动实施

活动实施情况如表 9-32 所示。

表 9-32　活动实施情况

| 活动步骤 | 活动要求 | 活动安排 | 活动记录 |
| --- | --- | --- | --- |
| 步骤1<br>职业沟通练习 | 在实际工作中，成本会计人员要具备扎实的专业能力，也要有良好的沟通能力等。以小组为单位分配角色，通过角色扮演、小组讨论，练习人与人之间的沟通能力 | 具体活动1：角色选择 | 附表9-8 |
| | | 具体活动2：角色扮演 | 附表9-8 |
| | | 具体活动3：模拟评价 | 附表9-9 |
| 步骤2<br>知识准备 | 其他生产费用的核算与管理 | 学习微课 | 梳理知识点 |
| 步骤3<br>填制分配表 | 填制动力费用分配表及编制记账凭证 | 分配表、记账凭证 | 附表9-10、<br>附表9-11 |

附表 9-8　工作记录单

| 角色 | 学生姓名 | 沟通内容等 |
|---|---|---|
| 成本会计 | | |
| 财务经理 | | |
| 仓储人员 | | |
| 组长签字： | | |

附表 9-9　模拟评价表

| 组号 | 参加展示人数 | 评价 | | 小组排序 |
|---|---|---|---|---|
| | | 语言表达最好的学生 | 模拟最好的学生 | |
| | | | | |
| | | | | |
| | | | | |
| | | | | |
| | | | | |

附表 9-10　动力费用分配表

| 应借账户 | | 成本及费用项目 | 产品动力费用分配表 | | | 动力费用分配表 | | |
|---|---|---|---|---|---|---|---|---|
| | | | 生产工时 | 分配率 | 分配金额 | 用电度数 | 分配率 | 分配金额 |
| 基本生产成本 | 甲产品 | 燃料及动力 | | | | | | |
| | 乙产品 | 燃料及动力 | | | | | | |
| | 小计 | | | | | | | |
| 辅助生产成本 | 机修车间 | 水电费 | | | | | | |
| | 供水车间 | 水电费 | | | | | | |
| | 小计 | | | | | | | |
| 制造费用 | 基本生产车间 | 水电费 | | | | | | |
| 管理费用 | | 水电费 | | | | | | |
| 合计 | | | | | | | | |

附表 9-11　记 账 凭 证

20××年×月×日　　　　　　　　　　　　　　　　　　记字第　　号

| 摘要 | 总账科目 | 明细科目 | 借方金额 | 贷方金额 | 记账 |
|---|---|---|---|---|---|
| | | | | | |
| | | | | | |

（续表）

| 摘要 | 总账科目 | 明细科目 | 借方金额 | 贷方金额 | 记账 |
|------|---------|---------|---------|---------|------|
|      |         |         |         |         |      |
|      |         |         |         |         |      |
|      |         |         |         |         |      |
|      |         |         |         |         |      |
| 合计 |         |         |         |         |      |

财务主管：　　　　记账：　　　　出纳：　　　　审核：　　　　制单：

任务评价

任务评价表如表 9-33 所示。

课堂测验

表 9-33　任务评价表

| 一级指标 | 二级指标 | 评价内容 | 分值 | 自评 | 互评 | 教师 | 企业导师 |
|---------|---------|---------|------|------|------|------|---------|
| 职业能力<br>（30分） | 思维能力 | 能够从不同的角度提出问题，分析问题并解决问题 | 1 | | | | |
| | 自学能力 | 能够通过自己已有的知识经验来独立地获取新的知识和信息 | 2 | | | | |
| | 实践操作能力 | 能够根据自己获取的知识正确地完成工作任务 | 10 | | | | |
| | 创新能力 | 在小组讨论中能够与他人交流自己的想法，敢于标新立异 | 5 | | | | |
| | | 能够跳出固有的知识，提出自己的见解，培养自己的创新性 | 5 | | | | |
| | 表达能力 | 能够正确地组织和撰写分析报告等 | 5 | | | | |
| | 合作能力 | 能够为小组提供信息、质疑、归类和总结，提出方法，阐明观点 | 2 | | | | |
| 学习策略<br>（20分） | 学习方法 | 根据本次任务实际情况对自己的学习方法进行调整 | 10 | | | | |
| | 自我调控 | 能够根据本次任务正确地使用学习方法 | 4 | | | | |
| | | 能够利用学习资源等正确地整合各种学习方法 | 6 | | | | |
| 职业标准<br>（50分） | 职业岗位能力 | 负责其他费用的核算，认真进行其他成本开支的事前审核 | 20 | | | | |
| | | 做好其他成本费用核算资料的整理、归档、数据库的建立、查询、更新工作 | 30 | | | | |

 **任务总结**

学生根据任务评价表填写,总结三维目标的达成度,如表 9-34 所示。

表 9-34 任务总结

| 项目 | | 总结 |
|---|---|---|
| 素质提升 | 提升 | |
| | 欠缺 | |
| 知识掌握 | 掌握 | |
| | 欠缺 | |
| 能力达成 | 达成 | |
| | 欠缺 | |
| 改进措施 | | |

 **任务拓展**

利息费用及税金的核算

 **知识巩固**

知识巩固

 **技能提升**

技能提升

# 项目十 成本核算方法

思政园地

 **素养目标**

1. 培养根据不同行业运用不同成本计算方法的素养
2. 培养不断提高对会计准则运用的职业判断能力
3. 培养团队协作、自我学习的能力

 **知识目标**

1. 掌握各种成本计算方法的特点、适用范围、一般计算流程及账务处理过程
2. 掌握简化分批法的计算过程
3. 掌握逐步结转分步法、平行结转分步法的计算过程
4. 掌握分类法、定额法、作业成本法的计算过程

 **能力目标**

1. 能够熟练运用分批法进行成本计算
2. 能够熟练运用分步法进行成本计算
3. 能够熟练进行综合结转分步法的成本还原计算
4. 能够熟练运用分类法和定额法进行成本计算
5. 能够熟练运用作业成本法进行成本计算

 **知识导图**

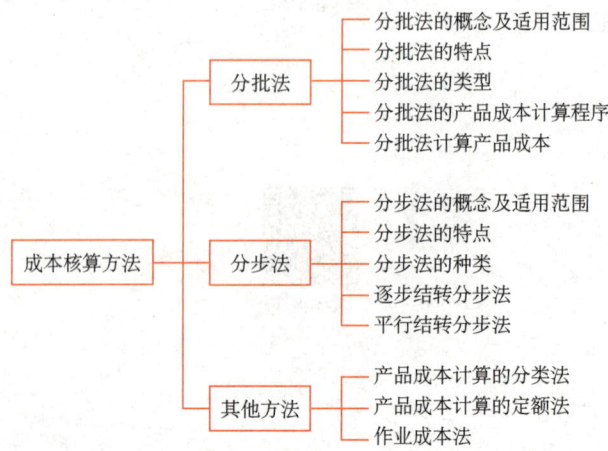

## 任务一　分批法

任务情境

登记生产成本明细账并填制完工产品成本汇总表。

### 一、分批法的概念及适用范围

1. 分批法的概念

分批法，就是以产品的批别为成本计算对象，开设成本明细账，归集生产费用，计算产品成本的一种方法。产品批别在成批组织生产的企业或车间中，是按照一定品种、一定批量产品划分的。因此，分批法也就是计算一定品种、一定批量的产品成本的方法。在实际工作中，产品的品种和每批产品的批量往往是根据客户的订单确定的，因而按照产品批别计算产品成本，往往也就是按照订单计算产品成本。所以，分批法也称为订单法。

2. 分批法的适用范围

在单件、小批生产的企业里，生产往往是按照客户的订货来组织的。客户发来的各张订单所订购的产品常常种类不同、规格不一，所采用的原料及制造方法、订做的数量各异，各张订单的具体要求有所不同，因而必须将生产某张订单产品的成本与生产其他各张订单产品的成本区分开来，分别每一张订单来归集费用，计算每一张订单产品的成本。尤其是订货合同约定根据成本定价时，由于在各张订单完工时，要报给订货者这批订货的成本，更需要按订单来计算成本。有些单件、小批生产企业不是按照客户订货而是根据自己的生产计划，即根据企业事先确定的产品种类、规格，单件或小批量组织生产。每件或各批产品的种类、规格各不相同，也要求分批计算各批产品成本。

综上所述，分批法适用于单件、小批生产的企业和车间。具体来说，其主要有以下四种情形：根据客户订单组织生产的企业；产品种类经常变动的小规模制造厂；承揽修理业务的工厂；新产品试制车间。这些企业或车间的共同特点是一批产品通常不重复生产，即使重复生产，也是不定期的。企业生产计划的编制及日常检查、核算工作，都以客户的订货或企业事先规定的产品及批量为依据。

## 二、分批法的特点

**1. 成本计算对象是各产品的生产批别**

分批法的批别主要有三种：订单、化整为零、化零为整。在小批和单件生产中，产品的种类和每批产品的批量，大多是根据购买单位的订单确定，因而按批、按件计算产品成本，往往也就是按照订单计算产品成本。如果在一张订单中规定有几种产品，或虽然只有一种产品但其数量较大而又要求分批交货，这时，如按订货单位的订单组织生产，就不利于按产品品种考核、分析成本计划的完成情况，在生产管理上也不便于集中一次投料，或满足不了分批交货的要求。针对这一情况，企业生产计划部门可以将上述订单按照产品品种划分批别组织生产，或将同类产品划分数批组织生产，计算成本；如果在一张订单中只规定一件产品，但其属于大型复杂的产品，价值较大，生产周期较长，如大型船舶制造，也可以按照产品的组成部分分批组织生产，计算成本，这就是化整为零。如果在同一时期内，企业接到不同购货单位要求生产同一产品的几张订单，为了经济合理地组织生产，企业生产计划部门也可以将其合并为一批组织生产，计算成本，这就是化零为整。在这种情况下，分批法的成本计算对象，就不是购货单位的订货单，而是企业生产计划部门签发下达的生产任务通知单，单内应对该批生产任务进行编号，称为产品批号或生产令号。会计部门应根据产品批号设立产品成本明细账。生产费用发生后，就按产品批别进行归集，费用直接计入成本，间接计入费用则要采用适当的分配方法，在各批产品之间进行分配，然后记入各产品成本明细账。由于分批法下存在多个成本计算对象，间接计入费用多，为了提高成本核算的正确性，要合理选择分配标准。

**2. 成本计算期不定期，与生产周期基本一致，而与会计周期不一致**

为了保证各批产品成本计算的正确性，各批产品成本明细账的设立和结算，应与生产任务通知单的签发和结束密切配合，协调一致，即各批或各订单产品的成本总额，在其完工以后(完工月份的月末)计算确定。因而，完工产品成本计算是不定期的，其成本计算期与产品的生产周期基本一致，而与核算报告期不一致。

**3. 生产费用通常不需要在完工产品与在产品之间进行分配**

在小批、单件生产中，由于完工产品成本计算期与产品的生产周期一致，在月末计算产品成本时，一般不存在完工产品与在产品之间分配费用的问题。

在单件生产中，产品完工前，产品成本明细账所记录的生产费用，都是在产品成本；产品完工时，产品成本明细账所记录的生产费用，就是完工产品的成本。因而，在月末计算成本时，不存在完工产品与在产品之间费用的分配问题。

在小批生产时，由于产品批量较小，批内产品一般都能同时完工，或者在相距不久的时间内全部完工。月末计算成本时，或是全部已经完工，或是都没有完工，因而一般也不存在完工产品与在产品之间费用分配的问题。但如批内产品有跨月陆续完工的情况，在月末计算成本时，一部分产品已完工，另一部分产品尚未完工，这时就有必要在完工产品与在产品之间分配费用，以便计算完工产品成本和月末在产品成本。如果跨月陆续完工的情况不多，月末完工产品数量占批量比重较小时，可以采用按计划单位成本、定额单位成本或近期相同产品的实际单位成本计算完工产品成本，从产品成本明细账中转出，剩余数额即为在产品成本。在该批产品全部完工时，还应计算该批产品的实际总成本和单位成本，但对已经转账的完工产品成本，不作账面调整。这样做主要是为了计算先交货的成本。采用这种分配方法，核算工作简单，但分配结果计算不太准确。因而，在批内产品跨月陆续完工情况较多，月末完工产品数量占批量比重较大时，为了提高成本计算的正确性，应采用适当的方法，在完工产品与月末在产品之间分配费用，计算完工产品成本和月末在产品成本。

为了使同一批产品尽量同时完工，避免跨月陆续完工的情况，减少完工产品与月末在产品之间分配费用的工作，在合理组织生产的前提下，可以适当缩小产品的批量。但是，缩小产品批量，也应有一定的限度，否则批量过小，不仅会使生产组织不合理、不经济，而且会使设立的产品生产明细账过多，从而加大核算工作量。

### 四、分批法的产品成本计算程序

1. 会计部门根据"生产任务通知单"所规定的产品批别，设置生产成本明细账，并按成本项目分设专栏

在生产开始时，企业的生产计划部门下达生产任务通知单，财会部门根据每一生产任务通知单副本开设产品生产成本明细账，并在账上注明产品批号以及生产任务通知单上所提供的其他规定性或说明性信息，如产品的品名、规格等。成本计算单的开设和结账，应注意同生产通知单的签发和结束配合一致，各批号之间不能混同或串户，以保证各批产品成本计算的正确性。

2. 按批别归集和分配本月发生的各项费用，登记有关明细账

企业生产产品领用各种原材料、耗用有关费用时，都要在有关的原始凭证上注明生产任务通知单号，月末根据费用的原始凭证，编制各种费用分配表，将各批产品的直接费用，按产品批别分别成本项目直接记入各产品生产成本明细账内；将发生的间接费用按照一定的方法在各批产品之间进行分配，记入有关各批产品成本明细账内。

3. 分配辅助生产费用

汇集辅助生产车间发生的制造费用，按其提供的劳务数量，在各批别或订单产品、制造费用以及其他受益对象之间进行分配。对于辅助生产车间生产的产品，应计算其完工产品成本，从辅助生产成本明细账中转出。

4. 分配基本生产车间制造费用

将基本生产车间制造费用明细账中归集的制造费用进行汇总，根据投产的批别或订单的完成情况，选择一定的方法分配制造费用。

5. 计算完工产品成本

采用分批法一般不需要在完工产品和在产品之间分配生产费用。在生产周期内，各月月末结账时，各产品生产成本明细账上累计的生产费用，都是各该批在产品成本；当某批别或生产任务通知单上的产品完工并检验合格后，应由生产车间填制完工通知单，报送财会部门。此时，产品生产成本明细账上的全部费用就是产成品成本。但如果某批产品出现跨月陆续完工情况，则需要将产品生产成本明细账中全部的费用，采用一定的方法在完工产品与在产品之间进行分配，并确定计算出完工产品和月末在产品成本。

6. 结转完工产品成本

月末将各批完工产品成本以及批内陆续完工产品的成本加以汇总,编制"完工产品成本汇总表",结转完工入库产品的成本。

### 三、分批法的类型

#### (一) 典型分批法

典型分批法,又称一般分配法或当月分配法,是指每月各批次无论是否有完工产品,都要按受益对象和方法分配间接费用给各批次产品。其主要适用于当月可以完工的生产周期短的单件、小批生产企业。

#### (二) 简化分批法

简化分批法,又称累计分配法,是指在分配间接费用时,只有在有批次产品完工的月份,才能将归集的费用分配给各批次完工产品成本。其适用于同一月份投产批数多,且月末未完工批数多、各批次按月分配的工作量繁重的企业。

### 五、分批法计算产品成本

#### (一) 典型分批法成本计算

典型分批法下,当月发生的间接费用全部分配给各成本计算对象,间接费用分批计入各批次产品的成本中,并计入各种产品成本明细账和成本计算单,而不论其是否已经完工。

典型分批法下的成本核算岗位的主要任务有以下四项:

(1) 按批次设置生产成本明细账,并按成本项目分设专栏。
(2) 费用凭证注明用途,分清批次产品的费用。
(3) 编制要素费用分配表,分配并归集批次产品的生产费用。
(4) 月末,结算各批次产品的生产费用,计算产品成本。

典型分批法核算程序如图 10-1 所示。

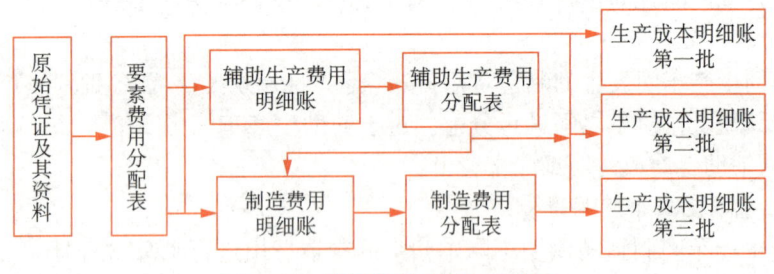

图 10-1 典型分批法核算程序图

【工作实例 10-1】龙达公司根据客户的订单组织产品生产,采用分批法计算产品成本。资料如下:

(1) 2022 年 10 月,该厂共有四批产品同时生产,各产品投产完工情况如表 10-1 所示。

表 10-1　生产记录表

| 批号 | 产品名称 | 开工日期 | 投产批量(件) | 本月完工数量(件) | 在产品数量(件) | 实用工时(小时) |
|---|---|---|---|---|---|---|
| 501 | A | 8月10日 | 10 | 10 | | 20 000 |
| 502 | B | 9月8日 | 17 | 12 | 5 | 30 000 |
| 503 | C | 9月12日 | 8 | 5 | 3 | 16 000 |
| 504 | D | 10月26日 | 20 | | 20 | 10 000 |

(2) 10月初在产品成本如表10-2所示。

表 10-2　月初在产品成本表　　　　　　　　　　　　　　单位:元

| 产品批号 | 产品名称 | 直接材料 | 直接人工 | 制造费用 | 合计 |
|---|---|---|---|---|---|
| 501 | A | 1 030 000 | 390 000 | 460 000 | 1 880 000 |
| 502 | B | 450 000 | 140 000 | 168 000 | 758 000 |
| 503 | C | 360 000 | 105 000 | 129 000 | 594 000 |

(3) 10月份发生的费用经汇总、整理如表10-3所示。

表 10-3　生产费用汇总表　　　　　　　　　　　　　　单位:元

| 产品批号 | 产品名称 | 直接材料 | 直接人工 | 制造费用 | 合计 |
|---|---|---|---|---|---|
| 501 | A | 120 000 | | | 120 000 |
| 502 | B | 399 990 | | | 399 990 |
| 503 | C | 258 000 | | | 258 000 |
| 504 | D | 123 000 | | | 123 000 |
| 共同费用 | | | 380 000 | 304 000 | 684 000 |
| 合计 | | 900 990 | 380 000 | 304 000 | 1 584 990 |

其中,直接材料系领料单标明的产品批号汇总而来,直接人工和制造费用属各批产品共同发生的费用,对此按生产工时比例在各批产品之间分配。

(4) 生产费用在完工产品和在产品之间分配的方法:

502批号A产品,本月未完工数量较大,完工产品和月末在产品成本的分配方法采用约当产量法。月末在产品的平均完工程度为50%,原材料在生产中逐步投入,投料率为80%。

503批号C产品,本月末完工数量为5件,为了简化核算,完工产品按计划成本转出,其计划单位成本为:直接材料77 000元,直接人工22 925元,制造费用27 912元,合计127 837元。

要求:计算完工产品成本。

操作步骤如下:

**第一步:**将生产费用在各批产品之间进行分配。

其中:直接材料由各批产品分别耗用,不需要进行分配;直接人工和制造费用是由各批产品共同耗用的,需要按照工时进行分配。直接人工费用分配如表 10-4 所示,制造费用分配如表 10-5 所示。

**表 10-4　直接人工费用分配表**　　　　　金额单位:元

| 产品批号 | 产品名称 | 分配标准(工时) | 分配率 | 应分配金额 |
|---|---|---|---|---|
| 501 | A | 20 000 | 5 | 100 000 |
| 502 | B | 30 000 | 5 | 150 000 |
| 503 | C | 16 000 | 5 | 80 000 |
| 504 | D | 10 000 | 5 | 50 000 |
| 合计 |  | 76 000 |  | 380 000 |

**表 10-5　制造费用分配表**　　　　　金额单位:元

| 产品批号 | 产品名称 | 成本项目 | 分配标准(工时) | 分配率 | 分配金额 |
|---|---|---|---|---|---|
| 501 | A | 制造费用 | 20 000 | 4 | 80 000 |
| 502 | B | 制造费用 | 30 000 | 4 | 120 000 |
| 503 | C | 制造费用 | 16 000 | 4 | 64 000 |
| 504 | D | 制造费用 | 10 000 | 4 | 40 000 |
| 合计 |  |  | 76 000 |  | 304 000 |

根据生产费用汇总表,编制发出的直接材料会计分录:

借:基本生产成本——A 产品　　　　　　　　　　　　　120 000
　　　　　　　——B 产品　　　　　　　　　　　　　399 990
　　　　　　　——C 产品　　　　　　　　　　　　　258 000
　　　　　　　——D 产品　　　　　　　　　　　　　123 000
　　贷:原材料　　　　　　　　　　　　　　　　　　　900 990

根据直接人工费用分配表,编制会计分录:

借:基本生产成本——A 产品　　　　　　　　　　　　　100 000
　　　　　　　——B 产品　　　　　　　　　　　　　150 000
　　　　　　　——C 产品　　　　　　　　　　　　　80 000
　　　　　　　——D 产品　　　　　　　　　　　　　50 000
　　贷:应付职工薪酬　　　　　　　　　　　　　　　　380 000

根据制造费用分配表,编制会计分录:

借:基本生产成本——A 产品　　　　　　　　　　　　　80 000
　　　　　　　——B 产品　　　　　　　　　　　　　120 000
　　　　　　　——C 产品　　　　　　　　　　　　　64 000
　　　　　　　——D 产品　　　　　　　　　　　　　40 000
　　贷:制造费用　　　　　　　　　　　　　　　　　　304 000

**第二步:**根据表 10-1 至表 10-5 登记各批产品成本明细账,如表 10-6 至表 10-9

所示。

**表10-6　产品成本明细账**

产品名称:A　　　　批量:10　　　　完工日期:10月31日
批号:501　　　　　　　　　　　　　开工日期:8月10日　　　　　　　　　　　　单位:元

| 2022年 | | 凭证号 | 摘要 | 直接材料 | 直接人工 | 制造费用 | 合计 |
|---|---|---|---|---|---|---|---|
| 月 | 日 | | | | | | |
| 10 | 1 | | 期初余额 | 1 030 000 | 390 000 | 460 000 | 1 880 000 |
| 10 | 31 | | 材料费用 | 120 000 | | | 120 000 |
| | | | 人工费用 | | 100 000 | | 100 000 |
| | | | 制造费用 | | | 80 000 | 80 000 |
| | | | 合计 | 1 150 000 | 490 000 | 540 000 | 2 180 000 |
| | | | 完工产品转出 | −1 150 000 | −490 000 | −540 000 | −2 180 000 |
| | | | 期末余额 | 0 | 0 | 0 | 0 |

**表10-7　产品成本明细账**

批号:502　　　　　　批量:17　　　　开工日期:9月8日
产品名称:B　　　　　完工:12　　　　完工日期:　月　日　　　　　　　　　　　单位:元

| 2022年 | | 凭证号 | 摘要 | 直接材料 | 直接人工 | 制造费用 | 合计 |
|---|---|---|---|---|---|---|---|
| 月 | 日 | | | | | | |
| 10 | 1 | | 期初余额 | 450 000 | 140 000 | 168 000 | 758 000 |
| 10 | 31 | | 材料费用 | 399 990 | | | 399 990 |
| | | | 人工费用 | | 150 000 | | 150 000 |
| | | | 制造费用 | | | 120 000 | 120 000 |
| | | | 合计 | 849 990 | 290 000 | 288 000 | 1 427 990 |
| | | | 完工产品转出 | 637 492.5 | 240 000 | 238 344.8 | 1 115 837.3 |
| | | | 期末余额 | 212 497.5 | 50 000 | 49 655.17 | 312 152.67 |

**表10-8　产品成本明细账**

批号:503　　　　　　批量:8件　　　　开工日期:9月12日
产品名称:C　　　　　完工:5件　　　　完工日期:　月　日　　　　　　　　　　　单位:元

| 2022年 | | 凭证号 | 摘要 | 直接材料 | 直接人工 | 制造费用 | 合计 |
|---|---|---|---|---|---|---|---|
| 月 | 日 | | | | | | |
| 10 | 1 | | 期初余额 | 360 000 | 105 000 | 129 000 | 594 000 |
| 10 | 31 | | 材料费用 | 258 000 | | | 258 000 |
| | | | 人工费用 | | 80 000 | | 80 000 |

**(续表)**

| 2022年 | | 凭证号 | 摘要 | 直接材料 | 直接人工 | 制造费用 | 合计 |
|---|---|---|---|---|---|---|---|
| 月 | 日 | | | | | | |
| | | | 制造费用 | | | 64 000 | 64 000 |
| | | | 合计 | 618 000 | 185 000 | 193 000 | 996 000 |
| | | | 完工产品转出 | | | | |
| | | | 期末余额 | | | | |

表 10-9　产品成本明细账

批号:504　　　批量:20　　　开工日期:10月26日
产品名称:D　　　　　　　　完工日期：　月　日　　　　　　　　单位:元

| 2022年 | | 凭证号 | 摘要 | 直接材料 | 直接人工 | 制造费用 | 合计 |
|---|---|---|---|---|---|---|---|
| 月 | 日 | | | | | | |
| 10 | 1 | | 期初余额 | 0 | 0 | 0 | 0 |
| 10 | 31 | | 材料费用 | 123 000 | | | 123 000 |
| | | | 人工费用 | | 50 000 | | 50 000 |
| | | | 制造费用 | | | 40 000 | 40 000 |
| | | | 合计 | 123 000 | 50 000 | 40 000 | 213 000 |
| | | | 完工产品转出 | 0 | 0 | 0 | 0 |
| | | | 期末余额 | | | | |

**第三步：** 将生产费用在完工产品和月末在产品之间进行分配。

501批号A产品全部完工,发生的费用全部转入完工产品成本;502批号B产品由于跨月陆续完工情况较多,采用约当产量法对完工产品和月末在产品成本进行分配;503批号C产品由于跨月陆续完工情况较少,完工产品可以按计划成本转出,待整批产品全部完工后,再重新计算完工产品的实际总成本和单位成本(对已经转账的完工产品成本,不必再做账面调整);504批号D产品全部未完工,发生的费用全部为未完工产品成本,不需要结转完工产品成本。

502批号B产品月末在产品约当产量计算情况,如表10-10所示。

表 10-10　在产品约当产量计算表

产品批号:502　　产品名称:B产品　　单位:件

| 成本项目 | 在产品数量 | 投料程度(加工程度) | 在产品约当产量 | 约当总产量 |
|---|---|---|---|---|
| 直接材料 | 5 | 80% | 4 | 16 |
| 直接人工 | 5 | 50% | 2.5 | 14.5 |
| 制造费用 | 5 | 50% | 2.5 | 14.5 |

根据各批完工产品的成本明细账,编制成本计算单,如表10-11至表10-13所示。

**表 10-11  产品成本计算单**

批号：501　　　　　　　　　　开工日期：8月10日
产品名称：A　　　批量：10　　完工日期：10月31日　　　　　　　　　　　　单位：元

| 摘要 | 直接材料 | 直接人工 | 制造费用 | 合计 |
| --- | --- | --- | --- | --- |
| 月初在产品成本 | 1 030 000 | 390 000 | 460 000 | 1 880 000 |
| 本月发生生产费用 | 120 000 | 100 000 | 80 000 | 300 000 |
| 生产费用合计 | 1 150 000 | 490 000 | 540 000 | 2 180 000 |
| 完工产品总成本 | 1 150 000 | 490 000 | 540 000 | 2 180 000 |
| 单位成本 | 115 000 | 49 000 | 54 000 | 218 000 |

**表 10-12  产品成本计算单**

批号：502　　　批量：12　　开工日期：9月8日
产品名称：B　　　　　　　　完工日期：　月　日　　　　　　　　　　　　　单位：元

| 摘要 | 直接材料 | 直接人工 | 制造费用 | 合计 |
| --- | --- | --- | --- | --- |
| 月初在产品成本 | 450 000 | 140 000 | 168 000 | 758 000 |
| 本月发生生产费用 | 399 990 | 150 000 | 120 000 | 669 990 |
| 生产费用合计 | 849 990 | 290 000 | 288 000 | 1 427 990 |
| 分配率 | 53 124.375 | 20 000 | 19 862.069 | 92 986.444 |
| 完工产品总成本 | 637 492.5 | 240 000 | 238 344.8 | 1 115 837.3 |
| 月末在产品成本 | 212 497.5 | 50 000 | 49 655.12 | 312 152.7 |

其中，B产品直接材料分配率＝849 990÷(12＋5×80％)＝53 124.375(元/件)
直接人工分配率＝290 000÷(12＋5×50％)＝20 000(元/件)
制造费用分配率＝288 000÷(12＋5×50％)＝19 862.069(元/件)

**表 10-13  产品成本计算单**

批号：503　　　批量：5　　开工日期：9月12日
产品名称：C　　　　　　　　完工日期：　月　日　　　　　　　　　　　　　单位：元

| 摘要 | 直接材料 | 直接人工 | 制造费用 | 合计 |
| --- | --- | --- | --- | --- |
| 月初在产品成本 | 360 000 | 105 000 | 129 000 | 594 000 |
| 本月发生生产费用 | 258 000 | 80 000 | 64 000 | 402 000 |
| 生产费用合计 | 618 000 | 185 000 | 193 000 | 996 000 |
| 单位成本 | 77 000 | 22 925 | 27 912 | 127 837 |
| 完工产品总成本 | 385 000 | 114 625 | 139 560 | 639 185 |
| 月末在产品成本 | 233 000 | 70 375 | 53 440 | 356 815 |

**第四步**：结转完工产品成本。

根据表10-11至表10-13中的成本计算结果，编制完工产品成本汇总表，如表10-14所示。

表 10-14　完工产品成本汇总表

2022 年 10 月　　　　　　　　　　　　　　　　　　　　　　　　　　单位：元

| 成本项目 | | 直接材料 | 直接人工 | 制造费用 | 合计 |
| --- | --- | --- | --- | --- | --- |
| 501 批号 A 产品（产量 10 件） | 总成本 | 1 150 000 | 490 000 | 540 000 | 2 180 000 |
| | 单位成本 | 115 000 | 49 000 | 54 000 | 218 000 |
| 502 批号 B 产品（产量 12 件） | 总成本 | 637 492.5 | 240 000 | 238 344.8 | 1 115 837.3 |
| | 单位成本 | 53 124.38 | 20 000 | 19 862.07 | 92 986.44 |
| 503 批号 C 产品（产量 5 件） | 总成本 | 385 000 | 114 625 | 139 560 | 639 185 |
| | 单位成本 | 77 000 | 22 925 | 27 912 | 127 837 |

根据完工产品成本汇总表，编制本月结转完工产品入库的会计分录：

借：库存商品——A 产品　　　　　　　　　　　　　　　　　　　2 180 000
　　　　　　——B 产品　　　　　　　　　　　　　　　　　　　1 115 837.33
　　　　　　——C 产品　　　　　　　　　　　　　　　　　　　639 185
　　贷：基本生产成本——501 批次（A 产品）　　　　　　　　　　2 180 000
　　　　　　　　　　——502 批次（B 产品）　　　　　　　　　　1 115 837.33
　　　　　　　　　　——503 批次（C 产品）　　　　　　　　　　639 185

## （二）简化分批法成本计算

在有些小批、单件生产的企业或车间里，订单多、生产周期长，而实际每月完工的订单并不多。在这种情况下，如果采用当月分配法分配各项费用，费用分配的核算工作量将非常繁重。因而，为了简化核算，这类企业或车间可采用不分批计算在产品成本的分批法，其也称人工及制造费用的累计分配法或简化的分批法。简化分批法主要适用于同一月份投产批数多且月末未完工批数多的企业，以及各批次按月分配的工作量繁重的企业。

简化分批法下，按产品批别设置产品生产成本明细账和基本生产成本二级账，平时只需按月登记直接费用和生产工时。每月发生的间接费用，不分批次先登记在基本生产成本二级账中，只有在有批次产品完工的月份，才按累计工时比例计算累计间接费用分配率，分配间接费用，计算完工产品成本。而在产品应负担的间接费用，则不进行分配。

简化分批法成本计算下的成本核算岗位的主要任务有以下五项：

（1）根据生产任务通知单设立生产成本明细账和基本生产成本二级账。

（2）根据材料费用分配表和生产工时记录等，将各批别耗用的材料费用和工时记入生产成本明细账和基本生产成本二级账，并在月末进行账账核对。

（3）根据各项间接费用分配表，将各批次产品的人工费用和制造费用等登记到基本生产成本二级账。

（4）在有完工产品的月份的月终，累计基本生产成本二级账中的费用和工时，计算累计间接费用分配率，并据此分配间接费用并登记产品生产成本明细账；同时，将各产品生产成本明细账中登记的间接费用分配额汇总后记入基本生产成本二级账。

（5）月末，结转完工批次产品的成本。

简化分批法核算产品成本

【工作实例 10-2】龙达公司分批生产多种产品，产品批次和月末未完工产品批次都较多,为了简化成本核算工作,采用简化分批法计算产品成本。2022年10月,该企业的产品批号及完工情况如表10-15所示。

表10-15 各批产品生产情况表

| 产品批号 | 产品名称 | 投产情况 | 本月完工数量 | 月末在产品 |
|---|---|---|---|---|
| 703 | 甲 | 8月3日投产32件 | 32件 | |
| 808 | 乙 | 9月8日投产16件 | 8件 | 8件 |
| 821 | 丙 | 9月21日投产20件 | | 20件 |
| 910 | 丙 | 10月10日投产12件 | | 12件 |
| 925 | 丁 | 10月25日投产15件 | | 15件 |

表10-15中批号为808的乙产品,其原材料在生产开始时一次投入,完工产品所耗工时为5 920小时,在产品的工时为2 520小时。

要求:采用简化分批法计算产品成本

操作步骤如下:

**第一步:** 按产品批别设置产品生产成本明细账和基本生产成本二级账。

根据上述资料及企业实际情况采用简化分批法,开设并登记各批次基本生产成本明细账及基本生产成本二级账,并在基本生产成本明细账和基本生产成本二级账中归集生产费用及生产工时。

**第二步:** 在月末有完工产品时,计算累计间接费用分配率。

在各批产品的基本生产成本明细账中,平时只登记直接材料费用和发生的工时。因此,在没有完工产品的月份,各账户的直接材料累计数即为各该批次月末在产品的全部直接材料成本,工时累计数即为各该批次产品所消耗的全部生产工时。各批次产品的基本生产成本明细账的累计直接材料成本与累计生产工时相加之和,应该等于基本生产成本二级账中所反映的全部批次的在产品直接材料费用累计数与生产工时累计数。

**第三步:** 生产费用在完工产品和在产品之间进行分配。

当月有完工产品(包括全批完工和批内部分完工)批次的基本生产成本明细账,除要登记当月发生的直接材料费用和生产工时外,还要加计材料费用累计数,并根据基本生产成本二级账相关数据计算的累计间接费用分配率确认完工产品应负担的人工费用和制造费用,计算完工产品的总成本与单位成本。批号为703的甲产品,本月末全部完工,批号为808的乙产品本月完工一部分,需要计算并结转完工产品成本。

各批次基本生产成本明细账如表10-16至表10-18所示。

表10-16 基本生产成本明细账

产品批号:821　产品批量:20件　投产日期:9月21日
产品名称:丙　本月完工:　　　完工日期:　　　　　　　　　　金额单位:元

| 2022年 | | 凭证号 | 摘要 | 生产工时(小时) | 成本项目 | | | 合计 |
|---|---|---|---|---|---|---|---|---|
| 月 | 日 | | | | 直接材料 | 直接人工 | 制造费用 | |
| 9 | 30 | | 本月发生 | 500 | 9 050 | | | |

（续表）

| 2022年 | | 凭证号 | 摘要 | 生产工时（小时） | 成本项目 | | | 合计 |
|---|---|---|---|---|---|---|---|---|
| 月 | 日 | | | | 直接材料 | 直接人工 | 制造费用 | |
| 10 | 31 | | 本月发生 | 1 500 | 10 000 | | | |
| | | | | | | | | |

表 10-17 基本生产成本明细账

产品批号：910　产品批量：12 件　投产日期：10 月 10 日
产品名称：丙　本月完工：　　完工日期：　　　　　　　　　　　　　　金额单位：元

| 2022年 | | 凭证号 | 摘要 | 生产工时（小时） | 成本项目 | | | 合计 |
|---|---|---|---|---|---|---|---|---|
| 月 | 日 | | | | 直接材料 | 直接人工 | 制造费用 | |
| 10 | 31 | | 本月发生 | 800 | 11 428 | | | |
| | | | | | | | | |
| | | | | | | | | |

表 10-18 基本生产成本明细账

产品批号：925　产品批量：15 件　投产日期：10 月 25 日
产品名称：丁　本月完工：　　完工日期：　　　　　　　　　　　　　　金额单位：元

| 2022年 | | 凭证号 | 摘要 | 生产工时（小时） | 成本项目 | | | 合计 |
|---|---|---|---|---|---|---|---|---|
| 月 | 日 | | | | 直接材料 | 直接人工 | 制造费用 | |
| 10 | 31 | | 本月发生 | 1 200 | 7 500 | | | |
| | | | | | | | | |

**第四步**：登记基本生产成本二级账。

累计资料如表 10-19 所示。

表 10-19 基本生产成本二级账（全部各批别产品总成本）　　　　　金额单位：元

| 2022年 | | 凭证号 | 摘要 | 生产工时（小时） | 成本项目 | | | 合计 |
|---|---|---|---|---|---|---|---|---|
| 月 | 日 | | | | 直接材料 | 直接人工 | 制造费用 | |
| 9 | 30 | | 期初在产品 | 13 700 | 60 614 | 20 292 | 25 966 | 106 872 |
| 10 | 31 | | 本月发生 | 10 340 | 31 328 | 13 364 | 17 306 | 61 998 |
| | 31 | | 累计数 | 24 040 | 91 942 | 33 656 | 43 272 | 168 870 |
| | 31 | | 累计间接费用分配率 | | | 1.4 | 1.8 | |
| | 31 | | 本月完工转出 | −17 520 | −44 712 | −24 528 | −31 536 | −100 776 |
| | 31 | | 期末在产品 | 6 520 | 47 230 | 9 128 | 11 736 | 69 094 |

对基本生产成本二级账中数据的说明：

① 9月末在产品的生产工时和各项费用是截至9月末各批产品的累计生产工时和发生的累计生产费用。

② 10月份发生的直接材料费用和生产工时,是根据10月份各批次产品的原材料费用分配表、生产工时记录登记(与各批次产品的生产成本明细账平行登记);10月份发生的直接人工和制造费用等间接费用,根据各该费用分配表登记。

③ 完工产品的直接材料费用和生产工时,根据各批次产品基本生产成本明细账中完工产品的直接材料费用和生产工时汇总登记,批号为703的甲产品32件全部完工,耗用直接材料35 460元,耗用工时11 600小时;批号为808的乙产品16件完工8件,完工产品耗用直接材料9 252元,耗用工时5 920小时。故:

完工产品直接材料费用=35 460+9 252=44 712(元)
完工产品工时=11 600+5 920=17 520(小时)

④ 全部产品累计间接费用分配:

全部产品累计直接人工分配率=33 656÷24 040=1.4(元/小时)
全部产品累计制造费用分配率=43 272÷24 040=1.8(元/小时)

完工产品应负担的各项间接费用,可以根据完工批次产品的基本生产成本明细账中所列生产工时分别乘以各该累计间接费用分配率计算,即:

完工产品直接人工=17 520×1.4=24 528(元)
完工产品制造费用=17 520×1.8=31 536(元)

⑤ 月末在产品的直接材料费用和生产工时,根据基本生产成本二级账中累计的直接材料费用和生产工时分别减去本月完工产品的直接材料费用和生产工时计算登记,也可以根据各批次产品的基本生产成本明细账中的月末在产品的直接材料费用和生产工时汇总后登记。

⑥ 月末在产品的各项间接费用,可以根据基本生产成本二级账中在产品生产工时分别乘以各该费用累计分配率计算登记,即:

月末在产品直接人工=6 520×1.4=9 128(元)
月末在产品制造费用=6 520×1.8=11 736(元)

其也可以根据基本生产成本二级账中各该成本项目的累计数分别减去完工产品负担的相应费用后计算登记。

**第五步:**计算完工产品成本并登记各批产品生产成本明细账。

批号为703的甲产品,本月末全部完工,其累计的直接材料费用和生产工时就是完工产品的直接材料费用和生产工时,将生产工时分别乘以各项人工费用累计分配率和制造费用累计分配率,即为完工产品的人工费用和制造费用。

根据间接费用累计分配率,计算甲产品应负担的人工费用和制造费用如下:

703批次甲产品应负担的直接人工费用=11 600×1.4=16 240(元)
703批次甲产品应负担的制造费用=11 600×1.8=20 880(元)
703批次甲产品的总成本=35 460+16 240+20 880=72 580(元)
703批次甲产品的单位成本相应可以计算出,分别为:直接材料1 108.125元、直接人工507.5元、制造费用652.5元,单位产品成本2 268.125元/件。

批号为703的甲产品基本生产成本明细账如表10-20所示。

### 表 10-20　基本生产成本明细账

产品批号:703　批量:32件　投产日期:8月3日

产品名称:甲　完工:32件　完工日期:10月31日　　　　　　　金额单位:元

| 2022年 | | 凭证号 | 摘要 | 生产工时(小时) | 成本项目 | | | 合计 |
| --- | --- | --- | --- | --- | --- | --- | --- | --- |
| 月 | 日 | | | | 直接材料 | 直接人工 | 制造费用 | |
| 8 | 31 | | 本月发生 | 4 400 | 27 400 | | | |
| 9 | 30 | | 本月发生 | 4 000 | 5 660 | | | |
| 10 | 31 | | 本月发生 | 3 200 | 2 400 | | | |
| | 31 | | 累计数 | 11 600 | 35 460 | | | |
| | 31 | | 累计间接费用分配率 | | | 1.4 | 1.8 | |
| | 31 | | 本月完工转出 | −11 600 | −35 460 | −16 240 | −20 880 | −72 580 |
| | 31 | | 完工产品单位成本 | | 1 108.125 | 507.5 | 652.5 | 2 268.125 |

批号为808的乙产品,本月部分完工,应当按照一定的方法确定完工产品应负担的材料费用,根据完工产品所耗工时和间接费用累计分配率计算应负担的人工费用和制造费用,计算结果如下:

完工产品应负担的直接材料费用=(18 504÷16)×8=9 252(元)

在产品应负担的直接材料费用=18 504−9 252=9 252(元)

808批次乙产品应负担的直接人工费用=5 920×1.4=8 288(元)

808批次乙产品应负担的制造费用=5 920×1.8=10 656(元)

该批次产品的基本生产成本明细账如表10-21所示。

### 表 10-21　基本生产成本明细账

产品批号:808　产品批量:16件　投产日期:9月8日

产品名称:乙　本月完工:8件　完工日期:　　　　　　　　　金额单位:元

| 2022年 | | 凭证号 | 摘要 | 生产工时(小时) | 成本项目 | | | 合计 |
| --- | --- | --- | --- | --- | --- | --- | --- | --- |
| 月 | 日 | | | | 直接材料 | 直接人工 | 制造费用 | |
| 9 | 30 | | 本月发生 | 4 800 | 18 504 | | | |
| 10 | 31 | | 本月发生 | 3 640 | | | | |
| | 31 | | 累计数 | 8 440 | 18 504 | | | |
| | 31 | | 累计间接费用分配率 | | | 1.4 | 1.8 | |
| | 31 | | 本月完工转出 | −5 920 | −9 252 | −8 288 | −10 656 | −28 196 |
| | 31 | | 完工产品单位成本 | | 1 156.5 | 1 036 | 1 332 | 3 524.5 |
| | 31 | | 月末在产品 | 2 520 | 9 252 | | | |

**第六步：** 结转完工产品成本。（略）

## 任务实施

任务实施
视频

### 一、活动思考

问题：产品成本计算分批法的特点及适用范围是什么？

_____
_____
_____
_____

### 二、活动提升

"纸上得来终觉浅，绝知此事要躬行"，在课堂上我们学会了成本核算的基本方法，应如何将其应用到实际工作中？

### 三、活动实施

活动实施情况如表 10-22 所示。

表 10-22　活动实施情况

| 活动步骤 | 活动要求 | 活动安排 | 活动记录 |
| --- | --- | --- | --- |
| 步骤1<br>职业沟通练习 | 在实际工作中，成本会计人员要具备扎实的专业能力，也要有良好的沟通能力等。以小组为单位分配角色，通过角色扮演、小组讨论，练习人与人之间的沟通能力 | 具体活动1：角色选择 | 附表10-1 |
| | | 具体活动2：角色扮演 | 附表10-1 |
| | | 具体活动3：模拟评价 | 附表10-2 |
| 步骤2<br>知识准备 | 产品成本计算分批法 | 学习微课 | 梳理知识点 |
| 步骤3<br>登记明细账及汇总表 | 登记基本生产成本明细账、填制完工产品成本汇总表 | 明细账、汇总表 | 附表10-3至附表10-6 |

附表 10-1　工作记录单

| 角色 | 学生姓名 | 沟通内容等 |
| --- | --- | --- |
| 成本会计 | | |
| 财务经理 | | |
| 仓储人员 | | |
| 组长签字： | | |

附表 10-2　模拟评价表

| 组号 | 参加展示人数 | 评价 | | 小组排序 |
|---|---|---|---|---|
| | | 语言表达最好的学生 | 模拟最好的学生 | |
| | | | | |
| | | | | |
| | | | | |
| | | | | |
| | | | | |
| | | | | |

附表 10-3　基本生产成本明细账

产品批号：　　　　批量：　　　　投产日期：
产品名称：　　　　完工产量：　　　完工日期：　　　　　　　　单位：

| 2022年 | | 摘要 | 直接材料 | 直接人工 | 制造费用 | 合计 |
|---|---|---|---|---|---|---|
| 月 | 日 | | | | | |
| 6 | 1 | 期初余额 | | | | |
| 6 | 30 | 材料分配计算表 | | | | |
| | 30 | 职工薪酬费用分配表 | | | | |
| | 30 | 制造费用分配表 | | | | |
| | 30 | 本月生产费用合计 | | | | |
| | 30 | 月初及本月生产费用合计 | | | | |
| | 30 | 完工转出产成品成本 | | | | |
| | 30 | 完工产品单位成本 | | | | |
| | 30 | 月末在产品成本 | | | | |

附表 10-4　基本生产成本明细账

产品批号：　　　　批量：　　　　投产日期：
产品名称：　　　　完工产量：　　　完工日期：　　　　　　　　单位：

| 2022年 | | 摘要 | 直接材料 | 直接人工 | 制造费用 | 合计 |
|---|---|---|---|---|---|---|
| 月 | 日 | | | | | |
| 6 | 1 | 期初余额 | | | | |
| | 30 | 材料分配计算表 | | | | |
| | 30 | 职工薪酬费用分配表 | | | | |

（续表）

| 2022年 | | 摘要 | 直接材料 | 直接人工 | 制造费用 | 合计 |
|---|---|---|---|---|---|---|
| 月 | 日 | | | | | |
| | 30 | 制造费用分配表 | | | | |
| | 30 | 本月生产费用合计 | | | | |
| | 30 | 月初及本月生产费用合计 | | | | |
| | 30 | 完工转出产成品成本 | | | | |
| | 30 | 完工产品单位成本 | | | | |
| | 30 | 月末在产品成本 | | | | |

附表 10-5　基本生产成本明细账

产品批号：　　批量：　　投产日期：
产品名称：　　完工产量：　　完工日期：　　　　　　　　单位：

| 2022年 | | 摘要 | 直接材料 | 直接人工 | 制造费用 | 合计 |
|---|---|---|---|---|---|---|
| 月 | 日 | | | | | |
| 6 | 30 | 材料分配计算表 | | | | |
| | 30 | 职工薪酬费用分配表 | | | | |
| | 30 | 制造费用分配表 | | | | |
| | 30 | 本月生产费用合计 | | | | |
| | 30 | 月初及本月生产费用合计 | | | | |
| | 30 | 完工转出产成品成本 | | | | |
| | 30 | 完工产品单位成本 | | | | |
| | 30 | 月末在产品成本 | | | | |

附表 10-6　完工产品成本汇总表　　　　　　　　　　单位：元

| 成本项目 | | 直接材料 | 直接人工 | 制造费用 | 合计 |
|---|---|---|---|---|---|
| 401 号 A 产品（产量 10 件） | 总成本 | | | | |
| | 单位成本 | | | | |
| 601 号 C 产品（产量 4 件） | 总成本 | | | | |
| | 单位成本 | | | | |

任务评价

任务评价表如表 10-23 所示。

课堂测验

表 10-23 任务评价表

| 一级指标 | 二级指标 | 评价内容 | 分值 | 自评 | 互评 | 教师 | 企业导师 |
|---|---|---|---|---|---|---|---|
| 职业能力（30分） | 思维能力 | 能够从不同的角度提出问题，分析问题并解决问题 | 1 | | | | |
| | 自学能力 | 能够通过自己已有的知识经验来独立地获取新的知识和信息 | 2 | | | | |
| | 实践操作能力 | 能够根据自己获取的知识正确地完成工作任务 | 10 | | | | |
| | 创新能力 | 在小组讨论中能够与他人交流自己的想法，敢于标新立异 | 5 | | | | |
| | | 能够跳出固有的知识，提出自己的见解，培养自己的创新性 | 5 | | | | |
| | 表达能力 | 能够正确地组织和撰写分析报告等 | 5 | | | | |
| | 合作能力 | 能够为小组提供信息，质疑、归类和总结，提出方法，阐明观点 | 2 | | | | |
| 学习策略（20分） | 学习方法 | 根据本次任务实际情况对自己的学习方法进行调整 | 10 | | | | |
| | 自我调控 | 能够根据本次任务正确地使用学习方法 | 4 | | | | |
| | | 能够利用学习资源等正确地整合各种学习方法 | 6 | | | | |
| 职业标准（50分） | 职业岗位能力 | 能够正确采用分批法，计算出不同产品的生产成本 | 20 | | | | |
| | | 根据企业生产工艺特点，选择适合的成本计算方法 | 30 | | | | |

 **任务总结**

学生根据任务评价表填写，总结三维目标的达成度，如表 10-24 所示。

表 10-24 任务总结

| 项目 | | 总结 |
|---|---|---|
| 素质提升 | 提升 | |
| | 欠缺 | |
| 知识掌握 | 掌握 | |
| | 欠缺 | |

(续表)

| 项目 | | 总结 |
|---|---|---|
| 能力达成 | 达成 | |
| | 欠缺 | |
| 改进措施 | | |

 任务拓展

在降成本上下足功夫

## 任务二 分步法

 任务情境

任务情境

 任务要求

编制产成品成本还原计算表。

 任务准备

### 一、分步法的概念及适用范围

在大量、大批多步骤生产的企业中,生产工艺过程是由若干个在技术上可以间断的生产步骤组成的,每个生产步骤都有生产出的半成品(最后一个步骤生产出完工产品),这些半成品既可以用于下一个步骤继续进行加工或装配,又可以对外销售。为了加强对各生产步骤的成本管理,不但要求按产品品种计算成本,还要求按产品的生产步骤计算各步骤耗费的成本,以便考核完工产品及其所经过的生产步骤的成本计划的执行情况。为此,需

要采用分步法计算每一步骤的半成品成本和最后步骤的完工产品成本。

产品成本计算的分步法是指以各生产步骤的产品（或半成品）作为成本计算对象，归集生产费用，计算产品（或半成品）成本的一种方法。

分步法主要适用于大量、大批多步骤生产，并且管理上要求分步计算产品成本的企业，如冶金、纺织、机械制造等企业。在这些企业中，产品生产可以划分为若干生产步骤。例如，冶金企业的生产可以分为炼铁、炼钢、轧钢等步骤；纺织企业的生产可以分为纺纱、织布、印染等步骤；机械制造企业的生产可以分为铸造、加工、装配等步骤。

### 二、分步法的特点

分步法的特点主要表现在成本计算对象、成本计算期和生产费用的分配三个方面。

1. 以各种产品及其所经过的生产步骤为成本计算对象，并据以设置基本生产成本明细账

企业如果只生产一种产品，其成本计算对象就是该种产品及其所经过的各生产步骤，产品成本明细账应该按照产品的生产步骤开立。企业如果生产多种产品，其成本计算对象则应是各种产成品及其所经过的各生产步骤。产品成本明细账应该按照每种产品的各个步骤设立。

需要注意的是，在实际工作中，产品成本计算的分步与产品生产步骤的划分不一定完全一致，它根据实际加工步骤结合管理要求加以确定。为简化核算，只对管理上有必要分步计算成本的生产步骤单独开设产品成本明细账，单独计算成本；管理上不要求单独计算成本的生产步骤，则可与其他生产步骤合并设立产品成本明细账，合并计算成本。

2. 成本计算定期于每月月末进行

在大量、大批多步骤生产中，由于生产周期较长，不可以间断，而且往往都是跨月陆续完工，成本计算一般都是按月、定期进行，而与产品的生产周期不一致。

3. 生产费用一般需要在完工产品与在产品之间进行分配

由于大量、大批多步骤生产的产品往往都是跨月陆续完工，月末各步骤一般都存在未完工的在产品。因此，在计算成本时，还需要采用适当的分配方法，将汇集在各种产品、各生产步骤产品成本明细账中的生产费用，在完工产品与在产品之间进行分配，计算各该产品、各生产步骤的完工产品成本和在产品成本。

4. 成本需要在各步骤之间结转

产品生产是分步骤进行的，上一步骤生产的半成品是下一步骤的加工对象。因此，为了计算各种产品的产成品成本，还需要按照产品品种，结转各步骤生产成本，这是分步法的一个重要特点。

### 三、分步法的种类

多步骤生产企业对产品的生产步骤划分方式、对各生产步骤进行成本管理都会存在不同的要求。从满足企业对成本管理的要求与简化成本计算工作角度考虑，对各生产步骤成本的计算和结转，有逐步结转和平行结转两种方法。因此，产品成本计算的分步法，也就被分为逐步结转分步法和平行结转分步法两种。

## 四、逐步结转分步法

### (一) 逐步结转分步法概述

逐步结转分步法是各个生产步骤逐步计算并结转半成品成本,直到最后生产步骤计算出完工产品成本的方法。计算各生产步骤的半成品成本,是这种方法的显著特征。因此,逐步结转分步法也被称作"计算半成品成本的分步法"。逐步结转分步法是在管理上要求提供各生产步骤半成品成本资料的情况下采用的,适用于大量、大批多步骤连续式生产,要求计算并销售半成品成本的企业。前一生产步骤完工的半成品转入下一生产步骤继续加工时,半成品的实物和成本一起转入下一生产步骤,直至最后生产步骤产出完工产品,才能最终得出完工产品成本。

在逐步结转分步法下,计算各生产步骤成本时,按产品加工顺序,逐步计算并结转半成品成本,各步骤所耗用的上一步骤半成品的成本,要随半成品实物的转移,从上一步骤的产品成本明细账转入下一步骤相同产品的产品成本明细账中,以便逐步计算各步骤的半成品成本和最后步骤的产成品成本。逐步结转分步法能提供各步骤完整的半成品资料,又称"计算半成品成本分步法",适用于半成品具有独立的经济意义、半成品对外销售、管理上要求提供各步骤的半成品成本资料的大量、大批、连续式、多步骤生产的企业。

逐步结转分步法将各步骤生产的半成品成本转入下一步骤时有两种方式:一种是通过半成品仓库收发,成本结转程序如图 10-2 所示;另一种是半成品结转不通过仓库而直接转入下一生产步骤,如图 10-3 所示。

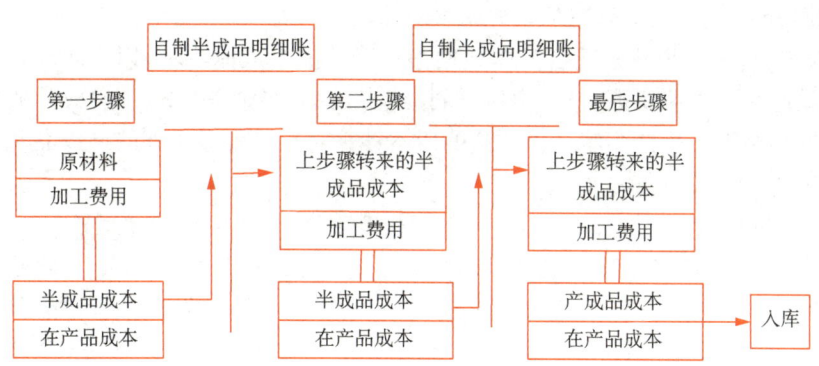

图 10-2 半成品通过半成品库的核算的示意图

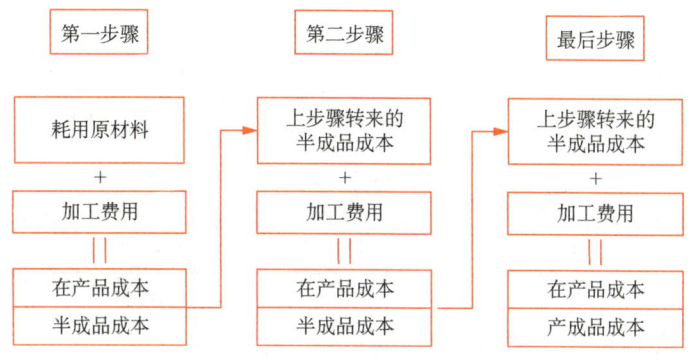

图 10-3 半成品不通过半成品库的核算的示意图

采用逐步结转分步法,每月月末,各项生产费用在各步骤产品成本明细账中归集以后,采用适当的方法,在各步骤完工半成品与正在加工的在产品之间进行分配,然后通过半成品的逐步结转,在最后一个步骤的产品成本明细账中,计算出完工产品成本。上述程序表明,每一个步骤都是一个品种法,逐步结转分步法实际上就是品种法的多次连续应用。

### (二)逐步结转分步法的主要特点

在成本归集与结转时,要分别计算各步骤成本,依次结转,按照生产步骤直到最终步骤的完工产品,因而其成本计算对象为每个步骤、每种产品;半成品成本构成由上一步骤转来的半成品成本加上本步骤材料费和加工费组成;在期末成本分配方面,各步骤的生产费用均要在完工产品和期末在产品之间进行分配和结转,只有最后步骤才是狭义的完工产品和在产品成本的分配。

### (三)逐步结转分步法的结转方式

采用逐步结转分步法,按照结转的半成品成本在下一步骤产品成本明细账中的反映方法,分为综合结转和分项结转两种方式。

综合结转是指各生产步骤所耗用的半成品成本,综合记入各该步骤产品成本明细账的"原材料""直接材料"或专设的"半成品"成本项目中。

分项结转是指将各生产步骤所耗半成品费用,按照成本项目分项转入各该生产步骤产品成本明细账的各个成本项目中。

### (四)逐步结转分步法计算产品成本

1. 用综合结转方式下的逐步结转分步法计算产品成本

综合逐步结转分步法是将各步骤耗用上一步骤的半成品成本,以一个合计的金额数记入该步骤产品成本明细账中的"直接材料"或专设的"半成品"项目,半成品成本随实物转移同步转移至下一生产步骤。该方法的成本计算对象是各个步骤的半成品和最后步骤的产成品。

【工作实例10-3】龙达公司是一个连续式多步骤、大量生产的中型企业。公司大量生产T3型产品,顺序经过三个生产步骤,分设三个生产车间进行加工。根据生产特点和管理要求,采用综合结转方式的逐步结转分步法计算产品成本。原材料在生产开始时一次投入,其他费用陆续均衡发生,各步骤产品成本采用约当产量法计算分配,在产品完工程度均为50%。2022年10月,T3型产品的产量及费用资料如表10-25至表10-27所示。

表10-25 产品产量

单位:件

| 项目 | 月初在产品 | 本月投入(转入) | 本月完工 | 月末在产品 |
| --- | --- | --- | --- | --- |
| 一车间 | 1 600 | 4 400 | 5 000 | 1 000 |
| 二车间 | 200 | 5 000 | 4 000 | 1 200 |
| 三车间 | 1 400 | 4 000 | 4 800 | 600 |

表 10-26　月初在产品成本　　　　　　　　　　　　　　　　　　　　　单位:元

| 项目 | 直接材料 | 自制半成品 | 直接人工 | 制造费用 | 合计 |
|---|---|---|---|---|---|
| 一车间 | 160 000 | — | 8 000 | 24 000 | 192 000 |
| 二车间 | — | 20 000 | 7 000 | 13 000 | 40 000 |
| 三车间 | — | 140 000 | 98 000 | 168 000 | 406 000 |

表 10-27　本月发生生产费用　　　　　　　　　　　　　　　　　　　　单位:元

| 项目 | 直接材料 | 自制半成品 | 直接人工 | 制造费用 | 合计 |
|---|---|---|---|---|---|
| 一车间 | 440 000 | — | 47 000 | 141 000 | 628 000 |
| 二车间 | — | — | 225 000 | 315 000 | 540 000 |
| 三车间 | — | — | 88 000 | 176 000 | 264 000 |

要求:采用综合结转方式的逐步结转分步法计算产品成本。

操作步骤如下:

**第一步**:计算第一步骤产品成本,如表 10-28 所示。

表 10-28　一车间(第一步骤)产品成本计算单

时间:2022 年 10 月　　　　　　　　完工数量:5 000 件

产品名称:T3 型 A 半成品　　　　　在产数量:1 000 件　　　　　　　　金额单位:元

| 项目 | 直接材料 | 直接人工 | 制造费用 | 合计 |
|---|---|---|---|---|
| 月初在产品成本 | 160 000 | 8 000 | 24 000 | 192 000 |
| 本月发生生产费用 | 440 000 | 47 000 | 141 000 | 628 000 |
| 生产费用合计 | 600 000 | 55 000 | 165 000 | 820 000 |
| 约当总产量(件) | 6 000 | 5 500 | 5 500 | — |
| 半成品单位成本(元/件) | 100 | 10 | 30 | 140 |
| 完工半成品成本 | 500 000 | 50 000 | 150 000 | 700 000 |
| 月末在产品成本 | 100 000 | 5 000 | 15 000 | 120 000 |

**第二步**:计算第二步骤产品成本,如表 10-29 所示。

表 10-29　二车间(第二步骤)产品成本计算单

时间:2022 年 10 月　　　　　　　　完工数量:4 000 件

产品名称:T3 型 B 半成品　　　　　在产数量:1 200 件　　　　　　　　金额单位:元

| 项目 | 直接材料 | 直接人工 | 制造费用 | 合计 |
|---|---|---|---|---|
| 月初在产品成本 | 28 000 | 5 000 | 7 000 | 40 000 |
| 本月发生生产费用 | 700 000 | 225 000 | 315 000 | 1 240 000 |
| 生产费用合计 | 728 000 | 230 000 | 322 000 | 1 280 000 |

(续表)

| 项目 | 直接材料 | 直接人工 | 制造费用 | 合计 |
|---|---|---|---|---|
| 约当总产量(件) | 5 200 | 4 600 | 4 600 | — |
| 半成品单位成本 | 140 | 50 | 70 | 260 |
| 完工半成品成本 | 560 000 | 200 000 | 280 000 | 1 040 000 |
| 月末在产品成本 | 168 000 | 30 000 | 42 000 | 240 000 |

**第三步**：计算第三步骤产品成本，如表10-30所示。

表10-30 三车间(第三步骤)产品成本计算单

时间：2022年10月　　　　　完工数量：4 800件
产品名称：T3型甲产成品　　在产数量：600件　　　　　　　金额单位：元

| 项目 | 直接材料 | 直接人工 | 制造费用 | 合计 |
|---|---|---|---|---|
| 月初在产品成本 | 364 000 | 14 000 | 28 000 | 406 000 |
| 本月发生生产费用 | 1 040 000 | 88 000 | 176 000 | 1 304 000 |
| 生产费用合计 | 1 404 000 | 102 000 | 204 000 | 1 710 000 |
| 约当总产量(件) | 5 400 | 5 100 | 5 100 | — |
| 半成品单位成本 | 260 | 20 | 40 | 320 |
| 完工甲产成品成本 | 1 248 000 | 96 000 | 192 000 | 1 536 000 |
| 月末在产品成本 | 156 000 | 6 000 | 12 000 | 174 000 |

**第四步**：账务处理。

第一步完工A半成品结转第二步骤的账务处理：
借：基本生产成本(第二步骤)　　　　　　　　　　　　　　　　700 000
　　贷：基本生产成本(第一步骤)　　　　　　　　　　　　　　700 000
第二步完工B半成品结转第三步骤的账务处理：
借：基本生产成本(第三步骤)　　　　　　　　　　　　　　　1 040 000
　　贷：基本生产成本(第二步骤)　　　　　　　　　　　　　1 040 000
结转完工产品成本：
借：库存商品——甲产品　　　　　　　　　　　　　　　　　1 536 000
　　贷：基本生产成本(第三步骤)　　　　　　　　　　　　　1 536 000

【说明】在综合逐步结转分步法下，采用实际成本计价，对下一步骤领用半成品成本的计算必须等上一步骤计算出半成品的成本以后才能进行，造成各生产步骤半成品或完工产品成本的计算不能同步进行，而且按品种计算各生产步骤耗用半成品实际成本的工作量也较大。

为了加速和简化核算工作，半成品也可以采用计划成本计价。各生产步骤领用半成品时，先按计划成本借"基本生产成本"账户，贷记"原材料——自制半成品"账户。月末计算出完工半成品实际成本时，根据验收入库的半成品数量，按计划成本借"原材料——自制半成品"账户，按实际成本贷记"基本生产成本"账户，将计划成本与实际成的差额列入"半成品成本差异"账户。同时,比照原材料按计划成本核算方法,计算出半成品差异分配率,分配生产领用半成品应负担的半成品差异,将领用半成品的计划成本调整为实际成本。其计算公式和差异分配的会计处理均与材料成本差异的计算公式和会计处理相类同,不再复述。

从上例可以看出,采用综合逐步结转分步法结转半成品成本,从各步骤的产品成本明细账中可以看出各步骤产品所耗上一步骤半成品费用的水平和本步骤加工费用的水平,从而有利于各生产步骤的管理。但是,如果管理上要求提供按原始成本项目反映的产成品成本资料,就需要进行成本还原。

采用综合逐步结转分步法结转半成品成本,上步骤完工半成品成本结转到下步骤时是以"自制半成品"项目综合反映的。因此,在最终完工产品的成本构成中,绝大部分是最后一个步骤所耗上步骤的半成品成本,包括了前面各步骤的料、工、费,而人工费用和制造费用则仅仅是最后一个步骤发生的费用。这样计算出来的产品成本,有两个明显的缺点:①不能提供按原始成本项目反映的成本资料,产品的成本项目混乱。②不符合产品成本结构实际,扭曲了成本结构状况,不便于进行成本分析和考核,也不利于加强对产品成本的管理。因此,需要对综合逐步结转分步法计算出来的产品成本进行成本还原。

2. 综合结转方式下逐步结转分步法的成本还原

1) 成本还原的概念及原理

成本还原是指将最终完工产品成本中所耗半成品的综合成本逐步分解,还原为以"直接材料""直接人工""制造费用"等原始成本项目反映的产品成本,从而求得按其原始成本项目反映的产品成本资料。

成本还原采取倒序法,从最后一个步骤起把各步骤所耗上一步骤半成品的综合成本,按照上一步骤所产半成品成本的结构或总额比例,逐步向前分解到上一步骤,逐步还原成规定的原始成本项目,然后将各步骤还原后的成本项目数额相加,即求出该产品按规定原始成本项目反映的产成品成本。

2) 成本还原的两种方式

(1) 按结构比重法还原:即按上步骤各成本项目占全部成本的比重(成本的结构比率)进行还原。

具体做法是:首先要确定各步骤完工产品的成本结构,然后从最后一个生产步骤开始,将产成品成本中的半成品综合成本乘以前一步骤该种半成品的各成本项目的比重,就可以把综合成本进行分解;如果成本计算在两步以上,还必须逐次将未还原的半成品成本,按上述方法依次还原,直至将半成品成本还原为原始成本项目。其计算公式为:

项目还原分配率＝上步骤完工半成品成本项目金额÷上步骤完工半成品成本合计

成本项目还原数＝本月完工产品耗用上步骤半成品综合成本×项目还原分配率

成本还原过程与产品的生产过程相反。

【工作实例10-4】沿用【工作实例10-3】的资料,按结构比重法还原,其还原过程如表10-31所示。

表 10-31　产品成本还原计算表(结构比重还原法)

完工数量:4 800 件　　　　　　　　　　　　　　　　　　　　　　　　　　　　　金额单位:元

| 项目 | 自制半成品 | | 直接材料 | 直接人工 | 制造费用 | 合计 |
| --- | --- | --- | --- | --- | --- | --- |
| | T3-B | T3-A | | | | |
| 还原前产成品成本 | 1 248 000 | | | 96 000 | 192 000 | 1 536 000 |
| 第二步半成品成本 | | 560 000 | | 200 000 | 280 000 | 1 040 000 |
| 二车间成本结构(%) | | 53.85 | | 19.23 | 26.92 | 100 |
| 第一次成本还原 | | 672 048 | | 239 990.4 | 335 961.6 | 1 248 000 |
| 第一步半成品成本 | | | 500 000 | 50 000 | 150 000 | 700 000 |
| 一车间成本结构(%) | | | 71.43 | 7.14 | 21.43 | 100 |
| 第二次成本还原 | | | 480 043.9 | 47 984.2 | 144 019.9 | 672 048 |
| 还原后产成品成本 | | | 480 043.9 | 383 974.6 | 671 981.5 | 1 536 000 |
| 还原后单位成本 | | | 100 | 80 | 140 | 320 |

(2) 按总额比例法还原:

成本还原分配率＝本月本步骤产成品耗用上步骤半成品合计÷本月上步骤所产该种半成品成本合计

成本项目还原数＝上步骤本月所产该种半成品的项目成本×成本还原分配率

**【工作实例10-5】** 沿用【工作实例10-3】的资料,按总额比例法还原,如表 10-32 所示。

表 10-32　产品成本还原计算表(总额比例还原法)

完工数量:4 800 件　　　　　　　　　　　　　　　　　　　　　　　　　　　　　金额单位:元

| 项目 | 成本还原率 | 自制半成品 | | 直接材料 | 直接人工 | 制造费用 | 合计 |
| --- | --- | --- | --- | --- | --- | --- | --- |
| | | T3-B | T3-A | | | | |
| 还原前产成品成本 | | 1 248 000 | | | 96 000 | 192 000 | 1 536 000 |
| 第二步半成品成本 | | | 560 000 | | 200 000 | 280 000 | 1 040 000 |
| 第一次成本还原 | 1.2 | | 672 000 | | 240 000 | 336 000 | 1 248 000 |
| 第一步半成品成本 | | | | 500 000 | 50 000 | 150 000 | 700 000 |
| 第二次成本还原 | 0.96 | | | 480 000 | 48 000 | 144 000 | 672 000 |
| 还原后产成品成本 | | | | 480 000 | 384 000 | 672 000 | 1 536 000 |
| 还原后单位成本 | | | | 100 | 80 | 140 | 320 |

第一次成本还原率＝1 248 000÷1 040 000＝1.2

第二次成本还原率＝672 000÷700 000＝0.96

由于以前月份所产半成品的成本构成与本月所产半成品的成本构成不可能完全一致,在各月所产半成品的成本构成变动较大的情况下,按照上述方法进行成本还原,对还原结果的正确性就会有较大的影响。在这种情况下，产成品所耗半成品费用可以按定额成本或计划成本的成本构成进行还原，上述成本还原计算表第二行按成本项目分列的第一步骤半成品成本应改为按成本项目分列的半成品定额或计划的单位成本。

综上所述，采用综合逐步结转分步法结转半成品成本，从各步骤的产品成本明细账中可以看出各步骤产品所耗上一步骤半成品费用的水平和本步骤加工费用的水平，从而有利于各生产步骤的管理。但是，如果管理上要求提供按原始成本项目反映的产成品成本资料，就需要进行成本还原。

3. 分项结转方式下的逐步结转分步法
1) 分项结转方式下的逐步结转分步法的概述及适用范围

分项逐步结转分步法，是将各生产步骤所耗上一步骤半成品成本，按照成本项目分项转入各该步骤产品成本明细账的各个相应成本项目的一种成本计算方法。如果半成品通过半成品库收发，那么，在自制半成品明细账中登记半成品成本时，也要按照成本项目分别登记。该方法一般适用于在管理上不要求计算各步完工产品所耗半成品费用和本步骤加工费用，而要求按原始成本项目计算产品成本的企业。

采用分项逐步结转分步法，半成品费用结转可以按照实际成本结转，也可以按照计划成本结转，然后再按成本项目分项调整其成本差异。但按照计划成本结转调整其成本差异的工作量较大，因此在实际工作中多采用按实际成本分项结转的方法。

2) 分项结转方式下的逐步结转分步法的特点

(1) 分项结转是将半成品成本按成本项目，分别转入下步骤的相应成本项目。

(2) 直接反映产品成本的原始构成项目，明确成本构成，不需要进行成本还原，便于从整个企业角度考核和分析产品成本计划的执行情况。

(3) 分项结转下，各步骤各成本项目发生的生产费用合并反映，成本结转比较复杂，转账手续比较烦琐，工作量大，而且在各步骤完工产品的成本中看不出所耗上一步骤半成品的费用和本步骤加工费用的水平，不便于进行完工产品成本分析。

3) 分项结转方式下的逐步结转分步法的操作步骤

(1) 根据规定的方法计算登记一车间或第一步骤的产品成本计算单或明细账。

(2) 根据一车间的成本计算单，将一车间完工的半成品成本按料、工、费项目结转到二车间的成本计算单或明细账，再根据"月初＋上步骤转入＋本月发生加工费"，计算并登记结转二车间产品成本计算单或明细账。

【提示】本步骤的加工费用是对本步骤一定数量(包括完工产品和在产品)的产品进行加工而发生的费用。

(3) 同样的方法根据三车间的"月初＋上步骤转入＋本月发生加工费"，计算并登记结转三车间的产品成本计算单或明细账。

4) 分项结转方式下的逐步结转分步法计算产品成本

在分项逐步结转分步法下，各生产步骤所耗上一步骤半成品成本，需要按照成本项目分项转入各该步骤产品成本明细账的各个相应成本项目，要求按原始成本项目计算各步骤产品的成本。

分项结转方式下的逐步结转分步法的成本核算岗位的主要任务有以下五项：①根据

各生产步骤或车间开设基本生产明细账或成本计算单,按成本项目"直接材料""直接人工""制造费用"设专栏;②分配要素费用,并根据规定的方法计算登记一车间或第一步骤的产品成本计算单或明细账;③根据一车间的成本计算单,将一车间完工的半成品成本按料、工、费项目结转到二车间的成本计算单或明细账中,再根据"月初+上步骤转入+本月发生加工费",计算并登记结转二车间产品成本计算单或明细账;④以同样的方法,根据三车间的"月初+上步骤转入+本月发生加工费",计算并登记结转三车间的产品成本计算单或明细账;⑤根据成本计算单,计算各步骤完工产品和在产品成本,结转完工产品成本。

分项逐步结转分步法核算产品成本

【工作实例10-6】沿用【工作实例10-3】的资料,相关资料如表10-33、表10-34所示。

表10-33 产品产量　　　　　　　　　　　　　　　　　　　　单位:件

| 项目 | 月初在产品 | 本月投入(转入) | 本月完工 | 月末在产品 |
|---|---|---|---|---|
| 一车间 | 1 600 | 4 400 | 5 000 | 1 000 |
| 二车间 | 200 | 5 000 | 4 000 | 1 200 |
| 三车间 | 1 400 | 4 000 | 4 800 | 600 |

表10-34 月初在产品成本　　　　　　　　　　　　　　　　　单位:元

| 项目 | 月初及本月费用 | 直接材料 | 直接人工 | 制造费用 | 合计 |
|---|---|---|---|---|---|
| 一车间 | 月初在产品成本 | 160 000 | 8 000 | 24 000 | 192 000 |
| | 本月发生生产费用 | 440 000 | 47 000 | 141 000 | 628 000 |
| 二车间 | 月初在产品成本 | 20 000 | 7 000 | 13 000 | 40 000 |
| | 本月发生生产费用 | — | 225 000 | 315 000 | 540 000 |
| 三车间 | 月初在产品成本 | 140 000 | 98 000 | 168 000 | 406 000 |
| | 本月发生生产费用 | — | 88 000 | 176 000 | 264 000 |

要求:采用分项结转方式下的逐步结转分步法计算产品成本。

操作步骤如下:

**第一步**:根据生产费用及产量资料计算A半成品成本和月末在产品成本,编制A半成品基本生产成本明细账,如表10-35所示。

表10-35 一车间(第一步骤)产品成本计算单

时间:2022年10月　　　　　　完工数量:5 000件
产品名称:T3型A半成品　　　在产数量:1 000件　　　　金额单位:元

| 项目 | 直接材料 | 直接人工 | 制造费用 | 合计 |
|---|---|---|---|---|
| 月初在产品成本 | 160 000 | 8 000 | 24 000 | 192 000 |
| 本月发生生产费用 | 440 000 | 47 000 | 141 000 | 628 000 |
| 生产费用合计 | 600 000 | 55 000 | 165 000 | 820 000 |
| 约当总产量(件) | 6 000 | 5 500 | 5 500 | — |

(续表)

| 项目 | 直接材料 | 直接人工 | 制造费用 | 合计 |
|---|---|---|---|---|
| 半成品单位成本 | 100 | 10 | 30 | 140 |
| 完工半成品成本 | 500 000 | 50 000 | 150 000 | 700 000 |
| 月末在产品成本 | 100 000 | 5 000 | 15 000 | 120 000 |

**第二步**：在产品成本计算单中，月初在产品成本应根据上月月末在产品成本登记；本月发生费用应根据本月各种费用分配表登记；本月完工产品成本和月末在产品成本应根据约当产量法计算后登记。

根据一车间完工半成品交库单，编制会计分录：

借：基本生产成本（第二步骤） 700 000
　　贷：基本生产成本（第一步骤） 700 000

**第三步**：根据一车间的成本计算单，将一车间完工的半成品成本按料、工、费项目结转到二车间的成本计算单或明细账中，再根据"月初＋上步骤转入＋本月发生加工费"，计算并登记结转二车间产品成本计算单或明细账，如表10-36所示。

表10-36　二车间（第二步骤）产品成本计算单

时间：2022年10月　　　　　完工数量：4 000件
产品名称：T3型B半成品　　在产数量：1 200件　　　　　　　金额单位：元

| 项目 | 直接材料 | 直接人工 | 制造费用 | 合计 |
|---|---|---|---|---|
| 月初在产品成本 | 20 000 | 7 000 | 13 000 | 40 000 |
| 本月耗用上步骤成本 | 500 000 | 50 000 | 150 000 | 700 000 |
| 本月发生生产费用 | — | 225 000 | 315 000 | 540 000 |
| 生产费用合计 | 520 000 | 282 000 | 478 000 | 1 280 000 |
| 半成品单位成本 | 100 | 60 | 100 | 260 |
| 完工半成品成本 | 400 000 | 240 000 | 400 000 | 1 040 000 |
| 月末在产品成本 | 120 000 | 42 000 | 78 000 | 240 000 |

**【说明】** 上步骤转来半成品的单位成本：料、工、费分别为100元/件、10元/件、30元/件。

本步骤本月发生加工费的单位成本：

直接人工＝225 000÷(4 000＋1 200×50%－200×50%)＝50(元/件)

制造费用＝315 000÷(4 000＋1 200×50%－200×50%)＝70(元/件)

第二车间完工半成品成本：

直接材料＝4 000×100＝400 000(元)

直接人工＝4 000×(10＋50)＝240 000(元)

制造费用＝4 000×(30＋70)＝400 000(元)

第二车间月末在产品成本：

直接材料＝1 200×100＝120 000(元)
直接人工＝1 200×10+1 200×50%×50＝42 000(元)
制造费用＝1 200×30+1 200×50%×70＝78 000(元)

**第四步：** 以同样的方法，根据三车间的"月初+上步骤转入+本月发生加工费"，计算并登记结转三车间的产品成本计算单或明细账，如表 10-37 所示。

表 10-37  三车间(第三步骤)产品成本计算单

时间：2022 年 10 月　　　　　完工数量：4 800 件
产品名称：T3 型甲产成品　　　在产数量：600 件　　　　　　　　　金额单位：元

| 项目 | 直接材料 | 直接人工 | 制造费用 | 合计 |
|---|---|---|---|---|
| 月初在产品成本 | 140 000 | 98 000 | 168 000 | 406 000 |
| 本月耗用上步骤成本 | 400 000 | 240 000 | 400 000 | 1 040 000 |
| 本月发生生产费用 | — | 88 000 | 176 000 | 264 000 |
| 生产费用合计 | 540 000 | 426 000 | 744 000 | 1 710 000 |
| 半成品单位成本 | 100 | 80 | 140 | 320 |
| 完工产成品成本 | 480 000 | 384 000 | 672 000 | 1 536 000 |
| 月末在产品成本 | 60 000 | 42 000 | 72 000 | 174 000 |

【说明】上步骤转来半成品的单位成本：料、工、费分别为 100 元/件、60 元/件、100 元/件。

本步骤本月发生加工费的单位成本：

直接人工＝88 000÷(4 800+600×50%－1 400×50%)＝20(元/件)
制造费用＝176 000÷(4 800+600×50%－1 400×50%)＝40(元/件)

三车间完工产成品成本：

直接材料＝4 800×100＝480 000(元)
直接人工＝4 800×(60+20)＝384 000(元)
制造费用＝4 800×(100+40)＝672 000(元)

三车间月末在产品成本：

直接材料＝600×100＝60 000(元)
直接人工＝600×60+600×50%×20＝42 000(元)
制造费用＝600×100+600×50%×40＝72 000(元)

**第五步：** 根据成本计算单，计算各步骤完工产品和在产品成本，结转完工产品成本。根据三车间完工甲产成品交库单，编制会计分录：

借：库存商品——甲产品　　　　　　　　　　　　　1 536 000
　　贷：基本生产成本(第三步骤)　　　　　　　　　　　1 536 000

从上述实例我们可以看出，逐步结转分步法的综合结转与分项结转的共同点是：半成品成本都是随着半成品实物的转移而结转的，各生产步骤基本生产成本明细账的余额反映处在各个生产步骤的在产品成本，有利于加强在产品的实物管理和生产资金管理；其不同点是:半成品成本在下一生产步骤成本计算单中的反映形式不同,前者综合反映,后者分项反映。

综上所述,采用分项逐步结转分步法结转半成品成本,可以直观、准确地提供按原始成本项目反映的企业产品成本资料,便于从整个企业的角度考核和分析产品成本计划的执行情况,不需要进行成本还原。但是,这一方法的成本结转工作比较复杂,不便于进行各步骤完工产品的成本分析和成本管理。因此,分项结转法一般适用于管理上不要求计算各步骤完工产品所耗半成品费用和本步骤加工费用,而要求按原始成本项目计算产成品成本的企业。

【思考】分项结转与综合结转的最大区别在哪里?

## 五、平行结转分步法

### (一)平行结转分步法的概念及适用范围

平行结转分步法是将各生产步骤应计入相同完工产品成本的份额平行汇总,计算完工产品成本的方法。平行结转分步法按生产步骤归集生产费用,月末计算出各生产步骤应计入当期完工产品成本的"份额",然后进行加总确定完工产品成本。平行结转分步法只计算完工产品成本,并不计算各生产步骤的半成品成本。因此,平行结转分步法也被称作"不计算半成品成本的分步法"。

平行结转分步法是在管理上不要求提供各生产步骤半成品资料的情况下采用的,适用于大量、大批多步骤装配式或连续式生产但并不需要计算半成品成本,半成品不需要销售的企业。平时各生产步骤都归集本步骤发生的原材料费用和加工费用,前一生产步骤完工的半成品转入下一生产步骤继续加工时,只转移半成品实物,不转移半成品成本。到月末再采用一定的分配方法,确定每一生产步骤应计入完工产品成本的费用"份额",进行汇总计算求得完工产品成本。

各生产步骤不需要计算半成品成本,只计算本步骤发生的各项费用以及这些费用中应计入产成品成本的"份额"。将相同产品的各步骤成本明细账中的这些份额平行结转、汇总,计算出该种产品的产成品成本。这种结转各步骤成本的方法,被称为平行结转分步法,也称"不计算半成品成本分步法"。该方法适用于大量、大批多步骤装配式或连续式生产但并不需要计算半成品成本,半成品不需要销售、种类多、外销少的企业。

### (二)平行结转分步法的成本计算步骤

(1)设置产品成本明细账:按产品分步骤设置,用以计算各步骤归集的生产费用总额。

(2)归集各产品各步骤生产费用,区分直接费用和间接费用。

(3)开设成本计算单进行期末成本处理:确定各步骤应计入完工产品成本的份额。

(4)汇总计算完工产品成本:汇总各步骤的份额进行合计。

### (三)平行结转分步法的核算程序图

平行结转分步法的核算程序如图10-4所示。

### (四)平行结转分步法与逐步结转分步法的区别

1. 在产品含义不同

逐步结转分步法所指的在产品是指本步骤尚未完工,仍需要在本步骤继续加工的在

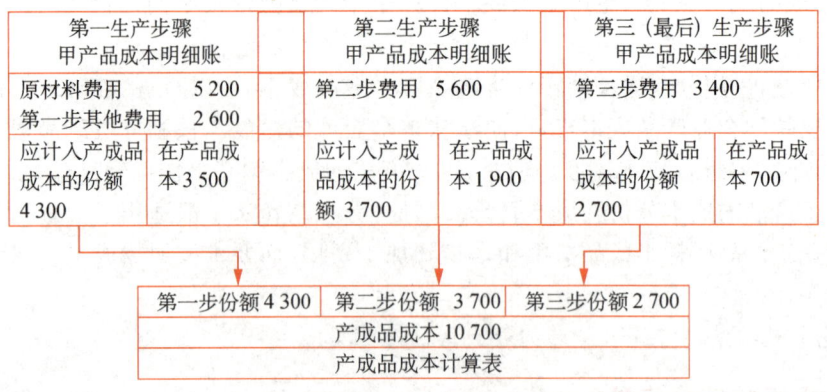

图 10-4　平行结转分步法的核算程序图(单位:元)

产品,是狭义的在产品。

平行结转分步法所指的在产品是指本步骤尚未完工以及后面各步骤仍在加工,尚未最终完工的在产品,因此是广义的在产品。

2. 半成品成本的处理方法不同

逐步结转分步法要求各步骤计算出半成品成本,由最后一步计算出完工产品成本,所以又称"计算半成品成本分步法"。平行结转分步法各步骤只计算本步骤生产费用应计入产成品成本的"份额",最后将各步骤应计入产成品成本的"份额"平行汇总,计算出最终完工产品的成本,因此又称"不计算半成品成本分步法"。

3. 产成品成本结转方式与计算方法不同、完工产品的概念不同

逐步结转分步法所指的完工产品是指各步骤的完工产品,通常是半成品,只有最后步骤的完工产品才是产成品。因此,它是广义的完工产品。逐步结转分步法的成本费用随半成品的转移而结转到下一步骤的生产成本费用中去,即成本费用随实物的转移而转移。因此,各步骤生产的成本费用既包括本步骤发生的费用,又包括上一步骤转来的费用。产品在最后步骤完工时计算出来的成本,就是完工产品成本。

平行结转分步法所指的完工产品是指最后步骤的完工产品。因此,它是狭义的完工产品。完工产品的成本由各步骤平行转出的"份额"汇总而成。平行结转分步法的生产费用并不随半成品的转移而转入下一步骤,因此各步骤生产的成本费用仅是本步骤发生的成本费用。产品最终完工时,各步骤将产成品在本步骤应承担的成本费用"份额"转出,并由此汇总出完工产品成本。

4. 成本计算的及时性不同

逐步结转分步法按加工顺序计算成本,不够及时;平行结转分步法各步骤可以同时进行成本计算并平等计入份额,成本计算比较及时。

5. 账户设置不同

平行结转分步法不设"自制半成品"账户;逐步结转分步法可以设半成品账户。

(五) 平行结转分步法的运用举例

【工作实例 10-7】龙达公司 2022 年 10 月生产 A 产品,经过两个生产步骤,每步骤耗用前一步骤 1 件半成品,所用原材料在生产开始时一次投入,采用定额比例法计算完工产

平行结转分步法核算产品成本

品与在产品成本。本月完工产品 2 000 件。有关资料如表 10-38、表 10-39 所示。

表 10-38  产品定额

| 项目 | 原材料定额消耗量（千克） | | 定额生产工时（小时） | |
| --- | --- | --- | --- | --- |
| | 第一步骤 | 第二步骤 | 第一步骤 | 第二步骤 |
| 完工产品 | 20 000 | — | 22 000 | 4 000 |
| 在产品 | 5 000 | — | 8 000 | 1 000 |

表 10-39  月初在产品成本与本月生产费用  单位：元

| 项目 | 费用资料 | 直接材料 | 直接人工 | 制造费用 | 合计 |
| --- | --- | --- | --- | --- | --- |
| 第一步骤 | 月初在产品成本 | 78 000 | 14 400 | 4 800 | 97 200 |
| | 本月生产费用 | 252 000 | 93 600 | 60 000 | 405 600 |
| 第二步骤 | 月初在产品成本 | — | 14 400 | 9 600 | 24 000 |
| | 本月生产费用 | — | 87 600 | 74 400 | 162 000 |

要求：用平行结转分步法计算完工产品成本。

操作步骤如下：

**第一步**：计算第一步骤产品成本，如表 10-40 所示。

表 10-40  第一步骤产品成本计算单

产品名称：A 产品　　　时间：2022 年 10 月　　　完工数量：2 000 件　　　金额单位：元

| 项目 | 定额耗量（千克） | 定额工时（小时） | 直接材料 | 直接人工 | 制造费用 | 合计 |
| --- | --- | --- | --- | --- | --- | --- |
| 月初在产品成本 | | | 78 000 | 14 400 | 4 800 | 97 200 |
| 本月生产费用 | | | 252 000 | 93 600 | 60 000 | 405 600 |
| 生产费用合计 | | | 330 000 | 108 000 | 64 800 | 502 800 |
| 费用分配率 | | | 13.2 | 3.6 | 2.16 | — |
| 完工产品成本 | 20 000 | 22 000 | 264 000 | 79 200 | 47 520 | 390 720 |
| 月末在产品成本 | 5 000 | 8 000 | 66 000 | 28 800 | 17 280 | 112 080 |

**第二步**：计算第二步骤产品成本，如表 10-41 所示。

表 10-41  第二步骤产品成本计算单

产品名称：A 产品　　　时间：2022 年 10 月　　　完工数量：2 000 件　　　金额单位：元

| 项目 | 定额工时（小时） | 直接材料 | 直接人工 | 制造费用 | 合计 |
| --- | --- | --- | --- | --- | --- |
| 月初在产品成本 | | | 14 400 | 9 600 | 24 000 |

（续表）

| 项目 | 定额工时（小时） | 直接材料 | 直接人工 | 制造费用 | 合计 |
|---|---|---|---|---|---|
| 本月生产费用 | | | 87 600 | 74 400 | 162 000 |
| 生产费用合计 | | | 102 000 | 84 000 | 186 000 |
| 费用分配率 | | | 20.4 | 16.8 | — |
| 完工产品成本 | 4 000 | | 81 600 | 67 200 | 148 800 |
| 月末在产品成本 | 1 000 | | 20 400 | 16 800 | 37 200 |

第三步：计算产品成本，如表 10-42 所示。

表 10-42　产品成本计算单

产品名称：A 产品　　　　时间：2022 年 10 月　　　完工数量：2 000 件　　　　　　金额单位：元

| 项目 | 直接材料 | 直接人工 | 制造费用 | 合计 |
|---|---|---|---|---|
| 第一步骤计入份额 | 264 000 | 79 200 | 47 520 | 390 720 |
| 第二步骤计入份额 | | 81 600 | 67 200 | 148 800 |
| 产成品总成本 | 264 000 | 160 800 | 114 720 | 539 520 |
| 产成品单位成本 | 132 | 80.4 | 57.36 | 269.76 |

## 任务实施

任务实施视频

### 一、活动思考

问题：产品成本计算分步法的特点及适用范围是什么？

_____
_____
_____

### 二、活动提升

"慎而思之，勤而行之。"成本计算工作是严谨细致的工作，计算工作量大，在成本核算中你应如何做到细致谨慎？

### 三、活动实施

活动实施情况如表 10-43 所示。

表 10-43　活动实施情况

| 活动步骤 | 活动要求 | 活动安排 | 活动记录 |
|---|---|---|---|
| 步骤 1<br>职业沟通练习 | 在实际工作中,成本会计人员要具备扎实的专业能力,也要有良好的沟通能力等。以小组为单位分配角色,通过角色扮演、小组讨论,练习人与人之间的沟通能力 | 具体活动 1:角色选择 | 附表 10-7 |
| | | 具体活动 2:角色扮演 | 附表 10-7 |
| | | 具体活动 3:模拟评价 | 附表 10-8 |
| 步骤 2<br>知识准备 | 产品成本计算分步法 | 学习微课 | 梳理知识点 |
| 步骤 3<br>成本还原计算表 | 填制成本还原计算表 | 计算表 | 附表 10-9、附表 10-10 |

附表 10-7　工作记录单

| 角色 | 学生姓名 | 沟通内容等 |
|---|---|---|
| 成本会计 | | |
| 财务经理 | | |
| 仓储人员 | | |
| 组长签字: | | |

附表 10-8　模拟评价表

| 组号 | 参加展示人数 | 评价 | | 小组排序 |
|---|---|---|---|---|
| | | 语言表达最好的学生 | 模拟最好的学生 | |
| | | | | |
| | | | | |
| | | | | |
| | | | | |
| | | | | |
| | | | | |

附表 10-9　第一次成本还原计算表

| 项目 | 还原分配率 | 半成品 | 直接材料费用 | 直接人工费用 | 制造费用 | 合计 |
|---|---|---|---|---|---|---|
| 还原前产品成本 | | | | | | |
| 第二步骤半成品成本 | | | | | | |
| 半成品费用还原 | | | | | | |
| 还原后产成品成本 | | | | | | |

附表 10-10　第二次成本还原计算表

| 项目 | 还原分配率 | 半成品 | 直接材料费用 | 直接人工费用 | 制造费用 | 合计 |
|---|---|---|---|---|---|---|
| 第一次还原后产成品成本 | | | | | | |
| 第一步骤半成品成本 | | | | | | |
| 半成品费用还原 | | | | | | |
| 还原后产成品成本 | | | | | | |

 任务评价

任务评价表如表 10-44 所示。

表 10-44　任务评价表

课堂测验

| 一级指标 | 二级指标 | 评价内容 | 分值 | 自评 | 互评 | 教师 | 企业导师 |
|---|---|---|---|---|---|---|---|
| 职业能力（30 分） | 思维能力 | 能够从不同的角度提出问题，分析问题并解决问题 | 1 | | | | |
| | 自学能力 | 能够通过自己已有的知识经验来独立地获取新的知识和信息 | 2 | | | | |
| | 实践操作能力 | 能够根据自己获取的知识正确地完成工作任务 | 10 | | | | |
| | 创新能力 | 在小组讨论中能够与他人交流自己的想法，敢于标新立异 | 5 | | | | |
| | | 能够跳出固有的知识，提出自己的见解，培养自己的创新性 | 5 | | | | |
| | 表达能力 | 能够正确地组织和撰写分析报告等 | 5 | | | | |
| | 合作能力 | 能够为小组提供信息、质疑、归类和总结，提出方法，阐明观点 | 2 | | | | |
| 学习策略（20 分） | 学习方法 | 根据本次任务实际情况对自己的学习方法进行调整 | 10 | | | | |
| | 自我调控 | 能够根据本次任务正确地使用学习方法 | 4 | | | | |
| | | 能够利用学习资源等正确地整合各种学习方法 | 6 | | | | |

(续表)

| 一级指标 | 二级指标 | 评价内容 | 分值 | 自评 | 互评 | 教师 | 企业导师 |
|---|---|---|---|---|---|---|---|
| 职业标准（50分） | 职业岗位能力 | 根据成本资料,采用分步法计算产品成本并进行成本还原 | 30 | | | | |
| | | 为规范企业成本核算流程,提出建议及解决方案 | 20 | | | | |

## 任务总结

学生根据任务评价表填写,总结三维目标的达成度,如表10-45所示。

表10-45　任务总结

| 项目 | | 总结 |
|---|---|---|
| 素质提升 | 提升 | |
| | 欠缺 | |
| 知识掌握 | 掌握 | |
| | 欠缺 | |
| 能力达成 | 达成 | |
| | 欠缺 | |
| 改进措施 | | |

沉没成本与
增量成本

## 任务三　其他方法

任务情境

计算类内各种产品成本。

### 一、产品成本计算的分类法

#### （一）分类法的概念

分类法是指把产品的类别作为成本计算对象归集生产费用，在计算出各类产品总成本的基础上，再按一定标准和方法在类内各种产品之间分配费用，计算类内各种产品成本的一种成本计算方法。分类法是一种简化的成本计算方法，必须与成本计算的各种基本方法结合使用。

#### （二）分类法的特点

1. 以产品的类别作为成本计算对象

划分产品类别，将产品类别作为成本计算对象，是分类法独有的特点。采用该方法时，先根据产品的结构、所用原材料及工艺技术过程的不同，将产品划分为若干类别；当生产费用发生时，按照产品类别归集生产费用，直接费用直接计入，共同耗用的费用按一定的标准分配计入，正确计算各类产品的成本。

2. 产品成本计算期由生产特点及管理要求决定

每个企业每个产品的生产特点及管理要求不同，且分类法是成本计算的辅助方法，需要与成本计算的基本方法结合使用，因而采用分类法时其成本计算期要由成本计算的基本方法决定。如果采用品种法或分步法并结合运用分类法，则应定期在月末进行成本计算；如果结合运用分批法，则成本计算期不固定，与生产周期一致。

3. 月末需要将各类产品的生产费用在完工产品和月末在产品之间进行分配

与产品成本计算的基本方法一样，采用分类法计算产品成本时，月末需要在完工产品和月末在产品之间分配生产费用。为简化成本计算，采用分类法计算产品成本时，完工产品和月末在产品成本的分配只在各大类产品中进行,月末在产品成本不分配给类内各种产品。

### (三) 分类法的适用范围

凡是产品的品种、规格繁多,但根据产品的结构、所用原材料和工艺过程的不同,可以将产品划分为若干类的企业或车间,均可以采用分类法计算成本。分类法与产品的生产类型无直接联系,可以在各种类型的生产中应用。具体来说,分类法主要适用于以下几种情况:

(1) 工业企业在生产过程中对同一种原材料进行加工,可以生产出两种或两种以上的主要产品,这些产品被称为联产品。比如,炼油厂经过同一加工过程,从原油中提炼汽油、煤油、柴油等联产品。联产品所用的原料和工艺过程相同,所以最适合采用分类法计算成本。

(2) 企业生产的品种相同但质量不同的产品。如果不同质量的产品是由于内部结构、所用原材料的质量或生产工艺的要求不同而产生的,那么这些产品应是同一品种不同规格的产品,可以归为一类,采用分类法计算成本。

(3) 企业除生产主要产品以外,还生产一些零星产品。这些零星产品虽然内部结构、所耗原材料和工艺过程不一定完全相近,但是它们的品种、规格多,而且数量少,费用比重小。为了简化成本计算工作,我们也可以将这些零星产品归为几类,采用分类法计算成本。

### (四) 分类法的成本计算程序

#### 1. 合理确定产品类别

根据产品的性质、用途、特点、耗用原材料和生产工艺过程的不同,将产品划分为若干类别。在划分产品类别时,所确定的类距要适当。如果类距过大,产品分类太少,划分过粗,类内产品太多,会使品种、规格相差较大的产品成本相同,影响产品成本计算的准确性;如果类距过小,划分过细,类内产品数量过少,会增加成本计算的工作量。例如:鞋厂可以按照耗用的不同原材料,将产品分为塑料鞋、布鞋、皮鞋等类别;轧钢厂可以根据产品的结构将产品分为原钢、钢板、角钢、钢管等类别。

#### 2. 按照产品类别设立生产成本明细账,归集生产费用

按照产品类别设立生产成本明细账,按照规定的成本项目归集各类产品发生的生产费用,计算各类产品的总成本。

#### 3. 计算类内各种产品成本

采用合理的分配标准,分配计算类内各种产品的总成本和单位成本。在计算类内产品成本时,各种产品之间费用分配的标准有定额消耗量、定额费用、售价、体积、长度、重量等。在选择费用分配标准时,应考虑它与产品生产消耗高低的关系,选择与产品各项消耗的高低有密切联系的分配标准。在实际工作中,一般采用系数分配法或定额比例法。为简化计算,各类在产品成本往往不分配到类内各种产品。

### (五) 分类法的应用

#### 1. 系数分配法

系数分配法是指将各类产品的总成本在类内各种产品之间按照系数进行分配的方法。这里的系数是指类内各种产品的分配标准数与标准产品的分配标准数之间的比例关

系。系数可以根据定额消耗量、定额成本、产品体积、产品重量等技术经济指标确定。此系数一经确定,在一定时期内应稳定不变。系数分配法的计算步骤具体如下:

(1)确定分配标准及标准产品。企业应选择与费用关系最密切的因素作为分配标准,如定额消耗量、定额成本、重量、体积、长度、产品售价等。

(2)将分配标准折算成相对固定的系数。在确定系数时,应在同类产品中选择一种产量较大、生产正常、售价稳定的产品或规格折中的产品作为标准产品,将其系数设为1,其他各种产品的系数按照如下公式计算:

某种产品的系数=该种产品的分配标准数÷类内标准产品的分配标准数

(3)确定总系数。将类内各种产品的产量折算为标准产量即总系数。

某种产品的总系数(标准产量)=该种产品的实际产量×该种产品的系数

(4)按各种产品总系数分配计算类内各种产品成本。计算出总系数后,按照如下公式计算各成本项目费用分配率及某产品某项目应分配的费用:

某成本项目费用分配率=某成本项目费用总额÷类内各种产品总系数之和

某种产品某项目应分配的费用=该产品总系数×该项目费用分配率

**【工作实例10-8】** 龙达公司生产的产品品种、规格繁多,其中A、B、C三种产品采用的生产工艺过程、使用的原材料都相同,可以划分为一类进行产品成本计算,该类产品成为甲类产品,按系数分配法分配生产费用。直接材料按照各种产品的原材料定额成本系数分配,直接人工等其他项目按照各种产品的定额工时系数分配。该类产品中A产品为标准产品。2022年6月有关产品产量、分配标准和成本计算等资料如表10-46至表10-48所示。

表10-46 产品产量和定额工时表

| 产品类别 | 产品名称 | 计量单位 | 产量(件) | 单位产品定额工时(小时) |
| --- | --- | --- | --- | --- |
| 甲类 | A产品 | 件 | 1 000 | 220 |
| | B产品 | 件 | 800 | 330 |
| | C产品 | 件 | 240 | 308 |

表10-47 单位产品材料消耗定额和计划单价

| 产品类别 | 产品名称 | 材料编号 | 消耗定额(千克) | 计划单价(元) |
| --- | --- | --- | --- | --- |
| 甲类 | A产品 | 101 | 180 | 2 |
| | | 205 | 100 | 2.8 |
| | | 310 | 40 | 3 |
| | B产品 | 101 | 150 | 2 |
| | | 205 | 90 | 2.8 |
| | | 310 | 44 | 3 |
| | C产品 | 101 | 138 | 2 |
| | | 205 | 120 | 2.8 |
| | | 310 | 100 | 3 |

表 10-48 甲类产品成本计算单　　　　　　　　　　　　　　　　　单位:元

| 月 | 日 | 项目 | 直接材料 | 直接人工 | 制造费用 | 合计 |
|---|---|---|---|---|---|---|
| 6 | 1 | 月初在产品成本 | 6 280 | 5 700 | 10 760 | 22 740 |
| 6 | 30 | 本月发生费用 | 806 160 | 238 660 | 214 014 | 1 258 834 |
|  | 30 | 合计 | 812 440 | 244 360 | 224 774 | 1 281 574 |
|  | 30 | 完工产品成本 | 783 120 | 238 384 | 215 560 | 1 237 064 |
|  | 30 | 在产品成本 | 29 320 | 5 976 | 9 214 | 44 510 |

要求:运用系数分配法计算龙达公司各种完工产品总成本及单位成本。

操作步骤如下:

**第一步**:计算确定直接材料费用系数与定额工时系数,计算结果如表 10-49 所示。

表 10-49 甲类产品系数计算表　　　　　　　　　　　　　　　　　金额单位:元

| 产品类别 | 产品名称 | 单位产品材料费用 | | | | 直接材料系数 | 工时定额 | 工时系数 |
|---|---|---|---|---|---|---|---|---|
| | | 原材料编号 | 消耗定额（千克） | 计划单价 | 定额成本 | | | |
| 甲类 | A产品 | 101 | 180 | 2 | 360 | 1 | 220 | 1 |
| | | 205 | 100 | 2.8 | 280 | | | |
| | | 310 | 40 | 3 | 120 | | | |
| | | 小计 | | | 760 | | | |
| | B产品 | 101 | 150 | 2 | 300 | 684÷760=0.9 | 330 | 330÷220=1.5 |
| | | 205 | 90 | 2.8 | 252 | | | |
| | | 310 | 44 | 3 | 132 | | | |
| | | 小计 | | | 684 | | | |
| | C产品 | 101 | 138 | 2 | 276 | 912÷760=1.2 | 308 | 308÷220=1.4 |
| | | 205 | 120 | 2.8 | 336 | | | |
| | | 310 | 100 | 3 | 300 | | | |
| | | 小计 | | | 912 | | | |

**第二步**:计算总系数,如表 10-50 所示。

表 10-50 甲类产品总系数计算表

| 项目 | 产量（件） | 材料费用系数 | 材料费用总系数 | 定额工时系数 | 定额工时总系数 |
|---|---|---|---|---|---|
| A产品 | 1 000 | 1 | 1 000 | 1 | 1 000 |
| B产品 | 800 | 0.9 | 720 | 1.5 | 1 200 |
| C产品 | 240 | 1.2 | 288 | 1.4 | 336 |
| 合计 | | | 2 008 | | 2 536 |

**第三步**：计算分配率及类内各种产品成本，如表 10-51 所示。

表 10-51　甲类产品成本计算表　　　　金额单位：元

| 项目 | 材料费用总系数 | 定额工时总系数 | 直接材料 | 直接人工 | 制造费用 | 合计 | 单位成本（元/件） |
|---|---|---|---|---|---|---|---|
| 分配率 |  |  | 390 | 94 | 85 |  |  |
| A 产品 | 1 000 | 1 000 | 390 000 | 94 000 | 85 000 | 569 000 | 569 |
| B 产品 | 720 | 1 200 | 280 800 | 112 800 | 102 000 | 495 600 | 619.50 |
| C 产品 | 288 | 336 | 112 320 | 31 584 | 28 560 | 172 464 | 718.60 |
| 合计 | 2 008 | 2 536 | 783 120 | 238 384 | 215 560 | 1 237 064 |  |

表中相关数据计算如下：

(1) 计算分配率：

某成本项目费用分配率＝某成本项目费用总额÷类内各种产品总系数之和

材料费用分配率＝783 120÷2 008＝390(元)

人工费用分配率＝238 384÷2 536＝94(元)

制造费用分配率＝215 560÷2 536＝85(元)

(2) 计算类内某产品应分配的某成本项目费用：

类内某产品应分配的某成本项目费用＝该产品总系数×某成本项目费用分配率

A 产品应分配的直接材料＝1 000×390＝390 000(元)

B 产品应分配的直接材料＝720×390＝280 800(元)

C 产品应分配的直接材料＝288×390＝112 320(元)

直接材料、制造费用分配过程同上。

2. 定额比例法

定额比例法是对某类产品的总成本按类内各种产品的定额比例进行分配，计算各种产品成本的方法。

在分类法下，对各项费用的消耗制定有定额的企业，可以采用定额比例法，将某类成本在类内各产品之间进行分配，直接材料费用一般按照原材料定额消耗量或原材料费用比例分配，还可将材料费用定额折算为系数进行分配，其他成本项目按照定额工时比例分配。

## 二、产品成本计算的定额法

### (一) 定额法的概念

定额法是以产品的定额成本为基础，加上(或减去)脱离定额差异、材料成本差异和定额变动差异，来计算产品实际成本的一种方法。

定额法是成本计算的辅助方法，采用该方法时，成本计算与成本管理相结合，能促使企业加强成本管理，进行成本控制。采用定额法计算产品成本，实际成本计算公式为：

实际成本＝产品定额成本±脱离定额差异±材料成本差异±定额变动差异

## (二)定额法的特点

1. 事前制定产品的各项定额

定额法的应用方式是将事先制定的产品消耗定额、费用定额和定额成本作为降低成本的目标,从而对产品成本进行事前控制。

2. 分别核算定额成本和脱离定额差异

在日常发生生产费用时,分别核算符合定额的费用和脱离定额差异。月末,在定额成本的基础上,增减各种成本差异,计算产品实际成本。这样将成本差异发生的地点、原因,差异发生的责任和差异对成本的影响及时反映出来,为成本定期考核和分析提供依据。

3. 定额法并非独立的产品成本计算方法

定额法是产品成本计算的辅助方法,它是一种对产品进行直接控制、管理的方法,必须与品种法、分批法、分步法等基本方法结合使用。

## (三)定额法的适用范围

定额法是产品成本计算的辅助方法,它与生产类型没有直接联系,适用于各种类型的生产。但是,为了充分发挥定额法的优势,并且简化工作量,采用定额法时,需要具备两个条件:一是企业的定额管理制度比较健全,定额管理工作的基础比较好;二是产品的生产类型已经确定,各项消耗定额比较准确、稳定。

## (四)定额法的成本计算过程

1. 计算产品定额成本

定额成本是根据企业现行的消耗定额、工时定额、费用定额及其他有关资料计算的产品成本,是一种目标成本。定额成本一般由企业的财会部门会同企业计划、技术、生产等部门共同制定。先制定产品的原材料消耗定额和工时定额,再根据各消耗定额和原材料计划单价、计划小时工资率、计划小时费用率,计算产品的各项费用定额和产品的单位定额成本。具体计算工时如下:

直接材料定额成本=产品原材料消耗定额×原材料计划单价

直接人工定额成本=产品生产工时定额×计划小时工资率

制造费用定额成本=产品生产工时定额×计划小时费用率

**【工作实例10-9】** 龙达公司大量生产A、B、C三种产品,采用定额法计算产品成本,产品定额成本根据零件定额卡、部件定额卡直接计算。2022年7月,有关零件定额卡、部件定额卡如表10-52、表10-53所示。

表10-52 零件定额卡

零件编号、名称:L101挡板　　　　2022年7月

| 材料编号、名称 | 计量单位 | 材料消耗定额 |
| --- | --- | --- |
| D2000钢板 | 千克 | 11 |
| 工序编号 | 工时定额 | 累计工时定额 |
| 1 | 2 | 2 |
| 2 | 2 | 3 |

表 10-53　部件定额卡

部件编号、名称：M601 钢槽　　　　　　2022 年 7 月　　　　　　金额单位：元

| 所需零件编号、名称 | 所用零件数量（件） | 材料定额成本 ||||||  金额合计 | 工时定额 |
|---|---|---|---|---|---|---|---|---|---|
| | | K1101 ||| K1102 ||| | |
| | | 数量（千克） | 计划单价 | 金额 | 数量（千克） | 计划单价 | 金额 | | |
| L101 | 3 | 30 | 3.8 | 114 | | | | 114 | 9 |
| L102 | 2 | | | | 16 | 3.5 | 56 | 56 | 6 |
| 装配 | | | | | | | | | 3 |
| 合计 | | | | 114 | | | 56 | 170 | 18 |

| 定额成本项目 |||||| 部件定额成本合计 |
|---|---|---|---|---|---|---|
| 直接材料 | 直接人工 ||| 制造费用 || |
| | 计划小时工资率 | 金额 || 计划小时费用率 | 金额 | |
| 170 | 50 | 900 || 10 | 180 | 1 250 |

要求：计算产品定额成本。

操作过程为：根据零件定额卡、部件定额卡资料计算产品定额成本，并编制产品定额成本计算表，如表 10-54 所示。

表 10-54　产品定额成本计算表

产品编号、名称：E782 组合槽　　　　　　2022 年 7 月　　　　　　金额单位：元

| 所用部件编号、名称 | 所用部件数量（件） | 直接材料费用定额 || 工时定额（小时） ||
|---|---|---|---|---|---|
| | | 部件 | 产品 | 部件 | 产品 |
| M601 | 2 | 170 | 340 | 18 | 36 |
| M502 | 2 | 110 | 220 | 25 | 50 |
| 装配 | | | | | 3 |
| 合计 | | | 560 | | 89 |

| 产品定额成本项目 |||||| 产品定额成本合计 |
|---|---|---|---|---|---|---|
| 直接材料 | 直接人工 ||| 制造费用 || |
| | 计划小时工资率 | 金额 || 计划小时费用率 | 金额 | |
| 560 | 50 | 4 450 || 10 | 890 | 5 900 |

**【提示】** 在计算定额成本时，如果产品零件、部件不多，一般是先计算各种零件、部件的定额成本，然后汇总计算产品的定额成本。如果零件、部件较多，为简化计算工作，可以不分别计算各种零件的定额成本，而是根据列有各种零件原材料消耗定额和工时定额的"零件定额卡"，以及原材料的计划单价、计划小时工资率和计划小时费用率，计算部件定额成本，再汇总计算产品的定额成本；或根据零件定额卡和部件定额卡直接计算产品定额成本。

## 2. 计算脱离定额差异

脱离定额差异是指在生产过程中,各项实际发生的生产费用脱离现行定额或预算的数额。它标志着企业各项生产费用支出的合理程度和执行现行定额的工作质量。脱离定额差异按成本项目分为直接材料脱离定额差异、直接人工脱离定额差异和制造费用脱离定额差异。

### 1) 直接材料脱离定额差异的计算

直接材料脱离定额差异的计算方法,一般有限额领料法、切割核算法和盘存法三种。

(1) 限额领料法。在限额领料法中,原材料的领用实行限额领料(或定额发料)制度,企业按限额领料单中所规定的限额领料。若因产量增加需要增加用料,应办理追加限额手续,仍用限额领料单领料,不属于超额领料。凡是由于其他原因而造成的超限额领料或领用代用材料,应填制专设的超限额领料单、代用材料领料单等差异凭证,经过一定的审批手续后领发。超额领用的材料,全部是定额差异。代用材料并不都是定额差异,要先计算所领的代用材料相当于原规定材料的数量,然后再计算差异。

月末,应根据车间余料编制退料手续,退料单也是一种差异凭证。退料单中的原材料数额和限额领料单中的原材料余额,都是原材料脱离定额的节约差异。

有关计算公式如下:

本期原材料定额消耗量=本期投产产品数×单位定额消耗量

本期原材料实际消耗量=本期领用原材料数量+期初结余原材料数量-期末结余原材料数量

本期原材料脱离定额差异=(本期原材料实际消耗量-本期原材料定额消耗量)×原材料计划单价

(2) 切割核算法。对于一些贵重材料或大量使用且需要切割才能使用的材料(如板材、钢材等),应采用切割法核算。按切割材料的批别设置材料切割计算单,单中填明所发切割材料的种类、数量、消耗定额和应切割成的毛坯数量;切割完毕,再填写实际切割成的毛坯数量和材料的实际消耗量。根据实际切割成的毛坯数量和消耗定额,即可计算出材料定额消耗量,以此与材料实际消耗量相比,即可确定材料脱离定额差异。材料定额消耗量和脱离定额的差异,也应填入材料切割核算单中,并应注明发生差异的原因,由主管人员签章。材料切割单的格式如表 10-55 所示。

**表 10-55 材料切割计算单**

材料编号:M1001　　材料数量单位:千克　　材料计划单价:3.40 元
产品名称:甲产品　　零件编号或名称:2003　　图纸号:904
切割工人姓名:张三　　机床编号:308　　金额单位:元

| 发料数量 | | | 退回余料数量 | | | 材料实际消耗量 | | 废料实际回收量 | |
|---|---|---|---|---|---|---|---|---|---|
| 278 | | | 6 | | | 266 | | 9.60 | |
| 单件消耗定额 | 单件回收废料定额 | | 应切割的毛坯数量 | 实际割成毛坯数量 | | 材料定额消耗量 | | 废料定额回收量 | |
| 7 | 0.20 | | 38 | 35 | | 245 | | 7 | |
| 材料脱离定额差异 | | | 废料脱离定额差异 | | | 脱离定额差异原因 | | | 责任者 |
| 数量 | 单价 | 金额 | 数量 | 单价 | 金额 | 未按设计图纸切割,增加了边料,减少了毛坯 | | | 张三 |
| 21 | 9 | 189 | 2.60 | 0.40 | -1.04 | | | | |

表 10-55 中相关数据计算如下：

应切割的毛坯数量＝266÷7＝38(件)

材料定额消耗量＝35×7＝245(千克)

废料定额回收量＝35×0.20＝7(千克)

材料脱离定额差异＝(266－245)×9＝189(元)

废料脱离定额差异＝(7－9.6)×0.40＝－1.04(元)

材料脱离定额总差异＝189－1.04＝187.96(元)

材料脱离定额总差异 187.96 元为超支差，其中，回收废料超过定额的差异可以冲减材料费用，应为负数列示。

(3) 盘存法。对于不能采用切割法核算的材料，为了更好地控制用料，应通过定期盘存的方法计算用料差异。具体程序如下：

**第一步**：用本期完工产品数量加上期末在产品数量，减去期初在产品数量，算出本期投产产品数量。

**第二步**：计算原材料定额消耗量，计算公式为：

原材料定额消耗量＝产品投产数量×原材料消耗定额

**第三步**：根据限额领料单、超限额领料单和退料单等凭证，以及车间余料的盘存数量汇总计算原材料实际消耗量。

**第四步**：计算原材料脱离定额差异，计算公式为：

原材料脱离定额差异＝(原材料实际消耗量－原材料定额消耗量)×原材料的计划单价

由于盘存法下消耗量是倒挤得到的，计算结果不够准确。该方法适用于连续式大量生产的企业。

总之，在实际工作中，不论采用哪种方法，都应定期或分批将各种领料凭证和差异凭证按照产品成本计算对象汇总，编制直接材料定额费用和脱离定额差异汇总表，如表 10-56 所示。表中应详细列明该批或该种产品所耗各种原材料的定额消耗量、计划单位成本、定额费用、脱离定额差异及差异原因，并据以登记生产成本明细账和各种产品成本计算单。

表 10-56 直接材料定额费用和脱离定额差异汇总表

产品名称：甲产品　　　　　　　　　　20××年×月　　　　　　　　　　金额单位：元

| 原材料类别 | 材料编号 | 数量单位 | 计划单位成本 | 定额费用 | | 计划价格费用 | | 脱离定额差异 | | 差异原因 |
|---|---|---|---|---|---|---|---|---|---|---|
| | | | | 数量 | 金额 | 数量 | 金额 | 数量 | 金额 | |
| 原料 | 3 001 | 千克 | 8 | 5 500 | 44 000 | 6 000 | 48 000 | 500 | 4 000 | |
| 主要材料 | 3 002 | 千克 | 10 | 4 700 | 47 000 | 5 000 | 50 000 | 300 | 3 000 | |
| 合计 | | | | | 91 000 | | 98 000 | | 7 000 | |

2) 直接人工脱离定额差异的计算

直接人工脱离定额差异的计算，因企业采用的工资制度不同而有所不同。

(1) 计件工资制度下直接人工脱离定额差异的核算。在计件工资下，生产工人工资脱离定额差异的计算与原材料脱离定额差异的计算类似。符合定额的生产工人工资，应该反映在产量记录中；脱离定额的差异，通常反映在专设的补付单等工资差异凭证中。工资差异凭证应填明差异原因，并经过一定的审批手续。

(2) 计时工资下直接人工脱离定额差异的核算。在计时工资制度下，因为直接人工脱离定额的差异不能在平时按照产品直接计算，所以平时只以工时进行考核，只有在月末实际直接人工费用总额确定以后，才能按照如下公式计算：

计划小时工资率＝计划产量的直接人工费用÷计划产量的定额生产工时

实际小时工资率＝实际直接人工费用÷实际生产总工时

某产品定额直接人工费用＝该产品实际产量定额生产工时×计划小时工资率

某产品实际直接人工费用＝该产品实际产量实际生产工时×实际小时工资率

某产品直接人工脱离定额差异＝该产品实际直接人工费用－该产品定额直接人工费用

无论采用哪种工资形式，都应根据计算资料，按照成本计算对象汇编直接人工定额费用和脱离定额差异汇总表，如表 10-57 所示。

表 10-57　直接人工定额费用和脱离定额差异汇总表　　　金额单位：元

| 产品名称 | 直接人工定额费用 | | | 直接人工实际费用 | | | 脱离定额差异 |
| --- | --- | --- | --- | --- | --- | --- | --- |
| | 定额工时（小时） | 计划小时工资率 | 定额工资 | 实际工时（小时） | 实际小时工资率 | 实际工资 | |
| A 产品 | 17 000 | 8 | 136 000 | 17 500 | 9 | 157 500 | 21 500 |
| B 产品 | 11 000 | 8 | 88 000 | 12 000 | 9 | 108 000 | 20 000 |
| C 产品 | 12 000 | 8 | 96 000 | 12 500 | 9 | 112 500 | 16 500 |
| 合计 | 40 000 | | 320 000 | 42 000 | | 378 000 | 58 000 |

3) 制造费用脱离定额差异的核算

在生产多种产品的企业中，制造费用属于间接费用，在日常核算中不能按照产品直接确定脱离定额差异，只有到月末确定实际制造费用总额后，比照计时工资制度下直接人工脱离定额差异的计算方法确定制造费用脱离定额的差异。

3. 计算材料成本差异

材料成本差异是指采用定额法时，由于原材料或半成品的日常核算采用计划成本计价而产生的实际成本与计划成本之间的差异。

在定额法下，为了便于产品的考核和分析，原材料的日常核算必须按照计划成本进行。原材料脱离定额的差异，是按计划单位成本反映的数量差异，即量差。月末，在计算产品的实际原材料费用时，还应考虑产品所耗原材料应负担的成本差异问题，即所耗原材料的价差。

某种产品应分配的原材料成本差异＝(该产品原材料定额成本±材料脱离定额差异)×原材料成本差异率

此时，产品实际成本＝产品定额成本±脱离定额差异±原材料成本差异

4. 计算定额变动差异

定额变动差异是指由于修订消耗定额或计划价格而产生的新旧定额之间的差额。在修订消耗定额以后，定额成本也应随之修订。

企业一般在月初、季初或年初定期修订定额成本。在定额变动的月份，月初在产品的

定额成本并未修订,它仍然是按照原(旧)定额计算的。为了将按原定额计算的月初在产品定额成本和按新定额计算的本月投入的产品定额成本,在新定额的同一基础上相加起来,以便计算产品的实际成本,还应该计算月初在产品的定额变动差异,以调整月初在产品的定额成本。为了简化计算工作量,可以按照以下系数折算的方法计算:

定额变动系数=按新定额计算的单位产品定额费用÷按旧定额计算的单位产品定额费用

月初在产品定额变动差异=按旧定额计算的月初在产品成本×(1-定额变动系数)

此时,产品实际成本=产品定额成本±脱离定额差异±原材料成本差异±定额变动差异

【工作实例10-10】龙达公司 A 产品的一些零件从某月 1 日起实行新的原材料消耗定额,旧的单位产品原材料定额消耗费用为 24 元,新的原材料定额消耗费用为 22.8 元。该产品月初在产品按旧定额计算的原材料定额消耗费用为 24 000 元。月初在产品定额变动差异计算如下:

定额变动系数=22.8÷24=0.95

月初在产品定额变动差异=24 000×(1-0.95)=1 200(元)

5. 定额法应用举例

【工作实例10-11】龙达公司是大量、大批生产的机械加工企业,定额管理基础较好,该企业采用定额法计算产品成本。相关资料如下:

(1)产品定额成本计算表,如表10-58 所示。

表 10-58 产品定额成本计算表

产品名称:A 产品　　　　　　　　　2022 年 1 月　　　　　　　　　金额单位:元

| 材料编号或名称 | 数量单位 | 材料消耗定额 | 计划单价 | 材料费用定额 |
|---|---|---|---|---|
| A202 | 千克 | 60 | 20 | 1 200 |

| 工时定额 | 直接人工 | | 制造费用 | | 产品定额成本合计 |
|---|---|---|---|---|---|
| | 小时工资率 | 金额 | 小时费用率 | 金额 | |
| 40 | 6 | 240 | 7 | 280 | 1 720 |

该企业在开始生产时一次投入产品所需的原材料。由于生产工艺技术的改进,该企业于 2022 年 1 月对材料消耗定额进行修订,原材料消耗定额为 57.6 千克,材料费用定额为 1 152 元。

(2)月初在产品定额成本和脱离定额差异表,如表10-59所示。

表 10-59 月初在产品定额成本和脱离定额差异表

产品名称:A 产品　　　　　　　　　2022 年 1 月　　　　　　　　　　　单位:元

| 成本项目 | 定额成本 | 脱离定额差异 |
|---|---|---|
| 直接材料 | 12 000 | -600 |
| 直接人工 | 1 200 | 100 |
| 制造费用 | 1 400 | 160 |
| 合计 | 14 600 | -340 |

(3) 本月生产量和生产费用：A 产品月初在产品 10 件，本月投产 50 件，本月完工 45 件，月末在产品 12 件；月初、月末在产品完工程度均为 50%，本月产品生产发生的定额工时为 1 960 小时。根据限额领料单，本月实际领用材料 2 823.6 千克，材料成本差异率为 4%，实际生产工人工资为 12 470 元，实际制造费用为 12 760 元。月初在产品定额变动差异及材料成本差异由完工产品负担。

要求：计算 A 产品本月完工产品和月末在产品成本。

操作过程如下：

(1) 本月产品定额成本和脱离定额差异汇总表，如表 10-60 所示。

表 10-60　产品定额成本和脱离定额差异汇总表

产品名称：A 产品　　　　　　　　2022 年 1 月　　　　　　　　　　　　单位：元

| 成本项目 | 定额成本 | 实际费用 | 脱离定额差异 |
| --- | --- | --- | --- |
| 直接材料 | 57 600 | 56 472 | −1 128 |
| 直接人工 | 11 769 | 12 470 | 701 |
| 制造费用 | 13 720 | 12 760 | −960 |
| 合计 | 83 089 | 81 702 | −1 387 |

(2) 材料成本差异及定额变动差异计算如下：

A 产品材料成本差异=(57 600−1 128)×4%=2 258.88(元)

定额变动系数=1 152÷1 200=0.96

月初在产品定额变动差异=12 000×(1−0.96)=480(元)

(3) 计算 A 产品本月完工产品和月末在产品成本，编制产品成本计算表，如表 10-61 所示。

表 10-61　产品成本计算单

产品名称：A 产品　　　　　　　　2022 年 1 月　　　　　　　　　　　　单位：元

| 项目 | | 行次 | 直接材料 | 直接人工 | 制造费用 | 成本合计 |
| --- | --- | --- | --- | --- | --- | --- |
| 月初在产品成本 | 定额成本 | 1 | 12 000 | 1 200 | 1 400 | 14 600 |
| | 脱离定额差异 | 2 | −600 | 100 | 160 | −340 |
| 月初在产品定额变动 | 定额成本调整 | 3 | −480 | | | −480 |
| | 定额变动差异 | 4 | 480 | | | 480 |
| 本月生产费用 | 定额成本 | 5 | 57 600 | 11 769 | 13 720 | 83 089 |
| | 脱离定额差异 | 6 | −1 128 | 701 | −960 | −1 387 |
| | 材料成本差异 | 7 | 2 258.88 | | | 2 258.88 |
| 生产费用合计 | 定额成本 | 8=1+3+5 | 69 120 | 12 969 | 15 120 | 97 209 |
| | 脱离定额差异 | 9=2+6 | −1 728 | 801 | −800 | −1 727 |
| | 材料成本差异 | 10=7 | 2 258.88 | | | 2 258.88 |
| | 定额变动差异 | 11=4 | 480 | | | 480 |

(续表)

| 项目 | | 行次 | 直接材料 | 直接人工 | 制造费用 | 成本合计 |
|---|---|---|---|---|---|---|
| 脱离定额差异分配率 | | 12＝9÷8 | －0.025 | 0.061 763 | －0.052 91 | |
| 产成品成本 | 定额成本 | 13 | 54 568 | 11 443 | 13 341 | 79 352 |
| | 脱离定额差异 | 14＝13×12 | －1 364.20 | 707.18 | －705.74 | －1 363.76 |
| | 材料成本差异 | 15＝10 | 2 258.88 | | | 2 258.88 |
| | 定额变动差异 | 16＝11 | 480 | | | 480 |
| | 实际成本 | 17＝13＋14＋15＋16 | 55 942.68 | 12 150.18 | 12 635.26 | 80 728.12 |
| 月末在产品成本 | 定额成本 | 18 | 14 552 | 1 526 | 1 779 | 17 857 |
| | 脱离定额差异 | 19＝18×12 | －363.80 | 94.31 | 94.11 | －175.38 |

## 三、作业成本法

### (一) 作业成本法的产生背景及其含义

**1. 作业成本法的产生背景**

随着"机器取代人"的自动化制造时代来临，企业的经营环境正在发生巨大改变。伴随这种改变，产品或劳务的成本结构亦发生重大改变，其特征就是直接人工成本比重大大下降，制造费用（主要是折旧费用等固定成本）比重大大增加。因此，制造费用的分配科学与否将很大程度上决定产品成本计算的准确性和成本控制的有效性。

传统的成本计算方法存在两个重要缺陷：一是将固定成本分摊给不同种类产品。按照这种做法，随着产量的增加，单位产品分摊的固定成本下降，即使单位变动成本不变，平均成本也会随产量增加而下降，在销售收入不变的情况下，增加生产量可以使部分固定成本被存货吸收，减少当期销货成本，增加当期利润，从而刺激经理人员过度生产。变动成本法是针对这个缺陷被提出来的。二是产生误导决策的成本信息。在传统的成本计算方法下，制造费用通常按直接人工等产量基础分配。实际上，有许多制造费用项目不是产量的函数，而与生产批次等其他变量存在因果关系。全部按产量基础分配制造费用，会产生误导决策的成本信息。作业成本法是针对这个缺陷被提出来的。

**2. 作业成本法的含义**

作业成本法是指以"作业消耗资源、产出消耗作业"为原则，按照资源动因将资源费用追溯或分配至各项作业，计算出作业成本，然后再根据作业动因，将作业成本追溯或分配至各成本对象，最终完成成本计算的成本管理方法。

实际上，作业成本法是将间接成本和辅助费用更准确地分配到产品和服务上的一种成本计算方法。依据作业成本法的观念，企业的全部经营活动是由一系列相互关联的作业组成的，企业每进行一项作业都要耗用一定的资源；与此同时，产品（包括提供的服务）被一系列的作业生产出来。产品成本是全部作业所消耗资源的总和，产品是消耗全部作业的成果。在计算产品成本时，首先按经营活动中发生的各项作业来归集成本，计算出作业成本；然后再按各项作业成本与成本对象（产品、服务或顾客）之间的因果关系，将作业成本分配到成本对象,最终完成成本计算过程。

在作业成本法下,直接成本可以直接计入有关产品,与传统的成本计算方法并无差异,只是直接成本的范围比传统成本计算的要大,凡是便于追溯到产品的材料、人工和其他成本都可以直接归属于特定产品,尽量减少不准确的分配。不能追溯到产品的成本,则先追溯到有关作业或分配到有关作业,计算作业成本,然后再将作业成本分配到有关产品。

### (二)作业成本法的核心概念

作业成本法的核心概念是作业和成本动因。

#### 1. 作业

作业是指企业基于特定目的重复执行的任务或活动,是连接资源和成本对象的桥梁。一项作业既可以是一项非常具体的任务或活动,也可以泛指一类任务或活动。例如,签订材料采购合同,将材料运达仓库,对材料进行质量检验,办理入库手续,登记材料明细账等。每一项作业是针对加工或服务对象重复执行特定的或标准化的活动。例如,轴承工厂的车工作业,无论加工何种规格型号的轴承外套,都须经过将加工对象(工件)的毛坯固定在车床的卡盘上,开动机器进行切削,然后将加工完毕的工件从卡盘上取下等相同的特定动作和程序。

企业可按照受益对象、层次和重要性,将作业分为以下五类,并分别设计相应的作业中心。

1) 产量级作业

产量级作业是指明确地为个别产品(或服务)实施的,使单个产品(或服务)受益的作业。该类作业的数量与产品(或服务)的数量呈正比例变动。其包括产品加工、检验等。

2) 批别级作业

批别级作业是指为一组(或一批)产品(或服务)实施的,使该组(或批)产品(或服务)受益的作业。该类作业的发生是由生产的批量数而不是单个产品(或服务)引起的,其数量与产品(或服务)的批量数呈正比变动。其包括设备调试、生产准备等。

3) 品种级作业

品种级作业是指为生产和销售某种产品(或服务)实施的,使该种产品(或服务)的每个单位都受益的作业。该类作业用于产品(或服务)的生产或销售,但独立于实际产量或批量,其数量与品种的多少呈正比例变动。其包括新产品设计、现有产品质量与功能改进、生产流程监控、工艺变换需要的流程设计、产品广告等。

4) 客户级作业

客户级作业是指为服务特定客户所实施的作业。该类作业保证企业将产品(或服务)销售给个别客户,但作业本身与产品(或服务)数量独立。其包括向个别客户提供的技术支持活动、咨询活动、独特包装等。

5) 设施级作业

设施级作业是指为提供生产产品(或服务)的基本能力而实施的作业。该类作业是开展业务的基本条件,其使所有产品(或服务)都受益,但与产量或销量无关。其包括管理作业、针对企业整体的广告活动等。

#### 2. 成本动因

成本动因是指作业成本或产品成本的驱动因素。例如,产量增加时,直接材料成本就增加。产量是直接材料成本的驱动因素,即直接材料的成本动因。再如,检验成本随着检验次数的增加而增加,检验次数就是检验成本的驱动因素,即检验成本的成本动因。在作业成本法中,成本动因分为资源成本动因和作业成本动因两类。

1) 资源成本动因

资源成本动因是引起作业成本增加的驱动因素,用来衡量各项作业的资源消耗量。依据资源成本动因,可以将资源成本分配给各有关作业。例如,产品质量检验工作(作业)需要有检验人员、专用的设备,并耗用一定的能源(电力)等。检验作业作为成本对象(亦称成本库),所耗用的各项资源构成了检验作业的成本。其中,检验人员的工资、专用设备的折旧费等成本,一般可以直接归属于检验作业;而能源成本往往不能直接计入。需要根据设备额定功率(或根据历史资料统计的每小时平均耗电数量)和设备开动时间来分配。这里,"设备的额定功率乘以开动时间"就是能源成本的动因,设备开动导致能源成本发生,设备的功率乘以开动时间的数值(动因数量)越大,所耗用的能源越多。按"设备的额定功率乘以开动时间"这一动因作为能源成本的分配基础,可以将检验专用设备所耗用的能源成本分配到检验作业当中。

2) 作业成本动因

作业成本动因是衡量一个成本对象(产品、服务或顾客)需要的作业量,是产品成本增加的驱动因素。作业成本动因计量各成本对象耗用作业的情况,并被用来作为作业成本的分配基础。例如,每批产品完工后都需进行质量检验,如果对任何产品的每一批次进行质量检验所发生的成本相同,则检验的"次数"就是检验作业的成本动因,它是引起产品检验成本增加的驱动因素。某一会计期间发生的检验作业总成本(包括检验人工成本、设备折旧、能源成本等)除以检验的次数,即为每次检验所发生的成本。某种产品应承担的检验作业成本等于该种产品的批次乘以每次检验发生的成本。产品完成的批次越多,则需要进行检验的次数越多,应承担的检验作业成本越多;反之,则应承担的检验作业成本越少。

## (三) 作业成本计算的具体应用

企业应用作业成本法,一般按照资源识别及资源费用的确认与计量、成本对象选择、作业认定、作业中心设计、资源动因选择与计量、作业成本归集、作业动因选择与计量、作业成本分配、作业成本信息报告等程序进行。

1. 资源识别及资源费用的确认与计量

识别出由企业拥有或控制的所有资源,遵循国家统一的会计制度,合理选择会计政策,确认和计量全部资源费用,编制资源费用清单,为资源费用的追溯或分配奠定基础。

资源识别及资源费用的确认与计量应由企业的财务部门负责,在基础设施管理、人力资源管理、研究与开发、采购、生产、技术、营销、服务、信息等部门的配合下完成。

2. 成本对象选择

在作业成本法下,企业应将当期所有的资源费用,遵循因果关系和受益原则,根据资源动因和作业动因,分项目经由作业追溯分配至相关的成本对象,确定成本对象的成本。

企业应根据国家统一的会计制度,并考虑预算控制、成本管理、营运管理、业绩评价以及经济决策等方面的要求确定成本对象。一般可以按照产品品种、批别或步骤作为成本对象。

3. 作业认定

作业认定是指企业识别由间接或辅助资源执行的作业集,确认每一项作业完成的工作以及执行该作业所耗费的资源费用,并据以编制作业清单的过程。

作业认定的内容主要包括对企业每项消耗资源的作业进行识别、定义和划分,确定每项作业在生产经营活动中的作用、同其他作业的区别以及每项作业与耗用资源之间的关系。

4. 作业中心设计

作业中心设计是指企业将认定的所有作业按照一定的标准进行分类,形成不同的作业中心,作为资源费用追溯或分配对象的过程。

作业中心可以是某一项具体的作业,也可以是由若干个相互联系的能够实现某种特定功能的作业的集合。

5. 作业成本归集及资源动因选择与计量

作业成本归集是指企业根据资源耗用与作业之间的因果关系,将所有的资源成本直接追溯或按资源动因分配至各作业中心,计算各作业总成本的过程。

资源动因是引起资源耗用的成本动因,它反映了资源耗用与作业量之间的因果关系。资源动因选择与计量为将各项资源费用归集到作业中心提供了依据。企业应识别当期发生的每一项资源消耗,分析资源耗用与作业中心作业量之间的因果关系,选择并计量资源动因。企业一般应选择那些与资源费用总额呈正比例关系变动的资源动因作为资源费用分配的依据。

6. 作业动因的选择与计量

作业动因是引起作业耗用的成本动因,反映了作业耗用与最终产出的因果关系,是将作业成本分配到流程、产品、分销渠道、客户等成本对象的依据。对于选择的作业动因,企业应采用相应的方法和手段进行计量,以取得作业动因量的可靠数据。

7. 作业成本分配

作业成本分配是指企业将各作业中心的作业成本按作业动因分配至产品等成本对象,并结合直接追溯的资源费用,计算出各成本对象的总成本和单位成本的过程。

8. 作业成本信息报告

作业成本信息报告的目的是通过设计、编制和报送具有特定内容和格式要求的作业成本报表,向企业内部各有关部门和人员提供其所需要的作业成本及其他相关信息。

作业成本报表的内容和格式应根据企业内部管理需要来确定。作业成本报表提供的信息一般应包括以下内容:

(1) 企业拥有的资源及其分布以及当期发生的资源费用总额及其具体构成的信息。

(2) 每一成本对象总成本、单位成本及其消耗的作业类型、数量及单位作业成本的信息,以及产品盈利性分析的信息。

(3) 每一作业或作业中心的资源消耗及其数量、成本以及作业总成本与单位成本的信息。

(4) 与资源成本分配所依据的资源动因以及作业成本分配所依据的作业动因相关的信息。

(5) 资源费用、作业成本以及成本对象成本预算完成情况及其原因分析的信息。

(6) 有助于作业、流程、作业链(或价值链)持续优化的作业效率、时间和质量等方面的非财务信息。

(7) 有助于促进客户价值创造的有关增值作业与非增值作业的成本信息及其他信息。

(8) 有助于业绩评价与考核的作业成本信息及其他相关信息。

**【工作实例10-12】** 龙达公司同时生产A1、A2两种产品,单位售价分别为270元/件和175元/件。2022年10月,该公司发生的制造费用总计700 000元,过去该公司按制造成本法计算产品成本,制造费用按直接人工工时进行分配。经过核算,A1、A2两种产品均实现盈利。但管理者认为,这种粗放式计算分配制造费用的方法不正确,往往掩盖了成本管理的实质问题。为此,公司采用作业成本法进行成本核算。有关历史资料如表10-62所示。

表10-62 产品相关资料表

| 项目 | A1产品 | A2产品 |
| --- | --- | --- |
| 产量(件) | 5 000 | 10 000 |
| 单位产品直接材料成本(元/件) | 120 | 80 |
| 材料用量(千克) | 25 000 | 20 000 |
| 单位产品直接人工工时(小时/件) | 4 | 3 |
| 机器调整次数 | 25 | 15 |
| 产品抽检比例 | 50% | 30% |
| 小时工资率 | 20 | 20 |

要求:采用全部成本法和作业成本法分别计算产品成本,并加以分析。

操作步骤如下:

**第一步**:按全部成本法计算确定产品成本,如表10-63所示。

表10-63 产品成本计算表(全部成本法)　　金额单位:元

| 项目 | A1产品 | A2产品 | 合计 |
| --- | --- | --- | --- |
| 直接材料总成本 | 600 000 | 800 000 | 1 400 000 |
| 直接人工总成本 | 400 000 | 600 000 | 1 000 000 |
| 应分配的制造费用 | 280 000 | 420 000 | 700 000 |
| 合计 | 1 280 000 | 1 820 000 | 3 100 000 |
| 产量(件) | 5 000 | 10 000 | — |
| 单位成本(元/件) | 256 | 182 | — |

**第二步**:按作业成本法进行成本动因分析及成本追溯,如表10-64所示。

表10-64　成本动因分析及成本追溯　　　　　　　　　　　　　　　单位:元

| 作业 | 成本动因 | 成本库 | 制造费用 |
|---|---|---|---|
| 质量控制 | 抽检件数 | 质量控制 | 275 000 |
| 机器调控 | 调控次数 | 机器调控 | 200 000 |
| 材料整理 | 整理数量 | 材料整理 | 225 000 |
| 制造费用合计 |  |  | 700 000 |

**第三步**:按作业成本法的动因确定分配率,如表10-65所示。

表10-65　制造费用分配率计算表　　　　　　　　　　　　　　　金额单位:元

| 成本库 | 制造费用 | 成本动因 | 分配率 |
|---|---|---|---|
| 质量控制 | 275 000 | A1产品:5 000×50%=2 500(件)<br>A2产品:10 000×30%=3 000(件)<br>合计:5 500(件) | 275 000÷5 500=50(元/件) |
| 机器调控 | 200 000 | A1产品:25次<br>A2产品:15次<br>合计:40次 | 200 000÷40=5 000(元/次) |
| 材料整理 | 225 000 | A1产品:25 000千克<br>A2产品:20 000千克<br>合计:45 000千克 | 225 000÷45 000=5(元/千克) |

**第四步**:按作业成本法的动因分解制造费用,如表10-66所示。

表10-66　制造费用分配表　　　　　　　　　　　　　　　　　　　金额单位:元

| 成本库 | 制造费用 | 分配率 | A1产品 | | A2产品 | |
|---|---|---|---|---|---|---|
|  |  |  | 消耗动因 | 分配成本 | 消耗动因 | 分配成本 |
| 质量控制 | 275 000 | 50元/件 | 2 500件 | 125 000 | 3 000件 | 150 000 |
| 机器调控 | 200 000 | 5 000元/次 | 25次 | 125 000 | 15次 | 75 000 |
| 材料整理 | 225 000 | 5元/千克 | 25 000千克 | 125 000 | 20 000千克 | 100 000 |
| 合计 | 700 000 | — |  | 375 000 | — | 325 000 |

**第五步**:按作业成本法重新计算产品成本,如表10-67所示。

表10-67　产品成本计算表(作业成本法)　　　　　　　　　　　　金额单位:元

| 成本项目 | A1产品(5 000件) | | A2产品(10 000件) | |
|---|---|---|---|---|
|  | 单位成本(元/件) | 总成本 | 单位成本(元/件) | 总成本 |
| 直接材料成本 | 120 | 600 000 | 80 | 800 000 |
| 直接人工成本 | 4×20=80 | 400 000 | 4×20=60 | 600 000 |
| 制造费用 | 375 000÷5 000=75 | 375 000 | 325 000÷10 000=32.50 | 325 000 |
| 合计 | 275 | 1 375 000 | 172.50 | 1 725 000 |

**第六步**：不同成本计算方法结果比较，如表 10-68 所示。

表 10-68　产品成本计算表　　　　　　　　　　金额单位：元

| 成本项目 | 全部成本法 | | | 作业成本法 | | |
| --- | --- | --- | --- | --- | --- | --- |
| | A1 产品 | A2 产品 | 合计 | A1 产品 | A2 产品 | 合计 |
| 直接材料成本 | 600 000 | 800 000 | 1 400 000 | 600 000 | 800 000 | 1 400 000 |
| 直接人工成本 | 400 000 | 600 000 | 1 000 000 | 400 000 | 600 000 | 1 000 000 |
| 制造费用 | 280 000 | 420 000 | 700 000 | 375 000 | 325 000 | 700 000 |
| 合计 | 1 280 000 | 1 820 000 | 3 100 000 | 1 375 000 | 1 725 000 | 3 100 000 |
| 产量（件） | 5 000 | 10 000 | — | 5 000 | 10 000 | — |
| 单位成本（元/件） | 256 | 182 | — | 275 | 172.50 | — |
| 销售单价 | 270 | 175 | — | 270 | 175 | — |
| 毛利（亏） | 14 | −7 | — | −5 | 2.50 | — |

从表 10-68 我们可以看出，传统成本管理方法下，A1 产品实现盈利 14 元，A2 产品亏损 7 元。但是，在作业成本法下，计算结果就完全不同了：A1 产品发生亏损 5 元，而 A2 产品实现毛利 2.50 元。因此，传统方法扭曲了产品成本。

### （四）作业成本法的应用环境及优缺点

企业应用作业成本法应基于作业观，即企业作为一个为最终满足客户需要而设计的一系列作业的集合体，进行业务组织和管理。外部环境一般应具备以下特点之一：一是客户个性化需求较高，市场竞争激烈；二是产品的需求弹性较大，价格敏感度高。同时，企业应拥有先进的计算机及网络技术，配备完善的信息系统，能够及时、准确提供各项资源、作业、成本动因等方面的信息；应成立由生产、技术、销售、财务、信息等部门的相关人员组成的设计和实施小组，负责作业成本系统的开发设计与组织实施工作；应能够清晰地识别作业、作业链、资源动因和成本动因，为资源费用以及作业成本的追溯或分配提供合理的依据。

作业成本法的主要优点是：能够提供更加准确的各维度成本信息，有助于企业提高产品定价、作业与流程改进、客户服务等决策的准确性；改善和强化成本控制，促进绩效管理的改进和完善；推进作业基础预算，提高作业、流程、作业链（或价值链）管理的能力。其主要缺点是：部分作业的识别、划分、合并与认定，成本动因的选择以及成本动因计量方法的选择等均存在较大的主观性，操作较为复杂，开发和维护费用较高。

任务实施
视频

 任务实施

### 一、活动思考

问题：系数分配法的计算步骤是什么？

_____
_____
_____

## 二、活动提升

"夫四方钱谷,皆有定额。"会计人员经常和钱打交道,在工作中,你应如何坚持职守,帮助单位守好钱袋子?

## 三、活动实施

活动实施情况如表10-69所示。

表10-69　活动实施情况

| 活动步骤 | 活动要求 | 活动安排 | 活动记录 |
|---|---|---|---|
| 步骤1 职业沟通练习 | 在实际工作中,成本会计人员要具备扎实的专业能力,也要有良好的沟通能力等。以小组为单位分配角色,通过角色扮演、小组讨论,练习人与人之间的沟通能力 | 具体活动1:角色选择 | 附表10-11 |
| | | 具体活动2:角色扮演 | 附表10-11 |
| | | 具体活动3:模拟评价 | 附表10-12 |
| 步骤2 知识准备 | 产品成本计算分类法 | 学习微课 | 梳理知识点 |
| 步骤3 成本计算表 | 填制成本计算表 | 计算表 | 附表10-13 |

附表10-11　工作记录单

| 角色 | 学生姓名 | 沟通内容等 |
|---|---|---|
| 成本会计 | | |
| 财务经理 | | |
| 生产部 | | |
| 组长签字: | | |

附表10-12　模拟评价表

| 组号 | 参加展示人数 | 评价 | | 小组排序 |
|---|---|---|---|---|
| | | 语言表达最好的学生 | 模拟最好的学生 | |
| | | | | |
| | | | | |
| | | | | |
| | | | | |

(续表)

| 组号 | 参加展示人数 | 评价 | | 小组排序 |
|---|---|---|---|---|
| | | 语言表达最好的学生 | 模拟最好的学生 | |
| | | | | |
| | | | | |

附表10-13  成本计算表

金额单位：元

| 产品名称 | 产量（台） | 材料系数 | 材料费用总系数 | 工时定额 | 定额工时 | 直接材料 | 直接人工 | 制造费用 | 总成本 | 单位成本 |
|---|---|---|---|---|---|---|---|---|---|---|
| 分配率 | | | | | | | | | | |
| A产品 | | | | | | | | | | |
| B产品 | | | | | | | | | | |
| C产品 | | | | | | | | | | |
| 合计 | | | | | | | | | | |

## 任务评价

任务评价表如表10-70所示。

课堂测验

表10-70  任务评价表

| 一级指标 | 二级指标 | 评价内容 | 分值 | 自评 | 互评 | 教师 | 企业导师 |
|---|---|---|---|---|---|---|---|
| 职业能力（30分） | 思维能力 | 能够从不同的角度提出问题，分析问题并解决问题 | 1 | | | | |
| | 自学能力 | 能够通过自己已有的知识经验来独立地获取新的知识和信息 | 2 | | | | |
| | 实践操作能力 | 能够根据自己获取的知识正确地完成工作任务 | 10 | | | | |
| | 创新能力 | 在小组讨论中能够与他人交流自己的想法，敢于标新立异 | 5 | | | | |
| | | 能够跳出固有的知识，提出自己的见解，培养自己的创新性 | 5 | | | | |
| | 表达能力 | 能够正确地组织和撰写分析报告等 | 5 | | | | |
| | 合作能力 | 能够为小组提供信息，质疑、归类和总结，提出方法，阐明观点 | 2 | | | | |

(续表)

| 一级指标 | 二级指标 | 评价内容 | 分值 | 自评 | 互评 | 教师 | 企业导师 |
|---|---|---|---|---|---|---|---|
| 学习策略<br>（20分） | 学习方法 | 根据本次任务实际情况对自己的学习方法进行调整 | 10 | | | | |
| | 自我调控 | 能够根据本次任务正确地使用学习方法 | 4 | | | | |
| | | 能够利用学习资源等正确地整合各种学习方法 | 6 | | | | |
| 职业标准<br>（50分） | 职业岗位能力 | 为规范企业成本核算流程，提出建议及解决方案 | 30 | | | | |
| | | 产品定额或其他成本核算的编制和监督执行 | 20 | | | | |

**任务总结**

学生根据任务评价表填写，总结三维目标的达成度，如表10-71所示。

表10-71　任务总结

| 项目 | | 总结 |
|---|---|---|
| 素质提升 | 提升 | |
| | 欠缺 | |
| 知识掌握 | 掌握 | |
| | 欠缺 | |
| 能力达成 | 达成 | |
| | 欠缺 | |
| 改进措施 | | |

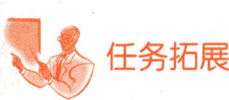
**任务拓展**

作业成本法与传统成本法的区别

 知识巩固

知识巩固

 技能提升

技能提升

# 参考文献

[1] 财政部会计司.《企业产品成本核算制度(试行)》讲解[M].北京:中国财政经济出版社,2014.
[2] 侯君邦,陈胜武.成本核算与管理[M].大连:东北财经大学出版社,2023.
[3] 丁增稳,牛秀粉.管理会计实务[M].2版.北京:高等教育出版社,2021.
[4] 侯君邦,李梅.成本会计[M].北京:中国人民大学出版社,2014.
[5] 侯君邦,柏海燕.成本会计实务[M].北京:科学技术文献出版社,2015.
[6] 丁增稳.成本会计实训教程[M].北京:高等教育出版社,2014.
[7] 吴向阳.会计分岗位实训[M].北京:科学技术文献出版社,2015.
[8] 胡中艾,蒋小芸.成本核算[M].2版.北京:高等教育出版社,2014.